U0368458

 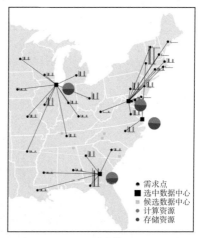

（a）基准分层模型 　　　　　　　　　　　（b）整合模型

图 4-1　两模型的数据中心网络设计比较

注：整合模型节省了超过 1/2 的终端延迟成本和超过 1/4 的总成本。

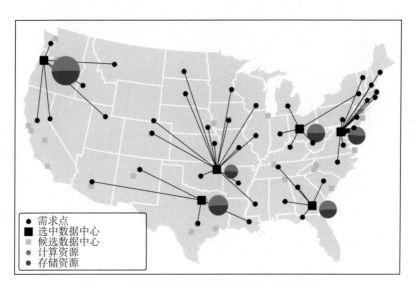

图 4-3　现实数据集下的最优数据中心网络设计

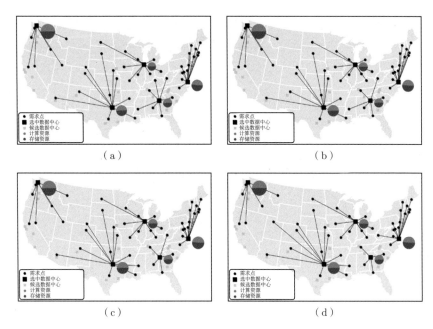

图 C-2 ±5％的需求波动下的数据中心网络设计

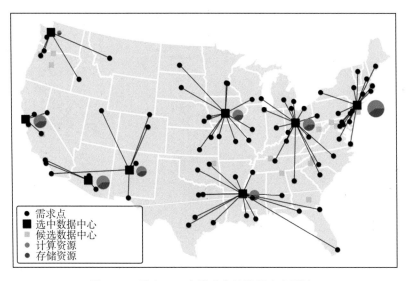

图 C-3 具有 88 个需求点的数据中心网络

清华大学优秀博士学位论文丛书

供应链中的资源分配研究
——以新能源汽车与数据中心为例

唐润宇（Tang Runyu）著

Resource Allocation in Supply Chain:
Analytics for NEV and Data Center Supply Chain

清华大学出版社
北京

内 容 简 介

新兴技术给供应链管理者带来了机遇与挑战，本书主要聚焦于新兴技术下的供应链中存在的资源分配问题，主要以新能源汽车与数据中心供应链为例，分别研究了新能源汽车市场的政府财政补贴资源分配问题、数据中心供应链的网络设计和服务资源分配问题以及数据中心供应链中在服务水平协议下的云计算服务资源的供给和分配问题。本书综合使用了管理科学与工程领域的多种工具，包括博弈论、整数规划、鲁棒优化等方法，能够为决策者提供有效的辅助决策工具和丰富的管理启示。

版权所有，侵权必究。举报：010-62782989，beiqinquan@tup.tsinghua.edu.cn。

图书在版编目（CIP）数据

供应链中的资源分配研究：以新能源汽车与数据中心为例 / 唐润宇著.—北京：清华大学出版社，2024.5

（清华大学优秀博士学位论文丛书）

ISBN 978-7-302-65887-0

Ⅰ．①供… Ⅱ．①唐… Ⅲ．①新能源–汽车工业–供应链管理 Ⅳ．①F407.471

中国国家版本馆 CIP 数据核字 (2024) 第 065103 号

责任编辑：张维嘉
封面设计：傅瑞学
责任校对：赵丽敏
责任印制：刘海龙

出版发行：清华大学出版社
    网   址：https://www.tup.com.cn，https://www.wqxuetang.com
    地   址：北京清华大学学研大厦 A 座   邮   编：100084
    社 总 机：010-83470000   邮   购：010-62786544
    投稿与读者服务：010-62776969，c-service@tup.tsinghua.edu.cn
    质量反馈：010-62772015，zhiliang@tup.tsinghua.edu.cn
印 装 者：三河市东方印刷有限公司
经   销：全国新华书店
开   本：155mm×235mm 印 张：12.25 插 页：1 字 数：209 千字
版   次：2024 年 5 月第 1 版   印 次：2024 年 5 月第 1 次印刷
定   价：99.00 元

产品编号：101487-01

一流博士生教育
体现一流大学人才培养的高度（代丛书序）①

    人才培养是大学的根本任务。只有培养出一流人才的高校，才能够成为世界一流大学。本科教育是培养一流人才最重要的基础，是一流大学的底色，体现了学校的传统和特色。博士生教育是学历教育的最高层次，体现出一所大学人才培养的高度，代表着一个国家的人才培养水平。清华大学正在全面推进综合改革，深化教育教学改革，探索建立完善的博士生选拔培养机制，不断提升博士生培养质量。

学术精神的培养是博士生教育的根本

    学术精神是大学精神的重要组成部分，是学者与学术群体在学术活动中坚守的价值准则。大学对学术精神的追求，反映了一所大学对学术的重视、对真理的热爱和对功利性目标的摒弃。博士生教育要培养有志于追求学术的人，其根本在于学术精神的培养。

    无论古今中外，博士这一称号都和学问、学术紧密联系在一起，和知识探索密切相关。我国的博士一词起源于 2000 多年前的战国时期，是一种学官名。博士任职者负责保管文献档案、编撰著述，须知识渊博并负有传授学问的职责。东汉学者应劭在《汉官仪》中写道："博者，通博古今；士者，辩于然否。"后来，人们逐渐把精通某种职业的专门人才称为博士。博士作为一种学位，最早产生于 12 世纪，最初它是加入教师行会的一种资格证书。19 世纪初，德国柏林大学成立，其哲学院取代了以往神学院在大学中的地位，在大学发展的历史上首次产生了由哲学院授予的哲学博士学位，并赋予了哲学博士深层次的教育内涵，即推崇学术自由、创造新知识。哲学博士的设立标志着现代博士生教育的开端，博士则被定义为

————————
    ① 本文首发于《光明日报》，2017 年 12 月 5 日。

独立从事学术研究、具备创造新知识能力的人，是学术精神的传承者和光大者。

博士生学习期间是培养学术精神最重要的阶段。博士生需要接受严谨的学术训练，开展深入的学术研究，并通过发表学术论文、参与学术活动及博士论文答辩等环节，证明自身的学术能力。更重要的是，博士生要培养学术志趣，把对学术的热爱融入生命之中，把捍卫真理作为毕生的追求。博士生更要学会如何面对干扰和诱惑，远离功利，保持安静、从容的心态。学术精神，特别是其中所蕴含的科学理性精神、学术奉献精神，不仅对博士生未来的学术事业至关重要，对博士生一生的发展都大有裨益。

独创性和批判性思维是博士生最重要的素质

博士生需要具备很多素质，包括逻辑推理、言语表达、沟通协作等，但是最重要的素质是独创性和批判性思维。

学术重视传承，但更看重突破和创新。博士生作为学术事业的后备力量，要立志于追求独创性。独创意味着独立和创造，没有独立精神，往往很难产生创造性的成果。1929 年 6 月 3 日，在清华大学国学院导师王国维逝世二周年之际，国学院师生为纪念这位杰出的学者，募款修造"海宁王静安先生纪念碑"，同为国学院导师的陈寅恪先生撰写了碑铭，其中写道："先生之著述，或有时而不章；先生之学说，或有时而可商；惟此独立之精神，自由之思想，历千万祀，与天壤而同久，共三光而永光。"这是对于一位学者的极高评价。中国著名的史学家、文学家司马迁所讲的"究天人之际，通古今之变，成一家之言"也是强调要在古今贯通中形成自己独立的见解，并努力达到新的高度。博士生应该以"独立之精神、自由之思想"来要求自己，不断创造新的学术成果。

诺贝尔物理学奖获得者杨振宁先生曾在 20 世纪 80 年代初对到访纽约州立大学石溪分校的 90 多名中国学生、学者提出："独创性是科学工作者最重要的素质。"杨先生主张做研究的人一定要有独创的精神、独到的见解和独立研究的能力。在科技如此发达的今天，学术上的独创性变得越来越难，也愈加珍贵和重要。博士生要树立敢为天下先的志向，在独创性上下功夫，勇于挑战最前沿的科学问题。

批判性思维是一种遵循逻辑规则、不断质疑和反省的思维方式，具有批判性思维的人勇于挑战自己，敢于挑战权威。批判性思维的缺乏往往被认为是中国学生特有的弱项，也是我们在博士生培养方面存在的一个普遍问题。2001 年，美国卡内基基金会开展了一项"卡内基博士生教育创新计划"，针对博士生教育进行调研，并发布了研究报告。该报告指出：在美国和欧洲，培养学生保持批判而质疑的眼光看待自己、同行和导师的观点同样非常不容易，批判性思维的培养必须成为博士生培养项目的组成部分。

对于博士生而言，批判性思维的养成要从如何面对权威开始。为了鼓励学生质疑学术权威、挑战现有学术范式，培养学生的挑战精神和创新能力，清华大学在 2013 年发起"巅峰对话"，由学生自主邀请各学科领域具有国际影响力的学术大师与清华学生同台对话。该活动迄今已经举办了 21 期，先后邀请 17 位诺贝尔奖、3 位图灵奖、1 位菲尔兹奖获得者参与对话。诺贝尔化学奖得主巴里·夏普莱斯（Barry Sharpless）在 2013 年 11 月来清华参加"巅峰对话"时，对于清华学生的质疑精神印象深刻。他在接受媒体采访时谈道："清华的学生无所畏惧，请原谅我的措辞，但他们真的很有胆量。"这是我听到的对清华学生的最高评价，博士生就应该具备这样的勇气和能力。培养批判性思维更难的一层是要有勇气不断否定自己，有一种不断超越自己的精神。爱因斯坦说："在真理的认识方面，任何以权威自居的人，必将在上帝的嬉笑中垮台。"这句名言应该成为每一位从事学术研究的博士生的箴言。

提高博士生培养质量有赖于构建全方位的博士生教育体系

一流的博士生教育要有一流的教育理念，需要构建全方位的教育体系，把教育理念落实到博士生培养的各个环节中。

在博士生选拔方面，不能简单按考分录取，而是要侧重评价学术志趣和创新潜力。知识结构固然重要，但学术志趣和创新潜力更关键，考分不能完全反映学生的学术潜质。清华大学在经过多年试点探索的基础上，于 2016 年开始全面实行博士生招生"申请–审核"制，从原来的按照考试分数招收博士生，转变为按科研创新能力、专业学术潜质招收，并给予院系、学科、导师更大的自主权。《清华大学"申请–审核"制实施办法》明晰了导师和院系在考核、遴选和推荐上的权力和职责，同时确定了规范的流程及监管要求。

在博士生指导教师资格确认方面，不能论资排辈，要更看重教师的学术活力及研究工作的前沿性。博士生教育质量的提升关键在于教师，要让更多、更优秀的教师参与到博士生教育中来。清华大学从 2009 年开始探索将博士生导师评定权下放到各学位评定分委员会，允许评聘一部分优秀副教授担任博士生导师。近年来，学校在推进教师人事制度改革过程中，明确教研系列助理教授可以独立指导博士生，让富有创造活力的青年教师指导优秀的青年学生，师生相互促进、共同成长。

在促进博士生交流方面，要努力突破学科领域的界限，注重搭建跨学科的平台。跨学科交流是激发博士生学术创造力的重要途径，博士生要努力提升在交叉学科领域开展科研工作的能力。清华大学于 2014 年创办了"微沙龙"平台，同学们可以通过微信平台随时发布学术话题，寻觅学术伙伴。3 年来，博士生参与和发起"微沙龙"12 000 多场，参与博士生达38 000 多人次。"微沙龙"促进了不同学科学生之间的思想碰撞，激发了同学们的学术志趣。清华于 2002 年创办了博士生论坛，论坛由同学自己组织，师生共同参与。博士生论坛持续举办了 500 期，开展了 18 000 多场学术报告，切实起到了师生互动、教学相长、学科交融、促进交流的作用。学校积极资助博士生到世界一流大学开展交流与合作研究，超过60% 的博士生有海外访学经历。清华于 2011 年设立了发展中国家博士生项目，鼓励学生到发展中国家亲身体验和调研，在全球化背景下研究发展中国家的各类问题。

在博士学位评定方面，权力要进一步下放，学术判断应该由各领域的学者来负责。院系二级学术单位应该在评定博士论文水平上拥有更多的权力，也应担负更多的责任。清华大学从 2015 年开始把学位论文的评审职责授权给各学位评定分委员会，学位论文质量和学位评审过程主要由各学位分委员会进行把关，校学位委员会负责学位管理整体工作，负责制度建设和争议事项处理。

全面提高人才培养能力是建设世界一流大学的核心。博士生培养质量的提升是大学办学质量提升的重要标志。我们要高度重视、充分发挥博士生教育的战略性、引领性作用，面向世界、勇于进取，树立自信、保持特色，不断推动一流大学的人才培养迈向新的高度。

邱勇

清华大学校长

2017 年 12 月

丛书序二

以学术型人才培养为主的博士生教育，肩负着培养具有国际竞争力的高层次学术创新人才的重任，是国家发展战略的重要组成部分，是清华大学人才培养的重中之重。

作为首批设立研究生院的高校，清华大学自 20 世纪 80 年代初开始，立足国家和社会需要，结合校内实际情况，不断推动博士生教育改革。为了提供适宜博士生成长的学术环境，我校一方面不断地营造浓厚的学术氛围，一方面大力推动培养模式创新探索。我校从多年前就已开始运行一系列博士生培养专项基金和特色项目，激励博士生潜心学术、锐意创新，拓宽博士生的国际视野，倡导跨学科研究与交流，不断提升博士生培养质量。

博士生是最具创造力的学术研究新生力量，思维活跃，求真求实。他们在导师的指导下进入本领域研究前沿，吸取本领域最新的研究成果，拓宽人类的认知边界，不断取得创新性成果。这套优秀博士学位论文丛书，不仅是我校博士生研究工作前沿成果的体现，也是我校博士生学术精神传承和光大的体现。

这套丛书的每一篇论文均来自学校新近每年评选的校级优秀博士学位论文。为了鼓励创新，激励优秀的博士生脱颖而出，同时激励导师悉心指导，我校评选校级优秀博士学位论文已有 20 多年。评选出的优秀博士学位论文代表了我校各学科最优秀的博士学位论文的水平。为了传播优秀的博士学位论文成果，更好地推动学术交流与学科建设，促进博士生未来发展和成长，清华大学研究生院与清华大学出版社合作出版这些优秀的博士学位论文。

感谢清华大学出版社，悉心地为每位作者提供专业、细致的写作和出版指导，使这些博士论文以专著方式呈现在读者面前，促进了这些最新的优秀研究成果的快速广泛传播。相信本套丛书的出版可以为国内外各相关领域或交叉领域的在读研究生和科研人员提供有益的参考，为相关学科领域的发展和优秀科研成果的转化起到积极的推动作用。

感谢丛书作者的导师们。这些优秀的博士学位论文，从选题、研究到成文，离不开导师的精心指导。我校优秀的师生导学传统，成就了一项项优秀的研究成果，成就了一大批青年学者，也成就了清华的学术研究。感谢导师们为每篇论文精心撰写序言，帮助读者更好地理解论文。

感谢丛书的作者们。他们优秀的学术成果，连同鲜活的思想、创新的精神、严谨的学风，都为致力于学术研究的后来者树立了榜样。他们本着精益求精的精神，对论文进行了细致的修改完善，使之在具备科学性、前沿性的同时，更具系统性和可读性。

这套丛书涵盖清华众多学科，从论文的选题能够感受到作者们积极参与国家重大战略、社会发展问题、新兴产业创新等的研究热情，能够感受到作者们的国际视野和人文情怀。相信这些年轻作者们勇于承担学术创新重任的社会责任感能够感染和带动越来越多的博士生，将论文书写在祖国的大地上。

祝愿丛书的作者们、读者们和所有从事学术研究的同行们在未来的道路上坚持梦想，百折不挠！在服务国家、奉献社会和造福人类的事业中不断创新，做新时代的引领者。

相信每一位读者在阅读这一本本学术著作的时候，在吸取学术创新成果、享受学术之美的同时，能够将其中所蕴含的科学理性精神和学术奉献精神传播和发扬出去。

清华大学研究生院院长

2018 年 1 月 5 日

导师序言

在这个快速发展的技术时代，资源的有效分配已经成为供应链管理的核心问题。本书旨在深入探讨供应链中资源分配的动态和策略，特别是聚焦于新兴的新能源汽车行业和不断增长的数据中心领域。随着环境问题的日益严峻和技术的快速进步，这两个领域对资源分配的需求和挑战提供了一个独特且紧迫的研究视角。

首先，本书探讨了新能源汽车行业的供应链的补贴政策。考虑到消费者对电动汽车的里程焦虑，政府在发放补贴促进电动汽车推广时，可以直接提供补贴给消费者，也可以扶持充电桩建设从而间接提高电动汽车的吸引力。如何分配补贴资源能够更快更高效地推广电动汽车并提升社会福利是一个非常值得研究的问题。本书采用的模型很好地构建了政府、消费者和充电桩投资人的三方博弈关系，在求解出最优补贴政策的同时也得到了丰富的管理启示。

其次，本书研究了数据中心的资源分配问题。数据中心作为支撑当今数字经济的重要基础设施，其能源消耗和效率成为全球关注的焦点。本书具体研究了数据中心的网络布局问题以及数据中心内部的服务资源动态供给问题。

数据中心的选址与传统供应链的选址有着相似之处，但是由于其电能消耗成本较高，存在数据处理延迟等特性，在网络布局设计上也有着自己的特色。本书着重挖掘了数据中心内部的网络延迟成本给网络特征带来的影响，将网络布局问题建模成混合整数二阶锥优化问题，并提出了相关算法对问题进行求解，最后也通过使用实际数据进行敏感性分析得到了数据中心网络设计的一些重要性质。

对于数据中心内部的服务资源分配问题，本书着重考虑了如何在服务水平协议下动态调节备用服务器资源，从而在保证服务质量的同时降低运营成本。为了解决服务器可能出现的随机宕机事件，本书使用了分布式鲁棒优化的框架来求解动态规划问题，提出了可行的算法，并通过数值实验验证了此框架下的服务资源供给方案确实能够相比已有文献带来更低的运营成本。

通过对这两个行业的深入分析，本书展示了供应链中资源分配的复杂性和多维度挑战。本书结合理论研究和实际数值案例，探讨有效的资源分配策略和方法。不仅为学术界提供新的研究方向，贡献新的管理理论，也为实践界的决策者和管理者在资源优化和供应链管理方面提供指导。随着全球经济和环境挑战的不断演变，供应链中资源分配的研究将变得越来越重要，希望本书能为供应链管理领域贡献新的见解和解决方案。

梁 湧

2024 年 1 月

摘　要

　　新技术的发展改变了人类的生活习惯，也改变了商业环境。新兴技术下的供应链管理成为商业实践亟待解决的问题，也为学术研究带来了新的挑战。本书以新能源汽车供应链及数据中心供应链这两个具有代表性的供应链为例，研究了供应链中面临的资源分配等运营管理问题。

　　首先，针对新能源汽车供应链，本书聚焦于电动汽车的补贴资源分配问题。电动汽车有着减少温室气体排放的优点，但是作为新兴技术并未被广泛接受，因此各地政府都在通过补贴政策促进电动汽车市场的发展。政府既可向购买电动汽车的消费者提供补贴，也可对充电桩的建设提供补贴。在电动汽车的推广过程中，充电桩和电动汽车作为互补产品形成了正反馈效应。综合考虑电动汽车对社会发展的益处和补贴支付的成本后，本书研究了政府能提供的最佳补贴资源分配策略，并研究了模型参数对补贴金额以及市场上电动汽车和充电桩数量的影响。最后还搜集了深圳市的相关数据，发现综合使用两种补贴较仅补贴消费者效果更佳。

　　其次，针对数据中心供应链，本书聚焦于数据中心的网络设计、需求分配和资源供给问题。数据中心是互联网服务的物理基础，需要很高的资本投入，不仅影响着企业短期运营层面的策略，也可能影响其长期战略层面的决策。因此，本书构建了一个整合优化模型，综合考虑了电能消耗成本、固定成本、延迟成本等，将问题构建成一个混合整数非线性规划问题。为了加快模型的求解速度，根据问题的具体结构性质构造了两种基于拉格朗日松弛方法的算法，并通过数值计算验证了算法的有效性。最后采集了相关实际数据，应用该模型设计出了数据中心网络，并通过参数变化的敏感性分析得到了数据中心建设的管理启示。

　　最后，针对数据中心供应链，本书还研究了服务水平协议下的云计算服务资源分配。在服务水平协议中，服务供给方需要在合同期内保证其服务质量，否则需要给予消费方一定补偿。得益于物联网和互联网技术的发展，云计算服务供给方能够实时监控和调整其服务资源。因此本部分构造了一个鲁棒动态规划模型优化其动态资源调整策略。书中使用数据驱动的方法构建不确定集合，并设计了凸化算法，将每期的价值函数转化为分段线性凸函数，从而将鲁棒动态规划模型转化为若干个有限维的线性规划进行求解。最后搜集和生成了宕机时间的历史数据，应用提出的鲁棒动态规划模型，发现本书提出的算法确实可以显著降低成本。

关键词：新能源汽车供应链；数据中心供应链；资源分配；整数规划；鲁棒优化

Abstract

The development of new technologies has reshaped both human lives and the business environment. The new supply chain management induced by emerging technologies becomes crucial to both business practice and academic researches. This book takes new energy vehicle supply chain and data center supply chain as examples to study resource allocation problems in new supply chain.

First, for new energy vehicle supply chain, this book focuses on the subsidy allocation strategies for electric vehicle (EV) adoption. The electric vehicles can reduce greenhouse gas emissions, but lack of adoption because of their novelty. Therefore, many governments provide incentives to promote EV adoption, including subsidizing EV buyers and charging station investors. By constructing an analytical model, which incorporate the positive network effect between EV and charging stations to derive the optimal subsidy policy, rich managerial insights are generated by studying on how model parameters affect the model outcomes. Through collecting real-world data from Shenzhen, it comes out that a hybrid subsidy policy outperforms only subsidizing consumers.

Next, for data center supply chain, this book focuses on the data center network design and resource provisioning. Data centers are the physical infrastructure for Internet related service and cloud computing. It often involves high financial inputs, which may not only affect the short-term operational level decisions but also long-term strategical level decisions. Therefore, it is crucial to construct an integrated mathematical model, which covers electricity cost, fixed cost, latency cost and so on. The whole model is a hard-to-solve mixed integer non-linear programming problem, which motivates us to design two Lagrangian based algorithms to improve computational performances. By collecting real-word data to design a data center network for the U.S., fruitful network design guidelines are generated after sensitivity analysis.

Finally, for cloud computing supply chain, this book focuses on resource provisioning problem under service level agreement (SLA). SLA is a common type of contract for cloud computing supply chain, where service providers need to guarantee their service quality during the contract, or provide compensate otherwise. Thanks to the development of virtual machine technology, service providers are able to monitor and adjust the resource in real time. Therefore, it is crucial to construct a robust dynamic programming model to optimize the dynamic resource adjustment problem. After providing a convexation algorithm to convert value function in each period into a piece-wise linear convex function, the robust dynamic programming problem can be solved with several linear programming problems. By generating data by using queuing network approximation, it is inspiring to find that dynamic adjustment has great potential to reduce total cost.

Key Words: New energy vehicle supply chain; Data center supply chain; Resource allocation; Integer programming; Robust optimization

目　录

第 1 章 引　　言

1.1　研 究 背 景

21 世纪以来，迅猛发展的科技改变了人们的生活方式，同时也为传统的供应链管理带来了新的挑战。一方面，新技术的不确定性对管理者的决策工具提出了更高的要求；另一方面，丰富的数据也为管理者做出合理的决策提供了有利的条件。因此，新技术下的供应链向决策制定者提出了挑战与机遇并存的运营管理新问题。

供应链管理通常涉及对整个组织网络中所有活动的管理，为最终客户提供商品或服务。供应链上活动的效率可能会对客户的满意度及供应链上的成本带来巨大影响。因此，传统的供应链管理就是要协调供应链上不同主体间的关系，通过降低库存、优化网络结构、合同制定等方法降低供应链上的运营成本。然而近些年来，从业者和学者们发现供应链管理不仅仅是降低成本的手段，而且可以成为竞争优势的来源。比如沃尔玛正是凭借其高超的供应链管理手段，一方面能够保证货品的稳定供应，另一方面还能够以低价吸引更多的消费者。

随着新兴技术的发展，一些传统供应链难以涉及的领域，比如 IT 供应链、新能源汽车供应链，为管理者带来了新的挑战（施耐德·劳伦斯、申作军，2016）。新的技术往往能给企业带来初期的竞争优势，然而新技术的不确定性也为运营管理带来了挑战。在新兴技术下的供应链中，由于新技术的不确定性，相比传统供应链，企业往往更加难以准确估计用户的需求，而用户对产品或者服务的要求却在逐渐提高。一些企业虽然极具创新精神，在技术方面有着先发优势，却由于运营管理不善，失去了领先地位。我国台湾宏达电子（HTC）是世界上首个制造搭载安卓系统的手机厂商,手机市场份额也一度位居前列,比如 2012 年的全球智能手机销售市场,HTC 的销量仅次于三星、苹果、诺基亚,位列第四。然而 2019 年 5 月 10 日,HTC 在中国大陆的旗舰店已全部关闭。截至 2020 年 2 月 7 日,HTC 中国官方社区正式关闭,基本宣布退出了中国大陆市场。智能手机在 2000 年左右算是当时的新兴技术,HTC 也抓住了搭载这一技术的契机,然而现今却不得不将自己一半的设计和研发团队卖给了谷歌。其中一个很重要的原因在于其对供应链的掌控能力欠佳,比如 2010 年 8 月屏幕供应商三星由于产能不足对 HTC 断供,HTC 不得不临时更换为索尼供应。这次事件导致了最终产品的供货量难以满足需求,导致供应链遭到了巨大损失。对资源的分配失衡、资源分配策略的低效成为 HTC 手机业务走向颓势的重要原因之一。[①]

虽然在新兴技术的影响下,对供应链的管理充满了挑战,但是另一方面,随着大数据时代的到来、供应链中的信息系统愈加成熟,企业可以从海量数据中刻画消费者的偏好从而辅助决策,这也为供应链的管理带来了机遇。数据驱动决策,更加精细化、鲁棒性更强的运营管理就成了学界和业界的研究重点。合理地利用数据有利于设计高效率的供应链,从而降低运营成本,提高企业的竞争力,同时进一步推进新技术的普及。来自斯坦福大学的 Hau L. Lee 教授在其 "The New Supply Chain Renainssance" 讲座中也提到,行业头部的企业应该拥抱新技术以提高供应链效率,加强合作关系以保证供应链的集成,创新商业模式以创造更多社会价值。[②]

资源分配是供应链管理中非常重要的研究方向。熊彼特之后的经济学家的一个共识就是科技创新与资源分配相结合是维持经济长期增长的主要动力(Kogan et al.,2017)。微观上的低效资源分配可能导致宏观上的全要素生产率(total factor productivity)的降低,从而影响整个国家的财富水平(Hsieh & Klenow,2009; Acemoglu et al.,2018)。对于新兴技术下的供应链而言,由于其新颖性,大部分管理人员缺乏相应的管理经验,其面临的资源有效分配问题显得尤为突出。这里的资源既包括硬件、金钱等有形资源,也包括人力资源这种无形资源。本书主要聚焦于有形资

---

① 极客公园,网址为 https://www.geekpark.net/news/200576。
② 香港大学系统分析全球领袖研讨会,网址为 https://www.saleaders.hku.hk/hau-lee。

源的分配。

　　新兴技术一般包括 5G 技术、物联网技术、人工智能、可控核聚变、基因工程、云计算、便携新能源等。[①] 不同领域的新兴技术特点各不相同，其面临的资源管理问题也风格迥异。因此，本书选取具有代表性并且极具潜力的新兴技术，聚焦于新能源汽车供应链与数据中心供应链，并具体针对供应链中的资源分配问题进行研究。

　　新能源汽车能够有效减轻传统汽油车带来的空气污染问题，也被认为是最有潜力的能够占有未来汽车市场的出行方式。根据国际能源署的统计，2018 年的电动汽车一共消耗了 58 太瓦·时，相比使用内燃机类型的汽车缩减了 360 万吨的二氧化碳排放。[②] 中国政府一直在大力推广电动汽车的普及，在过去十年中国投入了近 2100 亿元的补贴。自 2015 年以来，纯电动汽车的产销量达到 24 万辆，2018 年的产销量超过 125 万辆，中国电动汽车一直位列全球产销量第一，而且一直保持高速增长。[③] 电动汽车与现在备受青睐的自动驾驶、汽车智能化结合得更加紧密，电动汽车很可能为传统汽车行业带来翻天覆地的变化。因此，设计高效的补贴分配策略能够有效促进新能源汽车供应链的发展。

　　数据中心是云计算及其他互联网相关服务的物理基础。云计算被认为是计算机领域的重大革新，云计算指的是用户无须直接管理硬件，但可以按需求直接从网络获取包括存储和计算在内的计算机资源的技术。自从亚马逊 2006 年提出弹性计算网络（Elastic Compute Cloud）以来，云计算逐渐风靡全球。云计算本身也成为其他新兴技术，如工业互联网、物联网、人工智能、区块链等技术的载体，成为这些新兴技术的主要驱动力。据《中国云计算产业发展白皮书》，2015 年的中国云计算产业规模达到 387.3 亿元，而截至 2019 年，中国云计算产业规模达到了 1290.7 亿元，年增长率一直保持在 30% 左右。虽然中国云计算产业的规模一直保持较高增速，但其发展潜力还远远没有被发掘出来。2018 年的中国云计

---

　　① TechRepublic，网址为 https://www.techrepublic.com/article/top-10-emerging-technologies-of-2019；世界经济论坛，网址为 https://www.weforum.org/agenda/2019/07/ these-are-the-top-10-emerging-technologies-of-2019；MIT 科技评论，网址为 https://www.technologyreview.com/lists/technologies/2019/。

　　② IEA 全球电动车市场调研，网址为 https://www.iea.org/reports/global-ev-outlook-2019。

　　③ 前瞻产业研究院，网址为 https://bg.qianzhan.com/trends/detail/506/190429-15886178.html。

算市场规模仅达到了美国市场的 8% 左右，仍有很大发展空间。[①] 数据中心是各种互联网服务的物理基础，无论是电子商务、搜索、流媒体服务，还是云计算，背后都需要完善稳健的数据中心支持。数据中心的能力也被作为衡量企业未来发展潜力的重要指标之一。因此，优秀的数据中心网络设计及合理的服务资源供给策略能够有效提高数据中心供应链的运作效率，提高其行业竞争力。

供应链管理包括企业不同层级的决策，既涉及具有长期影响力的战略层级，也涉及每年或每季度更新的战术层级，同时也涵盖了每天甚至适时调整的运营层级。Simchi-Levi et al.（2008）总结了供应链中常见的问题，其中包括分配中心的网络设计、库存控制、供应链机制设计、产品设计等。因此本书涉及的数据中心网络设计、电动汽车的补贴资源分配，以及云计算服务器的资源供给都是供应链管理所涉及的重要问题。然而由于数据中心供应链与新能源汽车供应链涉及如云计算和电动汽车这样的新兴技术，其供应链管理也具有不同的管理难点。比如：新能源汽车供应链中需要考虑电动汽车与充电桩之间的网络效应，而传统汽车的加油站相对比较密集，因此传统汽车供应链中很少考虑两者间的网络效应；数据中心供应链中的网络设计与服务资源分配需要考虑数据处理的延迟，而传统的分配中心选址往往会忽略与之对应的配送中心的内部处理时间；数据中心供应链中，可以动态调整云计算服务资源来满足服务水平协议的要求，服务资源的运行状态与传统供应链的先预测、再做决策的方法更有显著差异。这些新兴技术的供应链，一方面与传统供应链的特点风格迥异，另一方面其管理人员缺乏相应的管理经验，因此使用合理的分析建模工具进行有效的资源分配显得尤为重要。

综上所述，本书将聚焦于新能源汽车供应链与数据中心供应链，并对相关运营管理中的资源分配问题进行研究，本书将回答以下研究问题：

- 新能源汽车供应链中电动汽车的补贴资源分配问题。电动汽车作为新兴技术，其初期发展依赖于政府的补贴。消费者对电动汽车的偏好不仅取决于政府对电动汽车消费者补贴的力度，同时也受到充电桩数量的影响。因此本部分构建一个分析模型，综合考虑电动汽车消费者、充电桩投资者及政府的效用，优化政府的补贴

---

① 《中国云计算产业发展白皮书》，网址为 https://www.sciping.com/33520.html。

资源分配问题。最后，本部分通过实际数据比较了单补贴政策与双补贴政策的优劣。

- 数据中心供应链中的网络设计与服务资源分配问题。数据中心网络是互联网相关服务的物理基础。合理的数据中心网络设计能够有效降低运营方的总成本，同时可以提高使用服务的消费者的满意度。本部分针对数据中心网络设计与基础设施资源分配问题构建了数学规划模型，通过优化数据中心的位置和服务资源分配决策，来降低总运营成本和服务延迟损失。最后，通过实际数值实验的结果来指导实践中的数据中心网络设计。

- 数据中心供应链中的云计算备用服务资源供给问题。对于云计算服务行业，一般更加注重需求管理，服务提供商一般需要与用户签订服务水平协议来保证提供持续稳定的服务，如果没有达到协定服务水平则需要付出违约成本。因此本部分考虑了云计算服务器的运行不确定性，使用数据驱动的方法构建鲁棒动态优化模型，通过动态调整服务资源，最小化服务资源占用成本，同时保证协议中的服务水平。最后，通过生成云计算服务器宕机时间历史数据，应用本模型证实动态调整服务资源的优势。

图 1-1 阐释了本书研究的内在联系。本书聚焦以新能源汽车和数据中心为例的供应链中的资源分配问题。从研究话题上来说，本书三部分都围绕着新兴技术下的供应链中的资源分配问题展开，具体研究内容包括政府财政补贴资源的分配、数据中心计算存储资源的分配，以及云计算服务提供商备用服务器资源的分配。三部分涉及的主要研究内容都与"新基建"计划的基础设施建设密切相关，具有重要的现实意义。① "新基建"计划是与传统的"铁公基"相对应的，是夯实新一轮的科技革命高质量发展的基础。与传统基建相比，"新基建"更要突出支撑产业升级、政府的软治理及生产要素的整合和分配（赛迪智库电子信息研究所，2020）。由于"新基建"具有新颖性，很多管理人员缺乏相关的经验，因此这也为相关管理人员带来了更大的挑战。

从研究方法上来说，本书研究的三个子问题都结合了现实数据，由理论联系实际。问题涉及的数据量级随着决策层级从战略层面到具体的运

---

① 新华网，网址为 http://www.xinhuanet.com/politics/2020-04/26/c_1125908061.htm。

营层面逐步增大,既包括了传统的模型驱动决策(第 3 章和第 4 章),也包含了较为新颖的数据驱动决策(第 5 章)。为了解决具体的研究问题,本书综合使用了管科领域中的不同工具,例如博弈论、混合整数规划、鲁棒动态优化等,量体裁衣,能够为实际问题提供更加完善的解决方案。

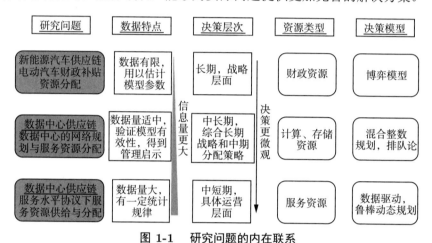

图 1-1   研究问题的内在联系

1.2   研 究 意 义

新兴技术的新颖性及管理人员缺乏相关的经验,为新能源汽车供应链带来了更多不确定性。本书聚焦的三个方面——新能源汽车供应链中电动汽车补贴分配政策、数据中心供应链中网络设计及服务水平协议下的云计算备用服务器资源管理,在目前都存在优化改进的空间。

电动汽车由于其低噪声、低污染、技术相对成熟稳定等特点受到很多国家政府的青睐。多国政府都出台了补贴、税费减免等优惠政策来促进电动汽车的推广。然而目前电动汽车的市场占有率尚不尽如人意。根据国际能源署的统计,目前挪威的电动汽车市场占有率为世界第一,约为 46%,而第二名冰岛和第三名瑞典的电动汽车市场占有率分别只有 17% 和 8%。[①]虽然电动汽车行业发展迅猛,技术日益成熟,但是目前消费者对于电动汽车仍心存疑虑,比如担心电动汽车行驶里程不足、路途中没有公用充电桩及时充电带来的里程焦虑(range anxiety),因此电动汽车的推广目前

---

① https://www.iea.org/reports/global-ev-outlook-2019

仍然主要依赖政策的扶持。政府既可以选择直接补贴消费者，也可以通过补贴充电桩投资者以间接缓解消费者的里程焦虑从而获得更高的推广水平。一般来说，消费者和充电桩之间有着相互的网络效应，更多的充电桩会降低消费者的里程焦虑，提高消费者的效用；更多的消费者可以增加充电桩的利润，提高投资者的效用。两者形成了正反馈。但是在市场尚不成熟的初期阶段，无论是消费者数量还是充电桩的数量都不足，形成的正反馈不够强，如果不进行有效的补贴，市场可能无法有效增长，反而会萎缩，甚至消亡。在 2010 年，德国政府定下了在 2020 年电动汽车保有量达到 100 万辆的目标，并在 2016 年启动了一个价值 10 亿欧元的电动汽车补贴政策。然而截至 2019 年 10 月，德国电动汽车的保有量仅仅达到了 142805 辆，与目标相距甚远。[①] 因此，只有合理设计电动汽车的财政补贴资源分配策略，才能达到事半功倍的效果。

数据中心是各种互联网相关服务的物理基础，其中放置了计算机及相关辅助设备，包括服务器、电源、电信设备、散热系统、安全设施等。数据中心建造成本和维护成本极高，据估计每平方英尺的建造价格高达200~1000 美元。[②] 尽管价格高昂，但互联网巨头们都在抢夺市场，无论是美国的谷歌、微软、亚马逊，还是国内的阿里、腾讯、百度等都在自建数据中心网络。数据中心网络最重要的意义就是为顾客提供稳定快速的服务，然而目前一些数据中心的表现仍然不尽如人意。比如苹果公司提供的 iCloud 云储存服务就一直广受用户诟病，一直到 2018 年 3 月，中国区 iCloud 正式迁移到云上贵州，这一情况才有所改善，但即使如此，糟糕的用户体验也为苹果公司带来了间接的客户流失和经济损失。2020 年新型冠状病毒疫情期间，很多线上教育平台兴起。这类直播服务一般对稳定性的要求很高，然而类似雨课堂之类的新平台由于缺乏处理高并发需求和管理服务器的经验，在运营初期屡次发生服务器错误、突然直播中断等状况，为新产品的推广带来了严重的负面影响。因此，设计高效的数据中心网络，成了每一个提供云服务企业所面临的问题。数据中心网络设计包括数据中心的选址、数据中心资源对需求点的分配、数据中心

① 数据来源：https://www.kba.de。

② https://www.theengineeringprojects.com/2018/12/what-are-data-centers-and-how-much-do-they-cost.html

内部资源分配等。对资源分配的优化有利于降低数据中心网络的总成本，并且也能在控制成本的同时提供高质量的服务。

在数据中心供应链中，服务水平协议是云计算服务中常用的一种合作方式。随着中国的经济发展，传统的需求管理已经很难跟上市场的要求，供给侧需要有效提高其服务质量来支撑其市场规模。一般来说，客户与服务供给方之间签订的服务水平协议会定义服务的内容及双方的权利和义务。常见的服务水平协议中会规定供给方服务的标准、服务的可用性、服务质量等。在数据中心供应链的云计算场景中，服务水平协议尤为普遍。服务提供商通过将数据中心基础设施虚拟化，使用网络来服务消费者，其重点在于提供持续稳定的服务。据估计，世界排名前三名的云服务提供商如果服务器停摆三天有可能带来 47 亿 ~ 69 亿美元的损失。[①] 诚然，这样大型的云计算服务提供商很少会出现服务器宕机的状况，然而黑客攻击、自然灾害、硬件故障等难以避免的状况常常会导致云计算服务的中断。随着云计算服务的发展，顾客对云计算的需求就如同对水、电、网络的需求一样，即使短时间的服务中断也会给顾客带来很强的不信任感。云计算服务的宕机可能对企业造成非常严重的影响，所以一般都会提供一些备用服务器以方便随时切换和恢复服务。在服务水平协议下，合理分配备用服务器资源能够有效平衡服务器费用和宕机带来的损失，达到成本效益最大化。

综上所述，新能源汽车供应链与数据中心供应链影响着人们生活的方方面面，同时也为其涉及的资源分配管理问题带来了很多挑战。对资源分配策略的优化能够在保证服务质量的同时，有效降低运营成本，因此本书试图通过优化有形资源的分配，解决供应链中存在的运营管理问题。

1.3 研 究 框 架

本研究聚焦于供应链中的资源分配等运营管理问题。不同供应链由于其涉及的具体技术不同，其管理难点也各不相同。因此本书选取近些年来比较有代表性的，并可能给未来社会带来变革的数据中心供应链与新

[①] https://www.zdnet.com/article/cloud-computing-heres-how-much-a-huge-outage-could-cost-you/

能源汽车供应链，聚焦于电动汽车市场和云计算市场所面临的有形资源的分配问题。第一部分的新能源汽车供应链的财政补贴政策，主要阐述政府应如何分配财政资源以补贴消费者或者充电桩投资者；第二部分的数据中心网络布局和资源分配，主要阐述数据中心如何向消费者分配其计算、存储等服务器资源；第三部分的服务水平协议下的云计算备用服务资源供给，主要阐述云计算服务提供商如何分配备用服务器资源给需求方。图 1-2 总结了本书的研究框架，接下来将针对具体问题详细介绍每部分的研究内容。

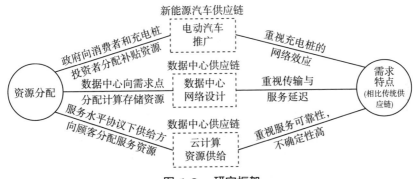

图 1-2　研究框架

对于新能源汽车供应链的电动汽车的补贴政策问题，政府需要合理分配财政补贴资源，最大化提高电动汽车的市场占有率。政府的补贴既可以直接给消费者，使得消费者实际购买电动汽车的价格降低；也可以通过补贴充电桩投资者，使得市场上最终建成更多的充电桩，缓解消费者的里程焦虑，间接提高消费者使用电动汽车的效用。因此，在政府进行决策的时候，需要同时考虑消费者和充电桩投资者的效用。对于消费者而言，电动汽车带来的效用主要由电动汽车价格、补贴金额、充电保养费用、充电桩带来的网络效应，以及消费者个人对电动汽车的偏好构成。对于充电桩投资者而言，需要权衡补贴后的建造充电桩的成本及可能由消费者带来的利润，以决定是否要建造充电桩。综合考虑消费者和充电桩投资者的效用后，可以构建出政府所面临的优化问题，权衡电动汽车给政府带来的好处和补贴带来的成本。接下来本部分对模型进行了求解，通过分析解的性质，可以得到一些有意义并且一定程度上反直觉的结论。比如当充电桩的建造成本更高的时候，政府应该将更多的补贴放到消费者端，而不是投资者端。在消费者的环保意识更强的时候，政府可能减少对消费者和充电桩的补贴，最后导致电动汽车数量反而降低，等等。通过分析这些性质背后的原理，能给政策制定者以启示。由于一些政府只对消费者进行补贴，本部分也对这种补贴政策进行了研究，并与提供双补贴政策的模型进行了对比。结果发现，使用双补贴政策总比使用单补贴政策会达到更好的效果（也可能相同），尤其当充电桩的建造成本不高的时候，其优势更加明显。本部分还搜集了深圳的电动汽车市场相关数据对模型进行了校正。代入实际数据发现，使用双补贴政策的效果要远优于使用单补贴政策，此部分内容将在第 3 章中详细阐述。

对于数据中心供应链的网络布局及资源分配问题，不同于传统供应链的仓库选址问题，在考虑数据中心的固定成本之外，还需要考虑数据中心的其他特点带来的成本。首先，数据中心带来了不容忽视的能量消耗，据估计，当今的数据中心消耗了全球 2% 的电量，并且预计在 2030 年可能达到全球总电量的 8%，[1] 因此在目标函数中还需要考虑数据中心的耗电成本。其次，数据中心的服务质量也是影响服务提供商决策的重要问题，本部分考虑了数据中心的延迟成本，其中既包括数据中心到需求点之间的传输延迟，也包括在数据中心内处理的终端延迟。比如苹果公司之前的服务器放置在美国本土，中国用户访问软件商店或者其他存储服务的时候就会产生传输延迟；而类似地，淘宝网在刚刚创立"双十一"之际，由于数据中心的服务器计算能力不足，很多人下订单时遇到延迟甚至网站崩溃的情况。这两种延迟都会降低用户的满意度及未来需求，影响服务提供者的商誉，因此在目标函数中也应该考虑这两种延迟成本。再次，很多时候服务提供商还会使用托管服务中心。为了提供更好的服务，有时服务提供商会向其他数据中心建造者租赁一部分服务器用于服务当地的用户。对于这部分托管数据中心，同样也需要考虑其固定成本（租赁成本）、耗电成本及终端延迟成本。由于通常托管数据中心仅服务当地的需求，其传输延迟一般可以忽略不计。最后，除基础模型外，本部分还考虑了一些模型的拓展，例如考虑需求点之间可能有相互依赖性、电能消耗与使用率的非线性关系、大量需求带来的网络拥堵等。数据中心的建造者可以通

---

[1] https://fortune.com/2019/09/18/internet-cloud-server-data-center-energy-consumption-renewable-coal/

过调整数据中心的地理位置，数据中心内部的存储、计算等资源的配置，以及对具体需求点提供的资源量，优化上述考虑的总成本。综合考虑数据中心网络所涉及的成本及其面临的约束，可以将该优化问题转化为一个非线性整数规划模型。这类模型一般都是 NP 难问题，计算复杂度比较高。然而，无论是基础模型还是拓展模型，都可以将其转化为整数二阶锥优化问题，可以直接使用商业软件求解。但是如果问题的规模比较大，直接使用商业软件求解，计算时间仍然很长，甚至无法得到可行解。因此，本书还针对问题的结构提出了一个适用于所有模型的拉格朗日算法，以及一个适用于基础模型的加入加强割的拉格朗日算法。在构建完模型并针对问题结构设计了算法后，本部分进行了数值实验。一方面，采集了美国当前的电价、数据中心固定成本等数据，并利用公开数据估计了不同地区的需求率，使用实际数据设计了适用于美国本土的数据中心网络，并据此提出了一些构建数据中心网络的建议；另一方面，本部分也随机生成了不同规模的数据中心网络数据，分别直接使用 Gurobi、使用两种提出的拉格朗日算法对算例进行计算，并对计算效果进行了比较。结果表明，提出的两种算法要比直接使用 Gurobi 的计算效率高得多，尤其是问题的规模比较大、电量约束比较紧的时候，使用提出的拉格朗日算法效果更好，此部分内容将在第 4 章详细阐述。

对于数据中心供应链中的云计算备用服务器资源供给策略问题，云计算服务提供商需要考虑需求和服务器运行的不确定性，动态调整备用服务资源的分配策略。一般来说，在数据中心供应链中，云计算服务提供商在提供服务前会与顾客签订一个服务水平协议，其中要求在服务提供商合同期间绝大部分时间可以满足顾客的需求，否则就要对顾客进行赔偿（Yuan et al.，2018）。如今先进的物联网和互联网技术使得服务供给方可以实时观测服务器的运行状态并迅速调整资源供给水平。因此服务供给方可以通过记录的累计宕机时间，动态调整其服务资源供给策略。这个问题可以被构造成一个动态规划问题，但与传统动态规划不同的是，服务资源运行具有不确定性，并且难以直接估计分布。因此本书采用了数据驱动的鲁棒优化方法，通过历史数据，使用 Wasserstein 距离来刻画参数的不确定集。这样一来，动态调整服务资源的问题可以被构造成一个鲁棒动态规划问题。为了求解此问题，本书使用逆向归纳的方法，首先解决最后一期的问题。最后一期的鲁棒优化问题可以转化为有限维的线性规划问题进行求解，但是最后一期的价值函数关于状态一般是一个非凸的函数，代入倒数第二期的问题中难以直接求解。因此本书构造了一个凸化算法，将价值函数转化为一个分段线性的凸增函数，这样一来，倒数第二期的优化问题也可以转化为有限维的线性规划问题进行求解。对每一期的问题都采用此凸化算法，就可以使用线性规划的方法解决前一期的优化问题。对于这个有限期的鲁棒优化问题，可以通过解决若干个线性规划的问题得到满意的资源供给策略。最后，本书还将提出的算法应用于云计算的备用服务器供给问题。通过案例研究可以发现，鲁棒动态规划模型求解出来最优策略要比传统的静态策略降低将近 1/4 的总成本，此部分内容将在第 5 章中详细阐述。

第 6 章总结了本书的主要工作与贡献。主要聚焦于新能源汽车供应链与数据中心供应链，并对其面临的有形资源分配问题进行了建模求解。三个部分的研究问题涉及了不同的研究对象和不同的数据量，因此使用了不同的理论方法，通过数值计算或者理论推导找到一些模型解的性质，以此对现实供应链的管理带来启示。不仅如此，在求解模型的过程中，也提出了一些新颖的算法，填补了过去文献中的理论空缺。

第 2 章 文 献 综 述

本书聚焦于供应链中的资源分配等运营管理问题。本章将首先对供应链中的资源分配相关文献进行梳理，然后具体介绍每部分的具体情景管理问题，以及建模求解过程中所使用理论工具的相关文献。

供应链中面临着资源分配问题，不合理的资源分配可能导致新兴技术的转化效率降低，从而影响其发展。在社会动力学中，有一个关键节点（critical mass）问题，指的就是社会系统中的创新需要一定比例的接受才能够保证该创新自我维持并增长。只有合理的分配资源才能保证新兴技术的不断发展，否则即使该技术有重大意义，也可能中途夭折。比如谷歌公司就已经舍弃将近 200 项曾经投资巨大的创新项目。[①] Hsieh & Klenow（2009）利用微观企业数据分析对比了中国、印度与美国的资源分配不均的状况，发现资源的不合理分配可能会降低社会全要素生产率。Acemoglu et al.（2018）提出了一个预测企业行为的模型，将资源再分配与企业创新结合起来，使用了美国普查局的数据检验了企业创新、生产力增长及再分配的影响因素。

接下来，本书将分章节具体介绍每部分研究问题的相关参考文献。其中对于新能源汽车供应链中的财政补贴资源分配问题，将介绍消费者对电动汽车偏好的相关研究、电动汽车补贴政策对电动汽车市场的影响及一些优化补贴政策的相关研究；关于数据中心供应链的网络设计与资源分配问题，将介绍选址问题的研究历史及本部分所使用的二阶锥优化问题的研究进展；对于服务水平协议的云计算服务资源供给问题，主要介绍本书所使用的鲁棒动态规划相关研究。图 2-1 总结了本部分文献综述的结构。

---

① https://killedbygoogle.com/

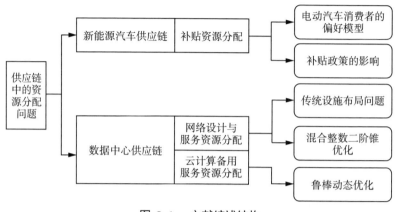

图 2-1　文献综述结构

2.1　新能源汽车供应链补贴资源分配相关文献

电动汽车属于比较新的技术，很多消费者对电动汽车仍持怀疑态度，因此一部分文献采用实证等方法找到影响消费者购买电动汽车的因素。Helveston et al.（2015）通过问卷调查，对比了中国和美国的消费者对电动汽车的偏好，结果发现中国消费者偏好中距离的插入式电动汽车，而美国消费者即便在有补贴的情况下仍然偏好短距离的插入式电动汽车。文章还发现中国采用电动汽车可以降低对汽油的消耗，并且减少温室气体排放，而中国电动汽车市场的蓬勃发展也吸引世界其他发电碳排放较低的国家更多采用电动汽车。Han et al.（2017）使用消费价值理论将消费者对电动汽车的偏好分为了包括价钱、性能和便捷性的功能性价值，以及包括情感、社会和认知的非功能性价值。通过对中国合肥 607 个司机进行问卷调查得知，功能性价值对顾客的购买行为有着直接和间接的影响，但是非功能性价值只能通过态度对购买行为有间接影响。White & Sintov（2017）检验了电动汽车可能体现的驾驶者的自我身份认同。消费者的环保精神成了预测消费者是否购买电动汽车的最强的指标，而消费者的好奇心能够更好地预测是否租借或者购买电动汽车，这两个指标要比其他人口统计指标的影响强很多。Degirmenci & Breitner（2017）采访了 40 个电动汽车驾驶者并进行了 167 次邀请试驾的实验，在进行调查并使用结构方程模型估计后，发现消费者对电动汽车的环保性能评价是影响其购买意愿的最重要的因素。Lin & Wu（2018）通过向中国几个一线城市，包括北京、上海、广州、深圳，发放调查问卷分析消费者购买电动汽车的影响因素，结果发现网络效应、电动汽车价格、政府补贴、车辆性能、环保等因素，以及性别、年龄、婚否都对消费者购买电动汽车的意愿有显著影响。

电动汽车的市场占有率与政府的政策息息相关，因此一部分文献采用实证的方法研究政府政策对电动汽车推广的影响。Mueller & Haan（2009）使用基于 agent 的仿真方法，考虑消费者进行两阶段的决策，第一阶段仅考虑电动汽车本身的特点，第二阶段考虑各种政府政策。通过仿真可以得到给定政策下的消费者购买行为及政策最后的效果。Gallagher & Muehlegger（2011）使用美国市场 2000—2006 年的数据，分析了汽油价格、消费税、收入税及消费补贴等政策对混合电动汽车的影响。Sioshansi（2012）研究了不同电价定价策略下的插入式电动汽车消费者的充电行为，并在系统运营者控制充电行为的最优方案下比较其成本和碳排放。结果发现，使用实时定价策略表现不佳，控制夜间充电比控制白天充电效果更加显著。Zhou et al.（2013）从能源消耗和温室气体排放的角度研究了中国电动汽车的发展状况，指出未来更多的电动汽车带来的能源节约和温室气体减排效果会更加明显，并为具体的电动汽车发展提出了政策建议。Jenn et al.（2013）估计了美国联邦政府自 2004 年提供的混合电动汽车相关政策的影响，结果发现 2004 年的减税未对电动汽车的销量带来明显提升，但是 2005 年的能源相关政策使不同型号的电动汽车有了3%~20%的销量提升。Hao et al.（2014）总结了中国的两阶段电动汽车补贴政策，并估计了该政策对电动汽车市场的影响。其文章得出结论，在2015 年中国政府对电动汽车的补贴非常必要，而且当前的补贴上限不足。在 2015—2020 年，电动汽车的发展可能减少对补贴的依赖。Gnann et al.（2015）研究并预测了德国的插入式电动汽车的市场演变，结果发现能源价格对电动汽车存量影响较大，如果汽油价格上涨 25%，可能会吸引双倍的人购买插入式电动汽车。其文章认为，由于市场演化具有很强的不确定性，因此政策应该随之动态调整。Holland et al.（2016）结合了消费者购买电动汽车的模型、电力导致排放的模型和一个空气污染模型来估计电动汽车对不同区域带来的环境影响。结果发现不同区域采取不同的补贴政策可能会减少无谓损失。Li et al.（2017）考虑了充电桩与消费者之间的非直接网络效应，并使用美国 2011—2013 年的数据实证模型验证了网络效应的显著性。结果表明，如果美国政府在相同的财政支出下转而支持充电桩的建设，结果可能会比当前的推广效果好两倍。Liu et al.（2017）试图通过构建一个进化博弈的模型解释为何中国政府在诉诸诸多电动汽车补贴政策后依然没有达到预期目标。仿真结果表明，综合使用动态的排放税收政策和静态的补贴政策能更有效地促进电动汽车行业发展。Du et al.（2017）通过分析电动汽车技术，使用市场分析、专家采访等方法，总结中国电动汽车市场的优缺点。文章发现，对于电动汽车发展最重要的是电池能量密度和电池的使用寿命。中国政府应该加大力度发展安全可循环的电动汽车技术。Zhang & Bai（2017）总结了中国 2006—2016年的新能源汽车补贴政策，并使用了政策依赖映射法分析了 175 个全国和地区性的新能源政策的影响，探讨了不同地区的发展差异及骗补现象，有助于管理者设计更好的促进措施。Zhang et al.（2017）通过搜集和分类中国的新能源汽车相关政策来估计这些政策的绩效。文章将这些措施分为三类，分别是经济措施、基础设施建设、研究和发展（R&D）投资。结果发现目前的措施仍然有待提高，需要建立充电桩和统一电价的标准等。Wang et al.（2017a）使用 2013—2014 年的 41 个城市的数据，拟合多重线性回归来分析电动汽车相关措施对电动汽车销量的影响，结果发现充电桩数量、牌照费减免、无驾驶限制及对充电桩建设提供支持是最重要的四个影响因素。Wang et al.（2017b）使用离散选择实验调查了 247 个被试并使用了混合逻辑回归来估计几种可能的电动车政策的有效性。结果发现购买限制和行驶限制是最有效的两个政策，而充电费用减免也有很好的效果，但是类似于减少停车费这类措施的有效性不强。Wang et al.（2017c）将电动车相关政策分为了财政相关政策、信息供给相关政策和便捷性相关政策，通过 324 份调查问卷，发现便捷性相关政策的影响最大，而且消费者的环保理念对电动汽车的普及也有着很强的影响。

除了实证类型文章之外，近些年也有越来越多的学者使用理论分析模型对电动汽车的补贴政策进行研究。Huang et al.（2013）考虑了一个传统燃料汽车供应链和电动汽车供应链双寡头竞争的环境，其中政府对电动汽车的消费者进行补贴。结果发现，当消费者的议价水平较高的时候，政府的补贴策略更加有效。如果充电桩的数量足够多的话，可以减轻补贴对传统汽车供应链的冲击。Luo et al.（2014b）研究了一个生产商和零售电商的电动汽车供应链，政府为消费者提供了有上限的价格折扣的补贴政策。结果发现价格上限对单位生产成本较高的生产商影响更大，而折扣力度对单位生产成本较低的生产商影响更大。而且期望销量随着折扣力度增加而上升，但是有可能随着价格上限的增长而降低。Shao et al.（2017）分析了寡头和双寡头市场下的电动汽车和汽油车的市场，并比较了消费补贴和价格折扣两种政策的影响，结果发现在消费者剩余、环境影响及社会福利相同的情况下，政府更愿意采用消费补贴，因为这样带来了更低的支出。Springel（2016）使用挪威的电动汽车市场数据，采用了双边市场框架，考虑了消费者和充电桩之间的网络效应，构建了回归模型。结果发现 2010—2015 年对充电桩补贴对电动汽车购买带来的提升是对消费者直接补贴的 2.16 倍，然而随着对充电桩补贴的增加，这种现象会逐渐减弱。Chemama et al.（2019）研究了政府与例如电动汽车等绿色技术的制造商，在面临不确定需求时的两阶段博弈模型。结果表明，如果政府采用一个固定的补贴政策会鼓励制造商在初期生产更多。如果采用更灵活的补贴政策，制造商的预期收益会有所提高，而消费者根据需求弹性收益也有可能受损。Ma et al.（2019）考虑了类似电动汽车这类清洁能源在推广初期面临的"鸡生蛋，蛋生鸡"的问题，文章发现最优的补贴政策应当是充电桩的成本非常高或者非常低的时候仅提供对消费者的补贴，而当充电桩的成本适中时，应该既补贴充电桩投资者，也补贴消费者。

2.2 数据中心供应链网络布局与资源分配相关文献

数据中心的网络设计与传统的供应链选址问题有着密不可分的关系，因此本部分首先梳理了传统供应链选址问题的相关文献。历史上首个对选址问题进行研究的是 Launhardt & Bewley（1900），研究了一个工厂在三个煤矿间运煤，应该如何确定最优工厂位置，该文使用了平面几何的方法对问题进行求解。Weber（1929）也处理了类似的问题，使用了不同的方法但是得到了相同的结论。不仅如此，Weber（1929）对问题进行了拓展，考虑了超过三个煤矿的情况下的工厂最优的选址问题。对于 Weber 问题的一个比较自然的拓展，则是同时考虑了多个设施的选址问题。Cooper（1963）引入了选址问题中的经典问题——p-median 问题，也就是每个需求点都需要被 p 个设施中的一个所服务。Hakimi（1964、1965）使用了图的绝对中心（absolute median）概念，解决了 p-median 问题。该文使用的性质意味着很多选址问题都可以转换成离散的设定，从而可以使用整数优化和组合优化的技巧求解这类问题。Balinski（1965）首次将选址问题构造成了一个混合整数线性规划问题（MILP），该问题则是经典的无容量限制的设施选址问题（UFLP）。这些早期的文章构筑了选址问题的基础，支撑着近五十年来该领域的蓬勃发展（Laporte et al.，2015）。

数据中心与传统的仓储中心不同，仓储中心一般是由仓储中心出发，向需求点提供服务，而与之相反的，数据中心属于不可移动的服务端，一般是数据传输到数据中心内进行处理。因此仓储中心这种设施选址，一般不会考虑仓储中心内部的等待延迟，但是数据中心这种不可移动的设施，则需要考虑对应的终端延迟成本。Berman & Krass（2015）对这类需求随机、考虑拥堵而且服务端不可移动的模型（SLCIS）进行了全面而细致的总结。SLCIS 类型的模型考虑了包括顾客、设施及其交互关系的系统。具体来说，对于顾客，一般假设顾客的集合是离散的而且数量有限，同时需求是同质的，也就是说到了设施后将不对需求进行区分；对于设施，同样也一般假设设施的集合是有限且离散的。设施为顾客提供服务，由于服务设施空间等的限制，服务率有上限，顾客在设施内形成了一个可能有多服务台的队列。每个设施都面临着需求分配的决策，也就是该服务设施需要服务哪些顾客。对于 SLCIS 模型，一般要求每个顾客都至多有一个设施对其提供服务。与可移动的服务设施相比，不可移动的设施的一个重要特点是每个设施都可以看作独立的排队系统，其原因在于对于可移动的设施来说，需求分配往往是根据系统状态动态分配的，这就导致了不同设施之间的队列存在相互依赖性，从而不能直接分割。

很多基于不同假设、约束的模型都可以认为是 SLCIS 类型的模型，虽然特点迥异，但是一般可以将其分为四类模型，分别是覆盖顾客导向的（Coverage-Oriented）、服务质量导向的（Service-Objective）、均衡目标的（Balanced-Objective）和显式顾客反馈的（Explicit Customer Response）。覆盖顾客导向的模型旨在建立一个系统为顾客提供充分（adequacy）的服务，所谓充分一般通过距离和延迟来定义，并由覆盖和服务水平约束所控制。这类模型一般假设设施不可能同时满足所有顾客的需求，因此目标函数为最大化满足顾客的需求。服务质量导向的模型旨在使用有限资源优化客户服务，其目标函数一般考虑延迟成本和服务台资源带来的成本。如果设施的容量是可以变化的，此类模型的难度骤升，因此大部分文献考虑的设施都具有固定的容量。均衡目标的模型旨在设计一个能够平衡顾客和设施成本的系统，其中顾客需要支付旅行和等待成本，而设施建设者需要承受与设施相关的成本。显式顾客反馈的模型指的是着重刻画顾客行为的一类模型，顾客的需求具有弹性，由于等待时间或者旅行距离，顾客可能会调整其需求量。一般来说，此类模型的最优解往往是能够最大化顾客效用的解。

　　数据中心网络设计问题属于均衡目标类型的模型，此类模型在近些年受到了学界的广泛关注。Wang et al.（2004）受银行系统的通信网络和 ATM 机器系统的启发，考虑顾客的随机需求和拥堵，研究应如何设计固定服务设施的选址。目标函数中考虑了服务提供商的安装和操作服务器的成本、顾客等待服务的成本，该文对模型进行了变形转化，使之成为传统的设施选址问题，并提出了启发式算法。Elhedhli（2006b）优化了选址决策，将服务能力分配到具有随机需求的顾客中，该文提出了一种分段线性的近似方法和一个基于割平面的精确方法，可以解决多达 100 个顾客、20 个候选设施规模的问题。Aboolian et al.（2008）考虑了拥挤网络中的设施选址和服务器分配的问题，目标函数中包括了设施的建造固定成本、可变的服务台成本、顾客的旅行时间成本和在设施中的等待成本。该文既提出了精确算法，也提供了复杂度更低的近似算法。Castillo et al.（2009）同时考虑了顾客的旅行和延迟成本，也考虑了设施相关成本，同时解决了选址问题和需求分配问题。模型可以适用于呼叫中心、诊所、汽车检测中心等系统。该文使用了拉格朗日松弛算法，并通过算例证明其有效性。Zhang et al.（2009）在医疗设施网络中考虑了服务的拥堵情况，通过优化选址决策最大化提升对患者的服务水平。其中顾客等待时间使用了 $M/M/1$ 模型进行刻画。Zhang et al.（2010）在上述模型的基础上进行了拓展，考虑了资源容量的决策。他们使用 $M/M/s$ 排队模型来估计顾客的等待时间，并将服务台数量 s 作为决策变量。Abouee-Mehrizi et al.（2011）考虑了类似的问题，顾客按照泊松过程到达，到达率取决于价格和距离，顾客观察所有的服务设施并按照多元罗吉特模型选择其中一个设施完成服务。该文设计了一个近似算法并通过算例验证了算法有效性。Paraskevopoulos et al.（2016）研究了固定价格多商品的网络设计问题，但是在传统的运输和建造成本之外，还考虑了设施上的拥挤带来的延迟成本。该文将此问题建模为非线性整数规划问题，并将其转化为二阶锥优化问题进行求解。同时也提出了基于本地搜索和网格搜索的进化算法，并给出了算法的上界。

数据中心网络设计综合考虑了战略层面的选址类型的决策，也考虑了运营层面服务器资源供给、需求分配的决策。类似的整合模型在文献中并不鲜见。Daskin et al.（2002）综合考虑了配送中心的选址问题及其中的库存控制问题，采用了拉格朗日松弛算法，并提出了一些启发式算法解决拉格朗日子问题。最后进行了数值实验和敏感性分析验证了算法的有效性。Shen et al.（2003）考虑了与上述问题类似的问题，但是将问题转化成了一个集合覆盖问题，使用了列生成算法来解决此问题，最后也通过算例证实了该算法的有效性。Geunes & Pardalos（2003）综合考虑了供应链管理与金融工程的模型，将此类模型分为两类，第一类考虑了整合模型带来的风险分摊（risk pooling）的现象，还有一些文献考虑了金融理论的条件风险价值（conditional value at risk，cVaR）。Taaffe et al.（2008）综合考虑了营销力度、市场选择及采购决策来最优化企业的总利润，将该问题构建成混合整数规划模型，并提出了一个新颖且高效的分枝定界算法。Geunes et al.（2011）在传统供应链网络规划问题的基础上考虑了不同市场的选择。在第一阶段，决策者决定一个细分市场，在第二阶段再进行一个满足所有细分市场需求的最小化生产成本的决策。该文基于线性规划提出了一个近似算法，并证明了算法的理论界。

数据中心还有一些不同于传统供应链选址问题的特点。近些年，在管理科学和计算机领域都对此类问题进行了一些探索。Greenberg et al.（2008）认为云服务的基础建设投资消耗很大，但是数据中心内部的资源利用效率却不高，因此着重分析了不同种类数据中心内部所面临的成本，其中包括服务器、基础设施、电能和网络布局的成本。该文提出了几个措施用以降低数据中心的成本，包括提高数据中心的灵活性、设计有效的算法和市场机制以合理使用服务器资源，也可以对不同地区的数据中心采用不同的服务器设置，因地制宜打造合适的数据中心。Verma et al.（2008）研究了对能源消耗敏感的设施的设计、实施和评价问题，考虑了电能消耗、迁移成本及服务水平带来的收益。该文构建了一个关注电量消耗的应用管理框架（pMapper）架构及其对应算法，解决了在保证一定的服务水平下最小化电能消耗的优化问题。Goudarzi et al.（2012）考虑了在服务提供商与需求双方签订服务水平协议下的资源分配问题，其目标是在满足服务水平约束的条件下最优化系统的能量消耗。该文使用了凸优化和动态优化的相关工具来解决此问题，并通过仿真结果验证了算法的有效性。Larumbe & Sansò（2012）认为服务器地理位置、服务器和软件性能及信息的传输方式是影响云计算服务表现的重要因素。该文综合考虑了不同层级的成本，并通过凸整数优化的方法解决了该问题。结果表明，数据中心的数量和网络建设者的预算对整个网络表现有至关重要的影响。Larumbe & Sansò（2013）设计了目标为提供高质量的服务、低成本且低排放的数据中心服务系统。该文将问题转化为混合整数规划问题并提出了一个效率很高的禁忌搜索算法，该算法可以解决有 500 个需求点、1000 个候选数据中心的规模的问题。Barroso et al.（2013）认为数据中心不能简单地被认为是一堆服务器的集合，而是应该当作一个具有仓库规模的计算机（warehouse-scale computer，WSC）来对其内部进行设计。该文介绍了此类数据中心的架构及影响其设计、运营、成本结构及软件特点的主要因素。Iyoob et al.（2013）将云计算的供应量与传统拉式供应链进行了对比，发现与传统不同的是，云计算的供应链的信息是由服务提供商流向顾客的。通过类比可以发现，云计算供应链也有类似传统供应链中的几个主体，包括服务提供商、顾客、云经纪人（cloud broker）等，该文总结了每个主体所面临的问题并为未来的研究提供了一些想法。

本部分数据中心网络设计所使用的模型是混合整数二阶锥优化问题，此类模型也已经广泛应用于各种运营管理领域。Baron et al.（2008）考虑了有随机需求和拥堵的设施选址问题，对设施的数量、位置及容量做出决策。通过分析问题的性质，作者将原问题拆分成三个子问题并设计了有效的算法。Atamtürk et al.（2012）考虑了不同的设施选址和库存管理的整合模型，并将这些模型转化成了混合整数二阶锥优化模型，文中提出了拓展多面体割和拓展覆盖割平面，能够有效缩减优化问题的搜索空间，加快求解速度。Mak et al.（2013）考虑了可交换电池的电动汽车的电池交换站选址问题，考虑到需求的不确定性，作者将该问题构造成了分布鲁棒优化问题，并转化成为混合整数二阶锥优化问题。该文用条件风险价值（CVaR）来估计随机约束（chance constraint），并使用提出的基于二分法的算法。Kong et al.（2013）研究了医生出诊的随机预约规划问题，给定患者的数量和到达顺序，为每个患者确定其预约时间。考虑到处理患者消耗时间的不确定性，作者使用鲁棒优化的方法建立了凸锥优化问题。该文基于锥优化问题的半正定放松构造了一个接近最优解的近似算法。Mak et al.（2015）考虑了类似上述的预约计划排班问题，通过最小化最差情况下的等待时间和逾期时间，构造出了可解的锥优化问题。当已知处理时间的前两阶矩的时候，问题可以进一步转化成为二阶锥优化问题。作者通过分析问题的性质，证明了最优情况下应该按照处理时间方差的升序排列患者。Qi et al.（2015）综合考虑上网电价补贴政策（feed-in tariff）下风电的传输和存储问题，同时优化能量存储设施的容量和选址、网络结构和传输网络的承载能力。该文首先考虑无约束限制的模型，并将其构造为可解决的混合整数二阶锥优化问题，然后通过计算出显式的界来得出能量存储设备的容量。Kong et al.（2020）考虑了患者根据时间选择不履行预约的行为，使用了分布鲁棒优化模型，并转化为 copositive 规划问题，可以使用半正定规划来近似。同时，作者发现当患者的不履约行为是关于时间内生的，那么问题可以转化为两段线性的 copositve 规划问题。作者通过使用对偶价格来搜索排班计划并依次构造了近似最优的算法。He et al.（2017）研究了城市中的电动汽车共享出行问题，权衡顾客的覆盖度及运营成本。模型考虑了顾客选择行为和电动汽车的充电行为，建立了分布鲁棒优化问题，并使用混合整数二阶锥优化模型做近似处理。Sen et al.（2019）考虑了顾客选择服从混合多元逻辑（multinomial logit, MNL）模型假设下的选品优化问题。此类问题如果使用混合整数线性规划求解比较小的算例都会非常困难，但是该文采用了新颖的二阶锥优化的建模方式，并加入了 McCormick 不等式，大幅提升了问题的求解速度。

2.3　鲁棒动态规划相关文献

此部分主要梳理服务水平协议下的云计算服务资源供给部分中应用鲁棒动态规划方法的相关文献。在做决策的过程中，优化问题的很多参数都存在着不确定性，这些不确定的参数可能给决策的制定带来巨大影响，因此需要谨慎对待这些不确定性。其中一种解决方法就是使用鲁棒优化的方法，也就是考虑在不确定性对目标函数带来最差情况（worst case）下的最优决策。值得注意的是另一种常见的方法——随机优化（stochastic optimization）。在随机优化中，一般使用条件约束（chance constraints）来刻画不确定性，一般已知不确定参数的分布；但是对于鲁棒优化，一般是由模糊条件约束（ambiguous chance constraints）替代，并且考虑最差情况下的最优决策，此时一般只知道不确定参数的分布的部分信息。虽然鲁棒优化相对随机优化看似更加保守，但是鲁棒优化需要的信息更少，而且往往计算复杂度更低。鲁棒优化往往可以通过调整不确定集（ambiguity set）的大小来调整决策者的保守程度，而随机优化对不确定性质的度量往往很难调整。

Ben-Tal et al.（2009）对鲁棒动态规划进行了全面的介绍。动态规划面临着维度灾难的问题，而对于具有不确定性的动态规划，除了维度灾难外，还存在着不确定性灾难问题（the curse of uncertainty）。概率转移矩阵的扰动对模型的结果影响可能很大，但是现实生活中很多时候对转移概率的估计很难做到精确，尤其当转移矩阵是随时间变化的时候，决策者所面临的不确定性很大，因此解决该类问题也极具挑战性。因此鲁棒动态规划考虑有一个外界的参与者（nature）会选择在不确定集合中选择对决策者最差的转移概率、此时的决策者的最优决策。常见的不确定集合有以下几种类型：情景模型（scenario model）、间隔模型（interval model）、似然模型（likelihood model）、熵模型（entropy model）、椭球模型（ellipsoidal model）。在选择了合适的不确定集合后，就可以定义鲁棒动态规划问题。如果假设转移矩阵是关于时间独立的，那么对于有限期、有限状态及有限决策空间的问题，可以只用逆向递归（backward recursion）的方法进行求解。但是该方法只适用于状态空间、决策空间以及决策期数数量级不大的情况。如果我们进一步考虑一些决策可以在某些不确定性的参数实现了之后再进行，换句话说，不同期的决策还依赖于前期不确定参数的实现值，那么问题会更加复杂，此类问题被称作鲁棒可调节动态规划（Robust adjustable multistage optimization）。该问题一般涉及无穷维优化问题（semi-infinite optimization），因此求解复杂度很高，一般会使用近似算法处理此类问题。

近些年，对鲁棒动态规划的研究逐渐受到了海内外学术界的重视，通过总结整理，主要可以将这些研究分为以下几个流派：

一些学者将鲁棒动态规划与普通的马尔科夫决策过程建立联系。Nilim & Ghaoui（2005）和 Iyengar（2005）是研究该领域的先驱。他们考虑一个有限状态、有限决策的马尔科夫决策过程的鲁棒控制问题，并使用非凸集描述了转移矩阵的不确定性。他们证明，当不确定集具有一定的"矩形"（rectangularity）性质时，也就是对于每个状态和行动下的概率转移矩阵和奖励都是互相独立的，那么马尔科夫决策过程中所使用的值迭代和策略迭代的方法都可以扩展到对应的鲁棒动态规划问题。Delage & Ye（2010）考虑了由均值和方差构成的不确定集合，发现此类分布式鲁棒动态凸规划问题可以转化为半正定规划问题，对于很多种目标函数都可以使用多项式时间的算法对其求解。Xu & Mannor（2012）将不确定集拓展到了分布不确定集合中，并证明了此类问题可以转换为标准的鲁棒马尔科夫决策过程，并可以使用多项式时间算法对其进行求解。Yu & Xu（2016）在 Xu & Mannor（2012）的基础上，考虑了更加一般化的分布式不确定集合，并提出了有效的算法，可以在一般的条件下很快求出最优策略。Wiesemann et al.（2013）拓展了"矩形"的概念，从对于每个状态和行动下的概率转移矩阵和奖励都是互相独立的 (s, a)-rectangular，拓展到了只对每个状态下的不确定集合都是独立的 s-rectangular。其文构造了一个策略迭代方法，在迭代过程中只需要解决中等规模的锥优化问题。Mannor et al.（2016）在 s-rectangular 的基础上进一步考虑了 k-rectangular 的不确定集合的构建。粗略来说，是根据每个状态的参数的实现值，将不确定集合投射到至多 k 个不同的集合中。其思路是假设有一些状态之间可以使用相同的不确定集合，从而放松了相互独立的假设。

一些学者关注了鲁棒动态优化的最优策略的时间不一致性（time inconsistency），也就是说在第一阶段直接计算出所有的策略并不能达到最优，相反，简单的线性调整策略在很多类型的鲁棒动态规划中的效果更好。Ben-Tal et al.（2004）考虑了一个有不确定参数的线性系统，其中一些决策可以在某些不确定参数实现后再进行决定。该文提出了线性的可调整鲁棒问题，并证明了此类问题可构造为线性规划问题或者半正定规划进行求解。Bertsimas et al.（2010）证明了关于不确定参数的线性函数控制策略在一维有约束的多阶段鲁棒优化问题中的最优性，并提出了找到此最优策略的有效算法。此方法在经典的库存控制中有着很好的表现。Bertsimas & Goyal（2012）考虑了一个两阶段的鲁棒优化问题，并给出了线性可适应控制策略最优所需要的条件，结果发现在最差情况下线性可适应策略相比完全可适应控制策略表现有可能要差上一倍。Iancu et al.（2013）放松了 Bertsimas & Goyal（2012）的假设，发现只要不确定集合满足单位超矩形中的整数次格栅（integer sublattices），而且动态规划值函数关于不确定参数的凸超模函数，那么关于不确定参数的线性决策则是最有效决策。Bertsimas et al.（2019）将线性决策规则应用到了可以使用二阶锥表示出来的分布不确定集合中，发现只要将不确定集合做一个提升（lift），并使线性决策包含关于此提升的参数，所得到的决策可以满足鲁棒动态规划问题的可行性。Hanasusanto & Kuhn（2018）考虑了 Wasserstein 距离下的不确定集合，使用线性决策法则的决策可以转化成锥优化问题，并拥有很好的近似性。

一些学者将近似动态规划和鲁棒动态规划相结合，使用静态策略来分析近似有限周期的鲁棒动态规划问题。Petrik（2012）考虑了分布不确定集合下的鲁棒近似动态规划问题，证明了鲁棒近似策略迭代算法的收敛性，此算法相比普通近似迭代算法的误差界限更小。Petrik & Subramanian（2014）在 Petrik（2012）基础上考虑可以将一些状态对应的策略合并，在保证算法的计算复杂度的情况下大幅提高解的质量。而 Lim & Autef（2019）则更进一步，考虑了如果使用核函数将状态与策略在另一空间进行投影，其计算复杂度并没有提升很多，但是解的质量得到了进一步的提升。在最近的一项仍在进行的工作中，Derman & Mannor（2020）将上述鲁棒近似算法应用在了 Wasserstein 距离下的不确定集合中，也有着不俗的算法表现。

最后一个流派的学者使用数据驱动的方法来研究鲁棒动态优化或者鲁棒增强学习问题。增强学习是机器学习中非常重要的一个分支，此流派也受到了运营管理和计算机科学等交叉学科的青睐。本流派考虑如何从数据中估计出合理的不确定集合的参数，并提出相应的算法来解决此类问题，一般来说更加关注实际的求解效果而不是其理论表现。鲁棒动态优化在库存管理（张松涛等，2015；张曙红、魏永长，2015；李春发等，2014）、供应链管理（徐家旺、黄小原，2006）、动态定价（李春发等，2014；冉伦等，2009）、网络设计（李政玲，2016；Ning & You，2019）等方面又有着重要作用。Hanasusanto & Kuhn（2013）价值函数在状态和决策上是凸二次方函数，而转移矩阵关于状态和决策是线性的。决策的可行集是二阶锥形状的，并使用 χ^2 距离构建不确定集。张松涛等（2015）研究了库存切换下的不确定动态供应链网络系统的鲁棒运作问题。针对该动态供应链网络，作者构建了参数及需求不确定的模型，并提出了模糊鲁棒控制策略。通过分析发现，该策略可以有效保证库存切换的平稳性，同时通过数值实验验证了提出的模糊鲁棒控制策略的有效性。张曙红、魏永长（2015）考虑了逆向物流下的供应链中的鲁棒动态库存模型，使用鲁棒优化的方法分析了该闭环供应链的动态性能。通过仿真可以发现，将制造与再制造流程综合起来的鲁棒控制策略能够减小库存波动，从而降低库存成本。Yang（2017）考虑了有限周期的鲁棒动态控制问题，并使用 Wasserstein 度量对不确定集进行建模，证明 Markov 策略的存在性和最优性，并开发基于凸优化的算法来计算和分析最优策略。陈美蓉等（2017）提出了鲁棒动态多目标优化问题的优化方法，定义了性能鲁棒性和时间鲁棒性，对多目标问题进行分解。该文使用了移动平均的预测模型来预测时间序列，并对两个鲁棒性的评价测度进行了仿真实验，证明了方法的有效性。Ning & You（2019）考虑了农业的废弃物能源转化网络的鲁棒优化问题，作者构建了一个两阶段的鲁棒动态规划问题，并且使用 Wasserstein 度量构建不确定集合，结果发现该方法下的平均成本要比传统的随机优化得到的结果低 5% 以上。

为了更好地总结归纳相关文献，本书对鲁棒动态规划相关的代表性文献的整理见附录 A 表 A-1。

2.4 结 论

本书聚焦于新能源汽车供应链与数据中心供应链这类新兴技术下的供应链所面临的资源分配管理问题。其中包括了数据中心的选址和服务资源分配、电动汽车补贴资源分配和云计算备用服务器的资源分配问题。综合使用了管理科学中的整数规划、博弈论、鲁棒优化和动态规划等工具对问题进行了建模和求解。

新能源汽车补贴资源分配部分总结了影响消费者购买电动汽车意愿的实证类型的文章，为消费者的效用模型奠定了基础，同时也总结了使用实证和仿真等方法对政府补贴政策的效果估计。最后汇总了使用博弈等分析模型研究政府的最优补贴政策的文章，为此部分研究的建模打下基础。

数据中心供应链网络布局与资源分配部分总结了数据中心选址与传统供应链选址的相似与不同，并将数据中心的网络设计问题归结为 SLCIS 问题。在解决此类问题时，通常需要解决规模较大的混合整数锥优化问题，因此文献综述部分也总结了使用类似模型的应用型文章及关于解决此类问题的方法类型的文章。

最后重点梳理了近些年与云计算资源动态调整密切相关的鲁棒动态规划相关文献。主要的文献可以分为四类，分别是不确定集合的矩形性质对动态规划求解的影响、线性决策规则的最优性、近似动态规划与鲁棒动态规划的结合及数据驱动下的鲁棒增强学习。鲁棒优化作为管理科学学科近些年备受关注的工具在服务资源分配的场景中有着很大的应用潜力。

综上所述，供应链的运营管理和资源分配问题涉及了管理科学学科中不同研究工具，每个子领域在近些年都受到了学术界和业界的高度重视，对这些问题的研究不仅有助于拓展学术前沿，也具有影响深远的实际意义。

第 3 章　新能源汽车供应链的补贴资源分配

本部分以新能源汽车供应链为例，主要研究电动汽车市场的补贴资源分配问题。电动汽车能够有效减少温室气体的排放，但是其作为新兴技术仍未被大众所接受。各地政府采取了相应的激励手段以促进电动汽车行业的发展，一方面可以将补贴直接提供给消费者，另一方面也可以补贴充电基础设施建设。相比过去的以计量模型为主的研究，本部分创新地考虑了充电桩与电动汽车之间的正向网络效应，并建立分析模型计算出政府最优的补贴资源分配策略，分析了科技进步、市场特点等因素的变化将如何影响最优补贴分配政策。最后还搜集使用了深圳市的相关数据，验证了同时补贴消费者和充电桩建设的混合补贴政策的优势。

3.1　引　　言

空气污染一直是全球范围内的重要环境问题。世界卫生组织（WHO）强调空气污染是人类健康的最大环境风险，据估计空气污染每年造成 700 万人过早死亡。不幸的是，91％的世界人口居住在空气质量低于 WHO 标准的地区。[①] 根据美国环境保护局（EPA）的估计，在美国，机动车造成了总一氧化碳污染的 75％。据估计，在美国，道路车辆造成的空气污染占 1/3，带来了 27％的温室气体排放。[②]

电动汽车被认为是减少空气污染和温室气体排放的解决方案之一。尽管从地球上提取和处理矿物来制造电动汽车电池可导致碳排放，但最近的研究表明，在整个生命周期中，使用电动力和内燃机的汽车的空气污染排放差异

---

① 世界卫生组织，网址为 https://www.who.int/airpollution/en/。

② https://auto.howstuffworks.com/air-pollution-from-cars.htm

很大。由于没有燃烧和排气管排放，电动汽车比汽油和柴油驱动的汽车更具优势。目前，越来越多的电动汽车被采用，并且电池回收技术日趋成熟，对新电池的需求将越来越小，电动汽车对环境更加有益。[①]电动汽车还可以帮助各国减少对国内或国外石油资源的依赖，避免油价波动带来的经济震荡等后果。

由于电动汽车是高科技创新产品，因此消费者可能会对电动汽车持保守想法，包括充电基础设施不足、续航距离短、购买价格高或潜在的电池问题（Zhang & Bai, 2017）。如果没有政府的适当干预，电动汽车市场可能面临严重的自我萎缩问题（critical mass problem），也就是说由于市场接受率无法自我维持并实现进一步的增长，从长远来看，电动汽车市场最终将萎缩甚至消失（Zhou & Li, 2018）。消费者方面的这些担忧以及电动汽车的环境利益促使世界各国政府提出支持计划以促进电动汽车的采用。美国、西班牙、德国、挪威和中国等国家已经启动了支持计划，以鼓励消费者购买电动汽车。在美国，联邦政府和一些州政府为购买电动汽车提供补贴（Holland et al., 2016）。西班牙政府为电动汽车的价格提供25%的折扣（Luo et al., 2014a）。

除了直接补贴电动汽车消费者之外，一些国家也提供了其他支持性项目来推广电动汽车。挪威政府在补贴电动汽车消费者的同时，也会为建造充电桩提供经济支持（Springel, 2016）。支持建造充电桩有利于减轻顾客的里程焦虑。所谓里程焦虑，指的是一些消费者对电动汽车的行驶距离不能满足其要求，而又难以找到充电桩充电，以致抛锚在路的担心（Lim et al., 2015）。德国政府在 2016 年启动了一个价值 10 亿欧元的电动汽车补贴政策，为电动汽车的购买者提供税豁免并为充电桩的建设提供 30%的补贴（Zhang & Dou, 2020）。中国在 2009 年就提出了电动汽车的补贴计划，并在 2013 年对计划进行了升级。该计划也是世界上最具魄力的计划之一（Hao et al., 2014）。中国政府针对不同方面提供了支持，具体可分为以下三个方面：（1）对购买电动汽车的补贴；（2）针对基础设施的建设和补贴；（3）对电动汽车研发的投资（Zhang & Bai, 2017; Zhang et al., 2017）。

---

① https://www.forbes.com/sites/jamesellsmoor/2019/05/20/are-electric-vehicles-really-better-for-the-environment/#30f0728b76d2

　　尽管各国政府都付出了不少努力，但电动汽车的接受率仍与期望有一定差距。例如，在 2010 年，德国政府定下了在 2020 年电动汽车保有量达到 100 万辆的目标，然而截至 2019 年 10 月，仅完成推广了 142805辆电动汽车，与目标相比远远不足。[①] 中国的电动汽车保有量世界领先，但是电动汽车的市场占有率仍然处于较低水平。截至 2015 年 11 月，中国电动汽车的总产量刚刚超过了总汽车产量的 1%，而 2016 年和 2017年的电动汽车销量分别为 507000 辆和 777000 辆，也仅仅占据总销量的1.81% 和 2.69%（Zhang & Qin，2018）。深圳是中国电动汽车保有量最多的城市，在 2009 年到 2012 年启动了电动汽车补贴项目，拨款 20 亿人民币计划将电动汽车和充电桩的数量增加至 15000 辆和 12750 座。[②] 然而，在 2013 年年初，深圳仅仅推广了 2273 辆电动车和 600 个充电桩。[③]深圳政府在其年度报告中阐明，充电桩的增长速度无法满足电动汽车车主的需求，可能会对电动汽车的推广带来负面效用。[④]

　　虽然电动汽车较低的市场占有率可能由多种原因造成，但缺乏有效的支持机制可能是其中最重要的原因之一。图 3-1（a）展示了深圳的电动汽车总数量和充电桩总数量，图 3-1（b）展示了对消费者和充电桩的补贴。深圳市政府于 2010 年开始补贴电动汽车消费者，但直到 2014 年才向充电桩建设提供财政支持。尽管 2014 年及以后几年电动汽车消费者的补贴有所减少，但可以发现电动汽车消费者的数量在急剧增长，这表明增加对新充电桩的投资补贴确实有促进电动汽车的销量的作用。

　　本书旨在研究政府提供的最佳补贴资源分配策略，以实现推广电动汽车的最大净收益。政府既可以向购买电动汽车的消费者提供补贴，也可以补贴建设充电桩的成本。综合考虑电动汽车对社会的利益和补贴支付的成本后，可以构建出政府的目标函数。在电动汽车的推广过程中，充电桩和电动汽车作为互补产品形成了正反馈效应。一方面，充电桩的更高可用性减轻了消费者的行驶里程焦虑，并增加了购买电动汽车的吸引力。换句话说，充电桩为电动汽车消费者创造了积极的网络外部性，这是在设

---

① 数据来源：https://www.kba.de。

② 中国科学技术部，网址为 http://www.most.gov.cn/kjbgz/200909/t20090930_73529.htm。

③ 网易汽车，网址为 http://auto.163.com/13/0325/10/8QQ95PI900084IJS.html。

④ 深圳政府网，网址为　http://www.sz.gov.cn/szzt2010/zdlyzl/sj/201808/t20180829_14044796.htm。

计电动汽车支持计划时必须考虑的重要特征（Springel，2016）。另一方面，更多的电动汽车消费者增加了充电桩的利润，并使对充电桩的投资更具吸引力。模型考虑了充电桩和电动汽车之间的这种相互作用。消费者购买电动汽车的效用随着充电桩数量的增加而增加，每个充电桩的利润随着电动汽车数量的增加而增加。本部分计算了政府的最佳补贴金额，并研究了模型参数对补贴金额及市场上电动汽车和充电桩数量的影响。综上，本部分的主要研究结果可以为政策制定者提供如下建议：

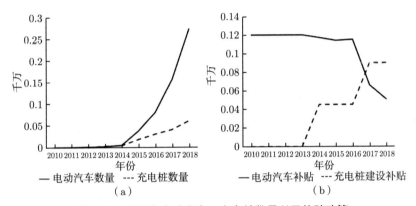

图 3-1　深圳市电动汽车、充电桩数量以及补贴政策

（1）如果电动汽车的社会效益上升，那么当充电桩对电动汽车消费者的效用产生更强的网络效应时，政府应更多地向充电桩提供补贴，而对电动汽车消费者的补贴则可减少。但是，如果网络效应不强，政府应增加对消费者的补贴或减少对充电桩的补贴。如果政府仅补贴电动汽车消费者时，情况则有所不同。此时，当电动汽车变得对社会更有利时，政府总是会增加消费者补贴。

（2）直观上来讲，当建造充电桩的成本增加时，政府应始终增加对充电桩的补贴。但是，经过推导证明可以发现这种策略并不总是最佳的。实际上当消费者足够重视电动汽车的环境效益，且电动汽车的成本不太高时，政府应增加对投资者的补贴额；否则政府应实际减少对充电桩的补贴。

（3）直观上来说，政府在消费者的绿色环保意识加强时，应该减少对消费者的补贴，增加对投资者的补贴。然而，情况并非总是如此，消费者的环保意识对补贴的影响取决于充电桩的成本。更具体地讲，如果建造充电桩的成本高昂，则随着消费者对电动汽车绿色程度的认可度的增加，政府应更多补贴充电桩或减少补贴消费者。另一方面，如果建设充电桩的成本很低，随着消费者对电动汽车绿色程度的评估的增加，政府应减少对充电桩的补贴。关于消费者补贴，政府最初增加了补贴，并利用消费者对电动汽车环境效益的欣赏，促进电动汽车的普及。但是，当消费者的环保意识足够高时，政府将减少消费者补贴，不再需要在补贴上花费更多。

（4）本部分将模型与政府仅补贴电动汽车消费者的模型进行了比较。有趣的是，当充电站的成本很高时，政府反而无须补贴充电桩的投资者。政府只要支持电动汽车消费者就可以实现相同数量的电动汽车和充电桩。然后，运用来自深圳的数据对模型进行了校准，发现同时补贴电动汽车消费者和充电桩投资者比仅补贴消费者具有明显的优势。联合补贴政策下的电动汽车和充电桩数量可以达到单补贴政策下的 3 倍和 27 倍。此外，政府在联合补贴政策下的净收益平均为单一补贴政策下净收益的 2 倍，最高为 5.74 倍。

本章的结构如下：3.2 节回顾了文献；3.3 节介绍了使用的符号以及模型框架；3.4 节刻画了最优补贴政策，并比较了单边补贴和混合补贴政策。3.5 节探究了不同科技水平和市场特点下的政府补贴政策变化。3.6 节使用来自深圳的电动汽车数据对模型进行校准；3.7 节总结本章。

3.2　文　献　综　述

本部分的工作属于运营管理中的电动汽车问题相关研究。一些论文使用实证模型来预测电动汽车补贴政策的有效性。Hao et al.（2014）、Zhang & Bai（2017）和 Zhang et al.（2017）回顾并总结了中国的电动汽车政策，并估计了补贴结束后的电动汽车市场规模。Mueller & Haan（2009）使用了基于 agent 的仿真模型来预测补贴政策的效果。类似的，Gnann et al.（2015）也采用了类似的仿真模型来拟合德国的电动汽车市场发展状况。

一些文献采用分析模型来研究电动汽车问题。Lim et al.（2015）研究了里程焦虑和转售焦虑对电动汽车发展的影响。他们发现，当转售焦虑程度分别为低或者高时，拥有或者租赁电池与增强充电服务的组合通常会在电动汽车采用的目标（排放节省、盈利能力和消费者剩余）之间达到最佳平衡。Huang et al.（2013）分析了政府补贴电动汽车消费者时燃料汽车供应链与电动燃料供应链之间的竞争。他们发现，更多的服务和充电桩可以增加补贴对电动汽车市场的积极影响；但是，模型中的充电桩的数量是其模型中的一个参数，并没有分析最优的充电桩的补贴。Luo et al.（2014a）考虑一种分权管理下的电动汽车供应链，其中政府为电动汽车消费者提供价格折扣，并且有一定的补贴上限。该研究表明，当单位生产成本较高时，补贴上限对影响制造商的最佳批发价格更为有效，而在生产成本较低时，贴现率则更为有效。Cohen et al.（2015）研究了政府在需求不确定的情况下，在两个时期内向分散的供应链提供绿色产品补贴的模型。政府可以承诺补贴或保留在各个时期内调整补贴的选择。该研究表明，灵活的补贴政策平均而言要昂贵得多，除非各个时期之间存在显著的负需求相关性。另一方面，政府在弹性环境中的额外支出减少了电动汽车推广水平的不确定性。Shao et al.（2017）假设政府为电动汽车消费者提供固定补贴或价格折扣，分析了垄断和双头垄断下的电动汽车和汽油汽车市场。该研究表明，这两种激励方案对环境和社会福利的影响相同，但由于支出较低，政府更喜欢采用补贴机制。

文献中仅有少数一些研究考虑了充电桩与电动汽车的相互作用。Yu et al.（2016）构建了一个有电动汽车和充电桩的双边市场序贯博弈模型，并计算出其均衡。这些表明，社会最优的解决方案需要比市场竞争下建设更多的充电桩。尽管作者在模型参数的敏感性分析中谈到了补贴的效果，但他们并未分析政府的最优补贴政策。Springel（2016）使用结构模型来分析电动汽车和充电桩的双边市场。该文利用来自挪威的数据，提供了描述性证据，证明电动汽车的购买与消费者补贴和充电桩补贴均呈正相关。Zhou & Li（2018）考虑到充电站部署和电动汽车采用之间的相互依赖性。他们使用美国大都市统计区（MSA）的面板数据发现，超过一半的 MSA 面临自我萎缩问题（critical mass problem），补贴政策可能会更有效地促进电动汽车的普及。无论是 Springel（2016）还是 Zhou & Li（2018）都没有考虑政府的最优补贴政策。

Zhang & Dou（2020）是最接近本部分工作的论文。他们考虑了一个充电桩投资者（服务提供商）必须根据以下情况折中选择充电桩位置的问题：在城市地区建造充电桩较为昂贵，但由于交通流量较大，可能产生更多的收入；而充电桩在郊区建造，房屋成本较低，但使用频率也较低。该文表明，在平衡状态下，充电桩的需求和供应与电动汽车的普及之间可能存在空间失配。他们研究了政府应如何使用三项补贴政策来缓解这种失衡：（1）按照充电桩数量补贴投资者；（2）按照充电桩使用率来补贴投资者；（3）补贴电动汽车消费者。文章主要发现，通过使用电动汽车来补贴电动汽车消费者或补贴服务提供商可能是政府的最佳补贴策略，而且在许多情况下，政府不应鼓励服务提供商在城市地区投入更多的电动汽车。尽管 Zhang & Dou（2020）分析了政府补贴，但他们专注于理解单一补贴如何影响单一服务提供商在两个不同位置（城市与郊区）建造充电桩的决定。而与其不同的是，本研究主要考虑电动汽车与充电桩之间的互补性，并将重点关注政府应如何同时向电动汽车消费者和充电桩投资者提供补贴，分配补贴资源。

本书也与互补产品以及网络效用相关的文献有所联系，比如 Katz & Shapiro（1985）、Farrell & Saloner（1985）、Caillaud & Jullien（2003）、Rochet & Tirole（2006）、Armstrong（2006）。这些文章主要聚焦于双边市场中的定价与协调策略。在运营管理和营销领域，Bhaskaran & Gilbert（2005）研究了耐用品制造商的租用与售卖策略在有其他互补产品时的影响。Yalcin et al.（2013）研究了两个生产互补产品的企业的定价和质量策略。He et al.（2016）研究了产品和顾客的特点会如何影响互补企业的团购决策。He & Yin（2015）研究了供应链中的竞争会如何影响互补供应商的销售策略。这些文章没有站在政府的角度，为互补产品提供最优补贴政策的设计。

总之，现有文献大多使用实证模型来估计电动汽车的推广水平。而使用分析模型的电动汽车相关论文，要么将补贴作为模型参数，不分析政府的问题，要么仅考虑一种补贴而忽略了网络效应。相比之下，本部分提出了一种优化模型，该模型同时包含了针对电动汽车消费者和充电桩投资者的补贴。通过计算政府的最佳补贴政策，并进行敏感性分析，以了解不同参数对最优政策的影响。

3.3　模　　型

政府希望通过其政策来促进电动汽车的推广。为了实现这样的目标，政府可以使用现实生活中常见的两种不同的补贴策略来激励消费者。

（1）补贴电动汽车消费者。在此策略下，电动汽车的消费者会享受到购买补贴。此策略可以使得电动汽车的价格更加亲民，提高其接受度。

（2）补贴公共充电设施。此补贴策略主要针对潜在的投资者，减轻公共充电桩的投资成本。通过这样的补贴，可以吸引更多的充电设施的建设，从而减轻电动汽车司机的里程焦虑，加强了电动汽车相对于传统汽车的吸引力。

将此问题建模成一个斯达克伯格博弈，首先政府公布其补贴策略，接下来，顾客和投资者同时进行其购买和投资决策，同时对对方的决策产生理性预期。在设计补贴政策的时候，政府的目标是最大化电动汽车推广对社会的净收益，同时考虑了更高推广带来的社会收益以及补贴带来的支出。接下来描述消费者和投资者的决策过程，并刻画其最优反应。最后建立政府的优化问题，并给出最优补贴政策。

3.3.1　消费者效用模型

每个消费者通过最大化个人效用来决定其购买策略。电动汽车的消费者可能是当前的电动汽车司机，也可能是未来的潜在消费者。分别用 λ_0 和 Λ 来表示这两个群体的数量，其中 λ_0 表示在引入补贴之前的电动汽车使用者数量，Λ 表示该补贴政策的潜在受益者。为了刻画潜在消费者的决策行为，接下来构造了其效用函数。

目前关于电动汽车实证模型的文章，例如 Lin & Wu（2018）、Han et al.（2017）、Degirmenci & Breitner（2017），指出顾客是否选择购买电动汽车要考虑多种因素，包括经济因素、使用便利性、环保意识等。从经济角度来看，消费者需要承担电动汽车的零售价格、政府对消费者的潜在补贴及驾驶电动汽车的成本（即充电费）。电动汽车对消费者的吸引力还取决于他们在使用电动汽车时遇到的不便和障碍，这主要是由于缺乏充电桩的可用性。鉴于电动汽车的行驶里程有限（与传统汽油车相比），充电基础设施可以减轻消费者的里程焦虑，并使电动汽车成为更可行的选择（Avci et al.，2014；Lim et al.，2015）。此外，消费者是否选择电动汽车还取决于他们对保护环境的态度，这种态度因消费者群体而异。

综合考虑这些重要因素，假设顾客关于环保态度是异质的，对于类型为 θ 的消费者，其效用见式 (3-1)：

$$u_\theta(m|s) = \theta v - \mu(m) - (p - s) - \phi \tag{3-1}$$

其中 v 表示顾客获得电动汽车带来的单位名义效用，v 与顾客类型 θ 表示不同顾客对环境保护的态度下的实际效用。假设 θ 在 $[0, \bar{\theta}]$ 上均匀分布，其中 $\bar{\theta}$ 表示最环保的顾客。式 (3-1) 中的 m 表示电动汽车消费者可用的公共充电桩数量，而 $\mu(m)$ 表示由充电桩不足造成的里程焦虑。假设 $\mu(m)$ 是一个关于 m 单调递减的凸函数，这样多建造一个充电桩可以减小一定里程焦虑，但是其效果边际递减。参数 ϕ 表示平均的总充电费用，可以认为 ϕ 是电动汽车使用期间的总行驶距离乘以每千米的充电费用。最后 p 和 s 分别表示了电动汽车的价格及购买补贴，因此 $p - s$ 为消费者需要实际付出的购买费用。

给定政府的购买补贴 s、充电桩的数量 m，类型为 θ 的消费者比较其购买电动汽车的效用 $u_\theta(m|s)$ 与其他选择的利润 u_0（比如购买传统汽车，或者什么也不购买），并选择可以为其带来更高效用的决策。因此，存在一个阈值 $\theta_1(m|s) \in [0, \bar{\theta}]$，只要顾客的类型满足 $\theta \geqslant \theta_1(m|s)$，这个顾客就会选择购买电动汽车。因此，给定补贴时，电动汽车的数量满足式 (3-2)：

$$\lambda(m|s) = \lambda_0 + \Lambda\Pr\left(u_\theta(m|s) \geqslant u_0\right) = \lambda_0 + \Lambda\Pr\left(\theta \geqslant \theta_1(m|s)\right)$$

$$= \lambda_0 + \max\left\{0, \ \left[\frac{v\bar{\theta} - u_0 - (p - s) - \phi - \mu(m)}{v\bar{\theta}}\right]\Lambda\right\} \tag{3-2}$$

3.3.2 充电桩投资者决策

潜在的投资者会根据是否有利可图来决定是否进入市场投资建造充电桩。假设每个充电桩都是同质的，并且平均分配从消费者那里赚取的利润，也就是说充电桩市场面临着充分竞争。因此如果增加一个充电桩能够有利润，那么就会有新的投资进入。展开来说，如果潜在的投资者投资充电桩的收益为 π，其外部选择的潜在收益为 π_0，那么这个投资者会进入市场，当且仅当 $\pi \geqslant \pi_0$，其中 [见式 (3-3)]：

$$\pi(\lambda,\ m|\kappa) = \frac{\lambda\phi}{m+1} - (f-\kappa) \tag{3-3}$$

式 (3-3) 中的第一项计算了给定当前电动汽车数量 λ 和充电桩数量 m 的时候，新进入的充电桩的总收益。具体来说，充电桩的总收益来自电动汽车司机的总充电成本 $\lambda\phi$，这些收益平均分到了所有运营的充电桩中（Springel，2016）。这里假设了充电费用是外生的，而非充电桩运营商内生决定。这是因为关于充电费用的制定，有相关法律的规定加以限制。比如北京地区的充电费用一般由电费和充电服务费构成，其中充电服务费每千瓦·时收费上限为当天北京 92 号汽油每升最高零售价的 15%。[①]因此，式 (3-3) 表示了第 $m+1$ 个充电桩进入市场后的期望收益。f 表示建造一个充电桩的固定成本，κ 表示政府提供给充电桩投资者的补贴。因此，给定电动汽车市场规模 λ、政府的投资补贴 κ，此时均衡条件下的充电桩投资者市场规模 $m(\lambda|\kappa)$ 满足式 (3-4)：

$$m(\lambda|\kappa) = \max\left\{m_0,\ \frac{\lambda\phi}{\pi_0 + f - \kappa}\right\} \tag{3-4}$$

其中 m_0 为补贴政策前的充电桩初始数量。

3.3.3　政府决策问题

政府的目标是通过权衡两种补贴策略，最大化推广电动汽车带来的社会净收益。使用 β 表示每个电动汽车带来的社会收益，这代表了由于使用电动汽车而非传统汽车带来的环境、健康方面的提升，同时也表示了使用可持续能源带来的对国外能源依赖的减少。

预期到式(3-2) 和式(3-4)中消费者和投资者的行为，政府通过优化下面双补贴政策优化模型（TSSP）进行决策 [见式 (3-5)、式 (3-6)、式 (3-7)]：

$$\max_{s,\ \kappa}\quad \Pi(\lambda_0,\ m_0) = \beta\lambda - s(\lambda - \lambda_0) - \kappa(m - m_0)$$

$$\text{s.t.}\quad \lambda = \lambda_0 + \max\left\{0,\ \left[\frac{v\bar{\theta} - u_0 - (p-s) - \phi - \mu(m)}{v\bar{\theta}}\right]\Lambda\right\} \tag{3-5}$$

$$m = \max\left\{m_0,\ \frac{\lambda\phi}{\pi_0 + f - \kappa}\right\} \tag{3-6}$$

---

① 中国汽车工业协会，网址为 http://www.caam.org.cn/chn/9/cate_107/con_5167189.html。

$$0 \leqslant s \leqslant p, \quad 0 \leqslant \kappa \leqslant \pi_0 + f \tag{3-7}$$

政府目标函数的第一项表示了电动汽车推广带来的社会收益，第二项和第三项分别表示支付给消费者和投资者的总补贴支出。该优化问题的约束条件为消费者和投资者在给定补贴政策下的市场均衡数量。将在下一节分析此问题并研究均衡下的补贴策略。为了在符号上更清楚表示，定义 $\hat{\theta} = v\bar{\theta}$，$c = \pi_0 + f$，其中 $\hat{\theta}$ 可以表示为顾客对电动汽车的最大估值，而 c 表示了投资者进入市场的实际壁垒（详见表 3-1）。

表 3-1　　本章主要符号列表

v	消费者对新车的估值
p	电动汽车售价
ϕ	平均充电费用
θ	消费者环保意识强度，服从 $[0,\ \bar{\theta}]$ 的均匀分布
u_0	消费者的外部效用
Λ	潜在电动汽车消费者数量
λ_0	当前电动汽车持有者数量
f	充电桩的投资建造成本
π_0	投资者的外部效用
s	给每个电动汽车消费者的补贴
κ	给每个充电桩投资者的补贴
β	电动汽车的使用带来的社会收益
λ	补贴后使用电动汽车的消费者数量
m	补贴后公共充电桩的数量
$\hat{\theta} = v\bar{\theta}$，$c = \pi_0 + f$	

为了模型的可解性，本部分的分析主要聚焦在公共充电桩初始数量 m_0 比较小的时候。该假设可以帮助我们得到显示解，而且对于大部分电动汽车市场尚不成熟的地区而言，也非常贴近现实。不仅如此，对于一些发达地区和一些已经提供一段时间补贴的地区而言，也有类似的现象。根据《纽约时报》和《福布斯》的报道，美国的电动汽车充电桩还远远不够，全美缺乏公共和家用电动汽车充电桩是购买电动汽车的主要障

碍。[1] 当中国在 2010 年开始其电动汽车补贴政策时，全国只有 76 个公共充电站；[2]挪威在 2009 年刚开始进行补贴项目的时候，也只有不超过 200 个充电点（Kvisle，2012）。其他国家和地区，比如澳大利亚、俄罗斯、印度等的情况也类似。[3] 这样的假设意味着电动汽车的拥有者在初期只能依靠家用和工作场所的充电桩进行充电，很少有公共的充电桩供其使用。为了研究的完整起见，本部分也在附录中对更为一般的 $m > 0$ 进行了讨论，刻画了此情况下的最优补贴政策。虽然其最优补贴政策的结构非常复杂，难以直接进行分析，但是通过数值实验证实了本部分的发现在初始公共充电站数量不为零的时候依然成立。

3.4　模 型 分 析

为了得到政府的最优决策，首先分析式(3-2) 和式(3-4)在给定补贴 (s,κ) 的均衡市场状况，然后将此均衡代入政府的最优化问题中，并求解出 TSSP 问题的最优解。首先做出以下假设：

假设 3-1： 分析中，假设

（1）$\widehat{\theta} > u_0 + p + \phi + \mu(0)$；

（2）$c > \varLambda r^2/4\widehat{\theta}$。

该假设的第一部分确保即使在没有任何政府支持的情况下，总有消费者愿意购买电动汽车。第二个不等式确保用于电动汽车购买者和投资者的最佳补贴值分别不超过电动汽车价格和投资成本（即约束 $0 \leqslant s \leqslant p$，$0 \leqslant \kappa \leqslant c$ 没有达到上限）。这两个假设都是为了避免缺乏现实意义的边界解。

---

[1] 《纽约时报》，网址为 https://www.nytimes.com/2020/04/16/business/electric-cars-cities-chargers.html，《福布斯》，网址为 https://www.forbes.com/sites/brookecrothers/2019/10/13/in-the-us-electric-vehicle-charging-prospects-are-bleak-out-there-for-the-rest-of-us-who-dont-drive-a-tesla-model-3/#172a5b8533d1。

[2] https://www.prnewswire.com/news-releases/china-ev-charging-station-and-charging-pile-market-2018-2025-15-global-and-chinese-charging-operators--operation-and-development-strategies-of-8-chinese-ssuppliers-300701521.html

[3] 澳大利亚，https://www.caradvice.com.au/830862/electric-car-fast-charging-network-priority-australia/，俄罗斯，https://blogs.platts.com/2018/03/26/russia-electric-vehicles-ev/，印度，Nair et al.（2017）。

引理 3-1： 对于给定的补贴策略 (s, κ) 和起始电动汽车数量 λ_0，消费者和投资者的市场均衡是唯一的，且如下所示：

$$\widehat{\lambda} = F^{-1}\left(\lambda_0 + \left[\frac{\widehat{\theta} - u_0 - (p - s) - \phi}{\widehat{\theta}}\right]\Lambda\right)$$

$$\widehat{m} = \widehat{\lambda}\phi/(c - \kappa) ,$$

其中 $F(\cdot)$ 为

$$F(x) = x + \frac{\Lambda}{\widehat{\theta}}\mu\left(\frac{x\phi}{c - \kappa}\right)$$

是一个关于 x 单调递增的函数。

相关的证明可参见附录 B。上述引理 3-1 刻画了给定政府补贴后的电动汽车市场变化。可以直观地看出，$\widehat{\lambda}$ 和 $\widehat{m}$ 关于 s 和 κ 都是单调递增的，因此更高的补贴可以通过网络效应让充电桩以及电动汽车消费者的数量都有所增长。然而，这些关系的具体性质更加复杂，政府可以利用它们来实现社会效益的最大化。

接下来，对充电桩带来的网络效应、里程焦虑的减弱进行了刻画，里程焦虑函数为 $\mu(\cdot)$：

假设 3-2： $\mu(m) = r_0 - r\sqrt{m}$。

采用如上形式的假设有以下几点优势。首先，可以直接求解出显示解，并且能够保证网络效应的特点。其次，其参数易于解释，可以通过其对均衡结果的影响得到相关的政策方面的启示。具体地说，$\mu(m)$ 是关于 m 的单调递减的凸函数。这与传统文献中基础设施的网络影响是一致的：增加站点数量可以减少里程焦虑，但是降低速度有边际递减的性质（Jiwattanakulpaisarn et al.，2012）。此外，可以将行驶里程限制解释为电动汽车无须充电即可行驶的区域的半径。因此，随着站点数量的增加和每个特定站点的覆盖范围的相应缩小，此时的电动汽车的行驶范围会与站点数量的平方根成正比。[①] 值得注意的是，由于电动汽车行驶距离的限制，充电桩为消费者带来的里程焦虑缓解通常无法辐射到全国区域，因此本书的模型提出的补贴政策主要适用于省或者城市的范围。

---

① 这里假设城市中的充电桩均匀分布。假设有一个矩形的城市，居民均匀分布在城市中。如果只有一个充电桩覆盖整个区域，城市中的居民到达城市中心点进行充电。如果有 4 个充电桩均匀分布在城市中，则可以划分出 4 个相同大小的区域，其中每个区域的居民只需要去对应的充电桩充电即可。这样一来，每个居民的平均行驶距离就减半。这意味着充电桩数量每增加 4 倍，其平均行驶距离就会减小一半。换言之，居民的里程焦虑程度可以被认为是随着充电桩数量的增加以平方根的速度下降。

在假设 3-2 中，r_0 表示在没有公共充电桩时（即当消费者完全依靠家庭或工作场所充电时），行驶里程的限制导致用户效用的最大减少。另一方面，r 表示了公共充电桩产生的（正）网络外部性的强度。也就是说，随着更多的充电桩启动，它量化了减轻里程焦虑的速度（从而提高了用户的使用效率）。需注意到，在该定义中 $\mu(m)$ 应为非负值，因为它表示驾驶员由于无法使用充电桩而带来的里程焦虑。因此，要求 r_0 与 r 相比要足够大，以使 $\mu(m)$ 始终保持非负值，保证此假设的一个充分条件是 $r_0/r \geqslant \sqrt{\Lambda(\beta+\phi)/c}$。

做计算政府最优政策的第一步，考虑以下的关于 z 的多项式方程：

$$4c^2\widehat{\theta}z^3 - 3\Lambda rc\phi z^2 + (2\Lambda\phi c(\phi - \beta + (p + u_0 + r_0) - \widehat{\theta}) - 4c\phi\widehat{\theta}\lambda_0)z + \Lambda r\phi^2\lambda_0 = 0$$

使用 Descartes 规则可知此方程有两个正实根。使用 z_0 表示较大的实根，那么 TSSP 问题的最优解如下所示。

命题 3-1： 定义 [见式 (3-8)]

$$\bar{s}_0 = \beta + \phi - \frac{2c\widehat{\theta}(\beta + \widehat{\theta} - (p + u_0 + r_0))}{4c\widehat{\theta} - \Lambda r^2},$$

$$\bar{\kappa}_0 = c - \frac{2\phi c(4c\widehat{\theta} - \Lambda r^2)}{(\beta + \widehat{\theta} - (p + u_0 + r_0))\Lambda r^2} - \frac{\phi(4c\widehat{\theta} - \Lambda r^2)^2}{\left[(\beta + \widehat{\theta} - (p + u_0 + r_0))\Lambda r\right]^2}\lambda_0$$

$$(3\text{-}8)$$

如果 $\bar{s}_0$，$\bar{\kappa}_0 > 0$，那么给予消费者和投资者的最优补贴分别是 $s^* = \bar{s}_0$ 和 $\kappa^* = \bar{\kappa}_0$。否则有

$$s^* = \begin{cases} \dfrac{cz_0^2\widehat{\theta} - \Lambda r\phi z_0 + \Lambda\phi((p + u_0 + r_0) + \phi - \widehat{\theta}) - \lambda_0\widehat{\theta}\phi}{\Lambda\phi}, \\ \qquad\qquad\qquad\qquad\qquad\qquad \text{if } \bar{s}_0 \geqslant 0,\ \bar{\kappa}_0 < 0, \\ 0, \\ \qquad\qquad\qquad\qquad\qquad\qquad \text{if } \bar{s}_0 < 0, \end{cases}$$

$$\kappa^* = \begin{cases} \dfrac{c\left[(\phi^2 + \beta^2)\Lambda^2 r^2 + 4\Lambda c\phi\widehat{\theta}(\phi + (p + u_0 + r_0) - \widehat{\theta}) - 4\phi\widehat{\theta}^2 c\lambda_0\right]}{(\Lambda r(\phi + \beta))^2}, \\ \qquad\qquad\qquad\qquad\qquad\qquad \text{if } \bar{s}_0 < 0,\ \bar{\kappa}_0 \geqslant 0, \\ 0, \\ \qquad\qquad\qquad\qquad\qquad\qquad \text{if } \bar{\kappa}_0 < 0. \end{cases}$$

命题 3-1 中刻画了两个补贴政策之间复杂的关系。同时考虑这两项政策措施是非常必要的，孤立地考虑市场一侧而不考虑另一侧的补贴政策可能导致结果与最优策略有较大差距。同时，该结果中也刻画了当其中一个补贴最优为零的情况，此时政府的混合政策退化为单边补贴。接下来的推论中将更加详细描述此情况。

推论 3-1：从命题 3-1 中的 TSSP 问题最优解中，可以得到如下推论：

（a）存在阈值 r_κ、c_κ、p_κ、$\bar{\theta}_\kappa$ 使得给予投资者的最优补贴为零，当且仅当下列条件之一满足：（1）$r < r_\kappa$，（2）$c > c_\kappa$，（3）$p > p_\kappa$，（4）$\hat{\theta} < \hat{\theta}_\kappa$；

（b）存在阈值 r_s、c_s、p_s、$\hat{\theta}_s$ 使得给予消费者的最优补贴为零，当且仅当下列条件之一满足：（1）$r > r_s$，（2）$c < c_s$，（3）$p < p_s$，（4）$\hat{\theta} > \hat{\theta}_s$。

该推论说明了在哪些条件下最佳政策不会对市场双方都提供补贴。比较推论 3-1 的（a）和（b）会得出一些有价值的见解。在政府应仅采取直接措施（即补贴电动汽车消费者）与间接措施（即补贴基础设施投资者）以加快电动汽车采用过程的情况之间，形成了鲜明的对比。

推论 3-1 的最令人惊讶的结论可能来自市场两侧进入壁垒成本参数的影响，分别是电动汽车的零售价格和充电桩的初始投资费用。根据推论，这两个参数在驱动最佳政策的结构中起着相似的作用（即单边与两边）。这样的结论与直觉相反，因为在单方面政策被证明是最优的情况下，人们可能会期望政府的激励措施始终以进入成本较高的一侧为目标。推论 3-1 显示，情况并非如此。特别是，当两种成本中的任何一种超过其相应的阈值时，充电桩投资者都将被排除在政府支持之外，而仅激励消费者的单方面政策将成为最佳选择。另外，当这些参数中的任何一个都足够低时，就停止了对电动汽车消费者的直接补贴，并且通过促进基础设施建设可以更好地使用政府资源。

里程焦虑相关参数对最优补贴政策结构的影响更为直观。当里程焦虑参数足够低时，充电桩无法为消费者创造足够强大的网络效应。结果，向投资者提供经济激励措施不如直接补贴潜在的购买价格那样有利。但是，当网络效应变得足够强大时，情况恰恰相反，在这种情况下，电动汽车消费者不应获得任何激励。关于消费者的环境偏好也有类似的论点。

也就是说,当消费者的环保意识足够低时,决策者应该将其所有资源分配给购买补贴,从而直接提高消费者对电动汽车的效用。另一方面,当消费者对电动汽车的估值超过阈值时,停止给予消费者补贴并完全专注于充电基础设施将成为最佳选择。

在确定了最佳补贴以及电动汽车和充电桩的数量后,接下来研究模型参数变化时这些结果的表现。对于本书的其余部分,假定 $m_0 = 0$ 来简化敏感性分析。由于最优解在 m_0 处是连续的,因此对于 $m_0 > 0$ 足够小的邻域,敏感性分析结果仍然成立。接下来首先分析电动汽车价格和潜在消费者人口规模的影响。

3.5　政　策　建　议

命题 3-1 刻画了给定科技水平和市场特点下的均衡情况时的最优补贴政策,也为研究外部环境变化时政府政策的变化奠定了基础。本小节研究在双补贴政策为最优策略的情况下,不同外部环境参数对最优补贴策略的影响。

3.5.1　技术成本降低

随着电动汽车在全球范围内的普及及电动汽车市场规模的不断扩大,电动汽车制造商的研究与开发实现了技术突破并降低了成本。例如,在过去的几年中,美国电动汽车的价格与化石燃料的价格相比呈下降趋势。[①] 充电桩的建设成本也呈现了类似的趋势,由于技术进步,该成本一直在下降(Nicholas, 2019)。因此,了解这种趋势将如何影响政府补贴机制是非常重要的话题。命题 3-2 解决了这个问题。

命题 3-2: 技术成本降低对最优补贴政策及市场均衡的影响如下所示:

(1)均衡市场下的 λ^* 和 m^* 关于 p 和 c 都是递减的;

(2)消费补贴 s^* 关于 p 和 c 递增;

(3)投资补贴 κ^* 关于 p 递减,并且关于 c 是单峰函数。

---

① https://www.caranddriver.com/research/a31544842/how-much-is-an-electric-car/

命题 3-2 的第（1）部分表明，由于技术进步而在市场两边发生的任何成本降低都会对电动汽车的推广产生积极影响，因为这会增加电动汽车和充电桩的最终数量。较低的电动汽车价格或较低的充电桩投资成本分别吸引了更多的买家和投资者，从而促进了双方的增长。

更有趣的是，命题 3-2 的第（2）部分、第（3）部分表明，技术成本的降低以两种完全不同的方式影响了这两种补贴工具。随着电动汽车的零售价格或充电桩建设成本的下降，政府应减少对电动汽车消费者的补贴，这是可以预期的，因为较低的价格可使电动汽车在市场上更具竞争力，并在不需要太多政府支持的情况下促进其普及。而较低的建设成本可加快充电桩的投资建设，提高电动汽车的吸引力，并减少政策干预的需求。

虽然从直观上想，投资补贴 κ^* 可能也会有类似的结论，然而通过命题 3-2 的第（3）部分却发现相反的策略可能更优。也就是说，当充电桩的建造投资成本降低的时候，给予投资者的补贴应该提高。这个结果背后的原因主要来自充电桩运营商的完全竞争。当电动汽车的价格越来越低的时候，使用电动汽车的人群数量也在增长，因此充电桩群体就可以获得更高的利润。假设此时的投资补贴 κ^* 维持不变，将会有更多投资者进入充电桩市场。此时，政府如果增加 κ^*，充电桩投资者数量的增长率会更高。换句话说，当电动汽车的人口规模增加时，每增加一美元的投资补贴就将带来更多的电动汽车推广。因此，由于更好的电动汽车推广效果，政府将愿意提供更为慷慨的基础设施支持。

除此之外，充电桩补贴与充电桩成本之间的关系呈现了倒 U 形的非单调关系，这是由两股对抗的力量导致的。首先，更高的成本驱使政府提高其对投资者的补贴以降低进入壁垒；其次，由于上文提及的边际效应，当电动汽车数量比较少时，更高的补贴投入并不能有很高的收益。因此，当充电桩成本较高的时候，电动汽车和充电桩的数量比较少，第二项的作用更强，因此 κ^* 上升而 c 下降。然而当充电桩成本降到一定阈值以下的时候，第二项作用减弱，第一股力量占据主导地位，此时政府应该提高充电桩投资相关补贴。

因此，根据所处的科技发展水平及其对市场条件的影响，两种补贴既可能呈现替代作用，也可能呈现互补作用。展开来说，当电动汽车的价格和充电桩的成本比较适中的时候，s^* 和 κ^* 呈替代作用，朝着相反的方向变化；

而当充电桩成本持续下降的时候，s^* 和 κ^* 同方向变化，呈互补作用。

除此之外，命题 3-2 隐含了一个现实中经常被忽略的政策建议，对于只提供消费者补贴的国家和地区尤为重要。当电动汽车市场仍处于起步阶段并处于技术发展的早期阶段时（世界上大多数国家和地区都是这种情况），如果技术成本有所降低，那么应减少对电动汽车消费者的补贴，而提高对充电桩投资者的补贴。就是说，当电动汽车市场仍处于不成熟状态且远未具有竞争力时，电动汽车补贴应下降，而基础设施补贴实际上应随着时间的推移而增加。仅当充电桩投资成本充分下降时，政府才应降低对基础设施的补贴。

3.5.2　网络效应

电动汽车的吸引力在很大程度上取决于公共充电站的可用性。随着充电基础设施的铺开和更多充电桩的投入使用，消费者将能够更轻松地访问充电设施，并驾驶电动汽车行驶更远的距离。这种积极的网络效应减轻了里程焦虑，增强了消费者的电动汽车驾驶体验。但是由于驾驶习惯、城市特征和出行距离等因素，这种影响的程度可能因不同的消费者群体而异。因此政府在设计激励政策和调整补贴时需要考虑网络效应的强度。相应地，在本模型中，网络效应通过参数 r 表示，该参数反映了随着站点数量的增加，消费者的里程焦虑缓解的速率。

命题 3-3： 更高的 r 带来更低的消费者补贴 s^* 和更高的充电桩投资补贴。与此同时，更高的 r 可以使政府总体更优，也就是带来更高的 Π^*、λ^* 和 m^*。

该结果表明，在里程焦虑更强或者消费者对充电桩可用性更加敏感的地区，政府应增加对基础设施发展的补贴，并减少对电动汽车消费者的补贴。较高的 r 会增加电动汽车对潜在消费者的吸引力，并引起更多的电动汽车购买。尽管这样做可能减少最优消费者补贴 s^*，但同时也增加了充电桩投资者的总收入，并激励了更多的投资者进入市场。直觉上，随着网络效应变得更强，κ^* 与 s^* 都呈下降趋势。但是，命题 3-3 却显示了相反的结果，随着 r 增长，对投资者的补贴应增加。此发现更适用于平均行程较长且长途通勤是人们日常生活的一部分的地区（例如，南加州、得克萨斯州）。在这种情况下，政策制定者应该利用更强大的网络效应，为充电桩提供更多慷慨的补贴，因为该策略最终将推动电动汽车的普及，并造福于政府。

值得补充的是，参数 r 还可以代表电动汽车电池技术的改进程度，它决定了电动汽车无须充电即可行驶的总距离。随着技术的发展和电动汽车电池能够容纳更多的能量，消费者对充电桩网络密度的敏感度将下降，网络效应减弱。此时，命题 3-3 建议将政策重点从充电桩建设转移，并加强电动汽车购买补贴。该建议与传统观点背道而驰，因为很多政府在电池容量和使用寿命提高的同时，通常会降低对电动汽车消费者的补贴。

3.5.3　环保意识

不同的消费者和政策制定者对环境的偏好和应对气候变化的态度差异很大。这反映了特定地区对环境保护态度的程度，也体现了消费者的环境意识和政府对绿色技术的重视程度。例如，在美国，居民的环境保护意识在不同州之间存在高度异质性。同样，对于空气污染和雾霾严重的地区，政府可能对诸如电动汽车等环保产品有更高的评价。这种差异启发我们考虑如何将不同利益相关者的环境偏好纳入政府对电动汽车的激励政策中。

接下来的两个命题中，通过计算模型中的相关参数来回答上述问题。参数 β 表示电动汽车给社会的环境和健康带来边际提升。参数 $\widehat{\theta}$ 表示了顾客使用有利环境的交通工具给消费者带来的效用提升。当 $\widehat{\theta}$ 增高的时候，消费者平均环保意识有所提升，其环保态度的方差也有所提升。

命题 3-4： 最优充电设施补贴 κ^* 关于 β 单调递增。存在一个网络效应的阈值 $\widehat{r}$，当且仅当 $r \leqslant \widehat{r}$ 时，最优消费补贴 s^* 关于 β 单调递增。

该结果表明，随着电动汽车对社会的利益增加，政府应始终加大对充电桩的支持力度。但是，对于支持电动汽车消费者而言，同样的结论不一定正确。尤其是当网络效应足够强时，较高的电动汽车社会效益转化为较低的电动汽车购买补贴。在这种情况下，向充电桩提供更慷慨的补贴将比补贴电动汽车消费者更有效地提高电动汽车的推广。因此，当 β 增大的时候，政府最佳的做法是减少对消费者的补贴。这意味着政府应该根据电动汽车对健康和环境的影响，仔细调整其补贴计划。

命题 3-5：　存在关于充电桩建造成本的阈值 $\hat{c}$，满足：

（1）如果 $c > \hat{c}$，那么随着 $\hat{\theta}$ 的增大，s^* 降低而 κ^* 上升；

（2）如果 $c \leqslant \hat{c}$，那么 s^* 是关于 $\hat{\theta}$ 的单峰函数，而 κ^* 随着 $\hat{\theta}$ 上升而下降。

命题 3-5 中展示了消费者的环保意识依赖于充电桩的投资成本可能会带来不同的补贴效应。当 $\hat{\theta}$ 的值更高时，政府可以从两方面利用该效应。一方面，当人群的环保意识更强，顾客购买电动汽车的效用更高，因此政府可以减少对电动汽车消费者的补贴，将支出更多地转移到充电桩投资者一方来更好地促进推广。在此情况下，政府的总支出实际上上升了，但是支出的上升会被更高的收益所弥补。

另一方面，政府也可以通过更高的 $\hat{\theta}$ 来节省开支。此时，政府可以降低充电桩补贴，因为节省的支出要比失去的那部分电动汽车带来的环保收益更高。通过命题 3-5 可知，当充电桩的成本比较高的时候，适用于第一种情况，而第二种方案更适合成本比较低的时候。因此，消费者的环保意识既有可能提高两种补贴水平，也可能降低两种补贴水平。

消费者的环保意识变化对最优决策的影响取决于充电桩的成本。当投资成本高昂时，消费者的环保意识更高，政府就可以将其补贴从消费者转移到投资者，从而促进电动汽车的普及和充电桩数量的增加。当投资成本较低时，当消费者在一定程度上变得更加环保时，政府就会增加对消费者的支持。

3.6　模 型 验 证

尽管电动汽车的推广效果不及预期，但是中国仍然是世界上电动汽车保有量最大的国家，而深圳则是中国电动汽车保有量最大的城市。[①] 深圳政府是最早开始采取措施推广电动汽车的城市之一，于 2009 年开始了补贴政策。当时市场上只有极少数的电动汽车车主，而充电桩的数量更是屈指可数。[②] 该补贴政策持续到了 2014 年，2014 年之后深圳对小汽车的上牌做了限制，每年只发布 10 万辆传统汽车牌照，而对新能源汽车没有限制。

---

① https://www.tyncar.com/schq/0327-8298.html

② http://www.sz.gov.cn/cn/xxgk/zfxxgj/zwdt/201007/t20100707_5292871.htm

　　本部分搜集了多个来源的数据来验证提出的模型，[①] 相关的参数估计如表 3-2 所示。将消费者外部选择归一化，$u_0 = 0$。深圳有几种销量比较高的电动汽车车型，取其价格平均值作为模型中的 p。充电桩的建造成本来源于哥伦比亚大学的研究报告（Anders & David，2019）。虽然一些参数可以从现有数据中很容易地得到（比如补贴的金额、电动汽车价格、充电桩成本等），但是其他的一些参数很难得到。例如，用每年所有汽车的总销量（包括传统汽车和电动汽车）作为对市场规模 Λ 的估计。网络效应的相关参数及政府和居民对环保的重视程度的相关参数都很难估计。

表 3-2　　参数的估算值

变量	值	数据来源
p	250000	电动汽车价格
ϕ	1800	平均充电费用
c	40000，500000，60000	充电桩建设成本
Λ	487354	潜在市场规模
r_0	96444.96	里程焦虑上限
r	70.16	网络效应
$\hat{\theta}$	366583.65	消费者环保意识

　　为了估计这几个参数，本部分采取了以下方式。首先假设深圳政府使用该模型进行决策。获取了 2014—2018 年的如下数据：

　　（1）年初电动汽车的初始数量 λ_0，充电桩的初始数量 m_0；

　　（2）消费者补贴 s，充电桩投资者补贴 κ；

　　（3）年终电动汽车数量 λ，充电桩数量 m。

　　使用（1）和（2）中的数据，可以代入未知参数计算本书提出的模型，得到带有这几个参数的年终电动汽车数量和充电桩数量。接下来，比较带有参数的估计和实际的数量，并通过最小化估计误差的优化模型求解相应的参数。

　　网络效应 r 是本模型中最重要的参数之一，能够反映消费者里程焦虑的情况，因此本书尝试了不同的参数范围来观察其对模型的影响。假设 $r = \{50，60，\cdots，200\}$，并且满足假设 3-1 中的不等式。模型中最难以

① http://www.xinhuanet.com/fortune/2018-07/22/c_1123160496.htm，https://tech.sina.com.cn/i/2018-09-16/doc-ifxeuwwr4866727.shtml，http://sz.people.com.cn/n/2014/0114/c202846-20379736.html

估计的参数为衡量政府估计的单位电动汽车的社会价值的参数 β。因此应该允许 β 可以选择广泛的参数范围 $\beta \in \{200000,\ 300000,\ 400000,\ 500000\}$。为了检验本模型的稳健性，本小节考虑了以上 β、c 和 r 的不同参数组合，分别进行了实验。

对于模型参数的每种可能组合，考虑两种可能的情况：实施电动汽车补贴和充电桩投资补贴的混合政策，以及实施仅补贴电动汽车的单方面政策。本部分找到了两种方案的最佳补贴政策，并比较了它们相应的结果。具体来说，本书计算了两种补贴策略下，电动汽车推广数量、充电桩以及政府目标函数的比例。在所有的实验中，混合政策下的充电桩的平均数量是仅提供消费补贴的平均数量的 11.26 倍，其中最大的倍数达到了 33.96。混合策略下的电动汽车数量平均增长了 6.82%，最高可达到 30%。政府的目标函数平均增加了 5.68%，最高增加了 26%。

图 3-2 和图 3-3 展示了此数值实验的两个例子。其中图 3-2 展示了

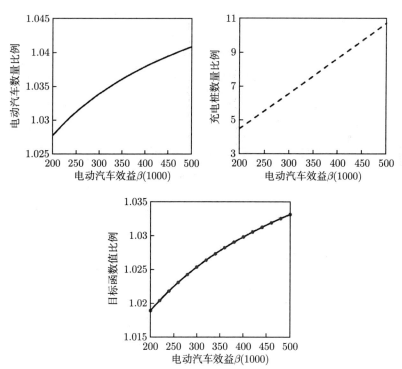

图 3-2　混合补贴政策与单边补贴政策的对比 ($c = 50000$, $r = 100$)

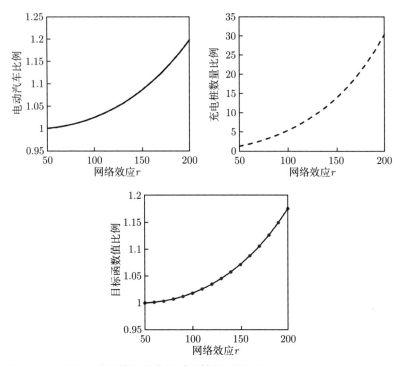

图 3-3   混合补贴政策与单边补贴政策的对比 ($\beta = 300000$, $c = 60000$)

电动汽车社会收益（参数 β）变化对三个比例的影响。可以发现，当同时补贴电动汽车消费者和充电桩投资者时，均衡下的充电桩数量是只对消费者进行补贴时的 4~10 倍，同时，这也带来了电动汽车数量 2.7~4.1 个百分点的提升，也给政府的目标函数值带来了 1.8~3.3 个百分点的提升。

图 3-3 阐述了当基础设施成本为 60000 时，网络效应参数 r 对几个比例的影响。更高的网络效应参数 r 代表着更高的里程焦虑，因此提高充电桩的数量能够更有效地提高消费者购买电动汽车的效用。当消费者的里程焦虑较弱时（r 比较低），政府的最优策略为只提供消费者补贴。反过来，当消费者的里程焦虑较强时，提供混合补贴政策会更好。实际上，随着 r 的增大，政府会减少对消费者的补贴而增加对充电桩投资者的补贴。这样对补贴政策的调整可能导致巨大的均衡下充电桩的数量变化。此时，电动汽车数量能够增长 20 个百分点，而政府目标函数值能够增长 17 个百分点。这个例子也从另一方面验证了政府应该仔细考虑网络效应的强

度，设计更为合理的补贴策略。

3.7　结　　论

气候变化为世界带来了严重的影响，倒逼决策制定者不得不付出努力来推广环保技术。电动汽车能够有效地减少温室气体的排放并保护环境。然而电动汽车的推广效果却尚不令人满意，其中两个至关重要的因素是电动汽车的高价格及缺少公共充电桩导致的里程焦虑问题。为了克服这样的问题，很多政府引入了不同的激励方案来增加电动汽车的吸引力，促进电动汽车的推广。不同政府的策略各有不同，有的政府只对电动汽车进行补贴，使消费者有力承担其价格；有的政府采取了混合的策略，一方面为消费者提供补贴，另一方面也对充电桩的投资者进行补贴，吸引更多的充电设施建设。

不同政府的不同做法启发本部分对政府的最优补贴政策的研究。本模型考虑了充电桩投资者之间的竞争及电动汽车市场的双边效应。更多的电动汽车会给充电桩投资者带来更多的利润，而更多的充电桩也会提升电动汽车的效用，两者形成了正向的网络效应。在这样的市场结构下，计算出了政府的最优补贴政策，并给出了政府应采取混合策略而非单边补贴策略的条件。可以发现，当网络效应比较弱，充电桩成本或电动汽车成本比较高，消费者的环保意识并不强的时候，采取单边的补贴政策是更好的选择。这对决策制定者的补贴策略选择具有重要的指导意义。

除此之外，本书还考虑了不同市场条件及科技变化时的政策调整方案。具体来说，分别考虑了科技成本降低、网络效应变化、政府及消费者环保意识的变化对最优补贴政策的影响。结果显示，这两种补贴政策取决于科技提升，既有可能呈现互补性也可能呈现替代性。具体来说，当电动汽车市场处于初期阶段时，当电动汽车的价格逐渐增长，政府应该逐渐降低对消费者的补贴，而增加对投资者的补贴。此条建议同样适用于网络效应增强、顾客的里程焦虑增强之时。当政府更加在乎环保的时候，政府应该给予投资者更多补贴，但是消费者方面的补贴取决于网络效应的强度。如果网络效应比较强，那么政府应该减少对消费者的补贴，反而通过增加投资者补贴间接促进电动汽车推广。另外，消费者的环保意识对最优补贴政策的影响同时也受到充电桩成本的影响。

最后采集了深圳的数据验证了本书的模型。可以发现混合策略对于深圳政府是最优策略，相比单边策略平均能够提升 6.82% 的电动汽车数量和 5.68% 的政府效用，最高甚至分别可达到 30% 和 26% 的提升。另外，混合策略下的均衡市场的充电桩数量平均达到了单边市场数量的 11.26 倍，在一些极端场景下甚至可以高达 34 倍。这些结果表明，采用混合策略相比单边策略可能带来更大的潜在收益，这也是当前很多国家都采用了混合策略的原因。

此部分仍有可改进的空间。首先，由于分析的复杂性，本部分没有考虑消费者的战略等待或政府的动态补贴优化，而将分析集中在讨论网络效应和两种补贴之间的互补性上。同时，将消费者、投资者和政府的战略行为纳入多个时期的模型将是很有趣的，但是可能需要简化假设使得此动态博弈问题可解。其次，研究电动汽车供应链中政府补贴与制造商决策之间的相互作用会是很有趣的方向。这些决策包括对电池技术的创新和研发投资、供应商的市场规模决策，以及制造商对电动汽车的定价。最后，本部分的理论框架适合进行全面的实证研究，可以利用有关消费者和投资者决策过程的微观基础的更详细的数据，验证分析结果的稳健性。希望此部分的工作能为电动汽车运营管理领域提供更多的研究参考。

第 4 章 数据中心供应链的网络设计与服务资源分配

本部分以数据中心供应链为例，研究了作为互联网相关服务和云计算的物理基础架构的数据中心的网络设计与资源供给问题。数据中心的建造者需要控制成本，同时提高服务质量以获得竞争优势。本部分为数据中心网络设计与基础设施资源分配问题构建了数学模型。模型通过优化数据中心的位置、需求分配和资源供应决策，达到总运营成本和服务延迟损失的最小化。模型的拓展中也考虑了诸如延迟、功耗、多种资源、配置限制以及相互依赖的需求等问题。针对服务延迟问题，本部分创新地采用排队模型进行估计，并对延迟做了变形，将问题转化为二阶锥优化问题。为了提高大规模问题的计算效率，本部分创新地开发了两种基于拉格朗日松弛的算法，一方面设计了有上界表现的启发式算法，另一方面也分析了问题的结构特性来生成加强割平面。数值研究表明，本部分提出的解决方案优于最新的商业软件。基于现实世界的数据集，应用本部分的模型选择的数据中心与主流云计算服务提供商选择的数据中心不谋而合。最后通过对参数进行敏感性分析的数值实验，得到了丰富的数据中心网络设计和服务资源分配的管理启示。

4.1 引　　言

在过去的 20 年中，互联网相关的服务和云计算的需求激增，对托管在数据中心的基础设施提出了更高的要求。2017 年，北美地区主要服务提供商对数据中心的投资总额超过 200 亿美元。[①]在 2018 年第三季度的

---

① https://www.cbre.us/research-and-reports/US-Data-Center-Trends-H2-2017

收益报告中，Alphabet Inc.（谷歌的母公司）报告称，该公司前九个月的资本支出同比增长了一倍以上，达到 186 亿美元（相比之下，运营支出增长了 25%），而大部分支出用于数据中心建设。[①]

云计算和其他相关服务市场机遇吸引了包括谷歌、亚马逊、微软和脸书在内的互联网巨头，这些巨头们已经开始逐渐开放其数据中心，向其他公司提供云计算服务，服务对象包括小型初创公司，也包括类似优步、网飞等估值数十亿的独角兽公司。激烈的竞争迫使基础设施提供商提供质量更高、成本效益更优的服务。为了实现这一目标，基础设施提供商无疑需要更好的数据中心网络设计与基础设施资源的分配策略。

互联网和云计算行业的数据中心网络设计与制造业和零售行业的供应链和物流网络设计有着异曲同工之处，同样占据着重要地位。但是，过去学术界更多关注传统的供应链网络。尽管已经有很多复杂模型来帮助公司优化其供应链和物流网络，但是人们对最佳数据中心网络的理解仍然非常有限。因此，本书旨在为数据中心网络设计问题提供决策工具，优化数据中心的位置、服务资源的分配以及供应（即容量规划，分配不同的资源来满足计算和存储资源的需求）等。对于拥有大量基础设施投资和运营成本居高不下，同时试图努力保持较高的客户服务水平的公司来说，这些决策至关重要。尽管数据中心网络和供应链网络设计具有许多共同的特征，例如，两者都具有大型且昂贵的设施，并且运营成本对设施的位置以及设施与需求点之间的距离敏感，但数据中心网络的设计所具备的很多特点也更具挑战性，下文将对此进行详细说明。

首先，与传统的配送中心不同，数据中心消耗大量的电。例如，谷歌在 2011 年披露其数据中心占全球用电量的 0.01%。[②] 因此，与位置有关的电力成本对于数据中心网络而言意义重大。其次，在数据中心网络中，存在共享有限容量的多种资源，例如计算存储资源等。此外，对于各种资源类型，不同的需求点可能具有不同的要求。因此，数据中心网络中的资源供应和需求分配问题比供应链网络的挑战性更大。再次，在数据中心网络中可能引起两种类型的延迟——数据中心内的延迟（即终端主机等

---

① https://abc.xyz/investor/pdf/20181025_alphabet_10Q.pdf

② https://www.theguardian.com/environment/2016/jul/20/google-ai-cut-data-centre-energy-use-15-per-cent

待时间）和需求点与其分配的数据中心之间的延迟（即网络延迟等待时间）。终端主机的等待时间与资源供应和需求分配的关系是非线性的，并且与网络传输延迟时间同等重要。相比之下，对于供应链网络，人们通常将注意力集中在传输时间（类似于网络延迟）上，而忽略了分发中心内的处理时间（类似于终端主机延迟）。

除上述挑战外，数据中心网络的一些不同于传统供应链的特征使得设计问题进一步复杂化。其中日益重要的一个特征是需求点之间由于同步或冗余备份所导致的相互依赖性。在这种情况下，在一个数据中心处理的任务将以一定的概率需要启动另一个数据中心的另一个任务，从而增加了数据中心之间的额外工作量和流量。除此之外，功耗与平均工作负载之间、架构延迟与平均流量之间通常存在非线性相关性，这也对模型的求解提出了挑战。

忽略上述的数据中心网络设计的特征有可能导致不合理的决策。因此，通过优化数据中心选址、需求分配、资源分配等决策，综合考虑最小化总运营成本和延迟成本，以及其他数据中心网络的特点，提出了数据中心网络设计模型。值得注意的是，整合优化战略层和运营层决策在过去的文献中屡见不鲜。Daskin et al.（2002）和 Shen et al.（2003）首先提出了整合考虑选址和库存的模型，模型中考虑了非线性的安全库存水平，并给出了最优的选址决策和库存订货决策。类似地，文献中有很多其他类型的整合模型，比如 Geunes et al.（2011）研究了供应链管理的整合模型，Taaffe et al.（2008）研究了营销中的整合模型，Geunes & Pardalos（2003）综述了供应链以及金融工程中涉及的相关整合模型。

考虑到问题的复杂性，当前数据中心网络设计诉诸简化模型，例如使用分层优化的方法。具体而言，将整合模型分解为多个阶段，先进行运营层面的优化，再进行战略层面的优化，但是这样做的代价是可能会得到次优的解。例如，云基础设施提供商的新数据中心的位置是根据例如当地电价、温度（影响冷却需求）以及对可再生能源的使用等因素决定的，但是未考虑其他例如需求分配、资源供应和服务质量等因素。在确定了数据中心的位置之后，再根据需求预测估算对 CPU 和存储等资源的需求，并将其分配到不同的数据中心。Barroso et al.（2013）总结了当前数据中心选址以及网络设计做法的详细信息。相比之下，本书使用了高度集成的模型，与大多数现有模型相比更适合数据中心网络设计。

接下来，可以使用一个简单的数值例子来展示整合模型的优势。假设需要从一些候选位置中选择一些数据中心来服务需求，利用整合模型可以同时最小化总运营成本和延迟。同时，考虑以一个分层规划的模型作为基准。首先构建一个简化的不考虑延迟的情况下的模型，算出数据中心的选址和网络布局，接着再优化资源配置决策来最小化延迟以及能源消耗成本。分层优化的具体模型可参见附录 C.3.1。图 4-1 对比了分层模型和本部分所提出的模型的选址、需求分配和资源供给的结果。不同需求点对资源的需求用图中需求点旁的柱状图表示。图中数据中心旁边的饼状图描述了每个数据中心所提供的资源比例，其中饼状图的大小表示了总的能源消耗。基准模型 [图 4-1(a)] 不仅相比最优模型 [图 4-1(b)] 额外多使用了一个数据中心，而且造成了双倍的终端延迟成本，总成本提高 33%。这些结果表明，整合的数据中心网络设计模型相比分层优化模型能够更加有效地平衡成本和服务水平，在竞争激烈的市场中有很大的潜力。最后，本部分也通过数值实验验证了模型在一些参数变化时，比如在需求增长的情况下，也能保证很好的鲁棒性。接下来将简要对相关文献进行梳理和回顾，并通过对比现有研究，总结本部分的贡献。

（a）基准分层模型　　　　　　　　　（b）整合模型

图 4-1　两模型的数据中心网络设计比较（见文前彩图）

注：整合模型节省了超过 1/2 的终端延迟成本和超过 1/4 的总成本。

4.2　相关文献及贡献

近些年来，数据中心网络设计的问题得到了学界和业界的重视。Iyoob et al. （2013）综述了云计算和数据中心运营管理问题的挑战与机遇，提出了服务提供商视角下运营问题的层级。其中数据中心的选址、容量规划（即资源供给）是最重要的问题之一。Greenberg et al.（2008）也将数据中心的位置选择和建筑面积（资源供给水平）作为数据中心管理中最重要、最具挑战的问题之一。这个问题也吸引了计算机领域的关注，比如Larumbe & Sansò（2012）、Larumbe & Sansò（2013）及其引用文献，但是大部分研究只考虑了数据中心的部分运营特点，并且依赖于计算复杂度较高的算法来找到局部最优解。

目前学术界主要研究云计算服务的资源管理问题。其问题的关键在于通过优化服务器负载和资源分配，在同时满足服务水平协议的情况下提高运营效率 [例如 Verma et al.（2008）和 Goudarzi et al.（2012）及其参考文献]，更贴近于本书的第三部分的研究内容。然而，本部分的工作关注整个数据中心的层级而不是服务器层级，而且考虑了其他的一些例如主机托管等问题。数据中心设计模型还引入了对传输和终端延迟的建模、电量与需求间的非线性关系，放松了假设以获得更好的模型准确度。

在运筹与管理科学领域的文献中，本部分的模型属于考虑拥堵的不可移动的服务资源选址问题。这类问题与传统选址问题的主要不同之处在于，模型一般假设设施需要用有限资源来满足服务时间随机性的需求。Berman & Krass（2015）对该领域的文献进行了详尽的回顾和分类。在此文章的分类下，本部分的模型属于顾客不会主动选择服务设施地点，而且需求速率固定这一类问题。在这方面的研究中，本书的模型结合了顾客与数据中心网络所产生的成本，并试图从中找到平衡。本工作通过提出一种新颖的模型来适应数据中心网络设计带来的上述挑战，例如将电力成本作为利用率的考虑、资源供应、架构和最终主机延迟以及它们对资源供应的依赖关系，以及需求足迹之间的相互依赖关系等，从而为对拥挤和服务资源不流动的设施选址问题的快速增长的研究做出了贡献。本书还通过探索模型的结构特性提供有效的解决方案，为整数规划相关领域做出了贡献。

本部分的模型尤其与 Berman & Krass（2015）中提到的具有平衡目标的模型紧密相关，其中包括 Wang et al.（2004）、Elhedhli（2006b）、Aboolian et al.（2008）、Castillo et al.（2009）、Zhang et al.（2009、2010）、Abouee-Mehrizi et al.（2011）、Paraskevopoulos et al.（2016）等。展开来说，Zhang et al.（2009）在医疗设施网络中考虑了服务的拥堵情况，通过优化选址决策最大化对患者的服务水平。其中顾客等待时间使用了 $M/M/1$ 模型进行刻画。Zhang et al.（2010）在上述模型的基础上进行了拓展，考虑了资源容量的决策。他们使用 $M/M/s$ 排队模型来估计顾客等待时间，并将服务台数量 s 作为决策变量。

相比于该领域的其他文献，本书模型有如下特点。首先，采用具有处理器共享调度准则（processor sharing）的排队网络模型，该模型更适合与互联网相关的服务和云计算的应用，能够对多种资源类型和相互依赖的需求点进行建模。其次，除了终端延迟（即设施中的拥塞）之外，本部分还考虑了网络拥塞和其他关键因素，以实现对数据中心运营的更准确建模。将这些功能整合到现有模型中可能会给建模和计算带来不小的挑战。再次，本书提供有效的混合整数二阶锥规划（MISOCP）模型，并根据问题的结构性质开发量身定制的求解方法，而大多数现有研究依赖于更通用的方法，例如线性化（Aboolian et al.，2007）、列生成（Elhedhli，2006a）或启发式算法（Zhang et al.，2009、2010）来解决非线性优化问题。

最近，MISOCP 已被广泛应用于解决许多传统或新兴的运营管理问题，包括具有生产决策的鲁棒选址问题（Baron et al.，2011）、集成供应链网络设计（Atamtürk et al.，2012）、电动汽车电池交换基础设施规划（Mak et al.，2013）、预约时间表规划（Kong et al.，2013；Mak et al.，2015；Kong et al.，2020）、风力发电储能和输电联合规划（Qi et al.，2015）、共享出行系统设计（He et al.，2017、2019）和选品优化（Sen et al.，2019）等。这些模型中的大多数集中于对需求方差/协方差或概率约束进行建模，而本书将应用领域扩展到了随机服务系统的拥塞问题中。此外，本书没有直接使用商业软件解决 MISOCP 问题，而是开发了有效的拉格朗日松弛算法来加快求解速度。

本部分的主要贡献总结如下：

（1）本部分提出了一种新颖的数据中心网络设计模型（见 4.3 节），

并附加了三个模型扩展。同时考虑到对实际数据中心网络设计有重要影响的因素，包括多种资源类型、异质需求组合、网络与终端延迟、服务器配置受限引起的资源比率约束、主机代管、相互依赖的占用空间、非线性的功耗和网络拥塞等。通过文献对比可知，这是第一个综合考虑这些因素的模型，该模型适合实际的数据中心网络设计。

（2）本部分对提出的模型进行了一些变换，使原模型转化为 MISOCP 问题（4.4.1 节），并提供了拉格朗日松弛方法来解决变形后的问题（4.4.2 节），使用了加强割平面的方法（extended extremal polymatroid cuts）进一步提高了求解速度（4.4.3 节）。本部分的数值结果表明，使用这些算法可以明显优于当前的常用商业软件求解速度（4.5.4 节）。现实生活中，很多商业公司例如脸书 ① 正在扩大其数据中心覆盖网络，甲骨文② 也正在逐步规划建立自己的数据中心网络，因此本部分的模型和解法对这些数据中心提供商而言有很重要的价值。

（3）通过将现实世界的数据应用到本部分的模型中，得到了以下数据中心设计的启示（4.5.1 节）：（a）更高的单位传输延迟成本总是导致建设更多的数据中心，而更高的终端延迟成本可能会让需求分配到更少或更多的数据中心，具体取决于电源容量和资源比率限制；（b）对于需求量适中、电费成本低且距常规数据中心的距离较远的地区，最好分配到托管中心进行服务；（c）不同需求点之间的需求的高度相互依赖关系导致一些有很强相关性的数据中心距离较近。这些数值研究还证明了集成建模在数据中心网络设计中的重要性。

4.3　模　　型

本节将提出一种用于设计互联网相关服务或云计算公司的数据中心骨干网的优化模型。首先，制定确定数据中心位置、需求分配和资源配置的基础模型；其次，引入一个排队模型来估算终端主机的延迟成本；最后，提出几种模型扩展。

---

① https://datacenterfrontier.com/facebooks-accelerates-data-center-expansion/

② http://www.datacenterknowledge.com/archives/2016/01/13/linear-programming-helps-groupon-optimize-data-center-design

4.3.1 基础模型

假设需求来源于需求点的集合 $\mathcal{I} = \{1, \cdots, |\mathcal{I}|\}$。每个需求点 $i \in \mathcal{I}$ 可以被认为是处于同一地理区域内，对于各种服务（如邮件、社交网络、网络游戏等）有需求的顾客集合。假设这些需求被打包成数据包（作业）传送到数据中心进行处理，需求按照独立的泊松过程到达，需求点 i 的到达率为 d_i。处理一个数据包（作业）需要一些资源，用 $\mathcal{K} = \{1, \cdots, |\mathcal{K}|\}$ 表示。其中每种资源处理一些特定的任务，比如计算机中央处理器（CPU）的资源用来处理计算类型的需求、硬盘资源用以满足存储读取需求、显卡资源用来处理机器学习相关需求等。为了便于说明，本书假设 $|\mathcal{K}| = 2$，而这两种资源则分别是计算资源和存储资源，该模型可以很容易地拓展到有多种类型资源的情况中去。与此同时，假设数据包的大小可以表示其对资源的需求量，并假设平均的数据包大小已知。用 u_{ik} 来表示需求点 i 对资源 k 的需求量。不同需求点对不同资源的需求比例可能会有很大的差别。例如，有的地区的用户可能观看视频更多，所以对存储资源的需求更大；而另外一些地区的用户可能更多使用搜索或者云计算等功能，所以对 CPU 计算资源的需求更大。

数据中心网络设计的问题需要考虑以下决策。从候选数据中心集合 $\mathcal{J} = \{1, \cdots, |\mathcal{J}|\}$ 中选出需要建设的数据中心。令 $\boldsymbol{x} = (x_1, \cdots, x_{|\mathcal{J}|})$，表示数据中心选址决策。其中，如果选择了数据中心 j，则 $x_j = 1$，否则 $x_j = 0$。每个顾客的服务需求会沿着数据中心网络被分配到指定的数据中心去。令 $\boldsymbol{y}_{\cdot j} = (y_{1j}, \cdots, y_{|\mathcal{I}|j})$，表示数据中心 j 的分配决策。其中，如果需求点 i 的需求被分配到数据中心 j 进行处理，那么 $y_{ij} = 1$，否则 $y_{ij} = 0$。除此之外，也需要优化每个数据中心内的资源供给。令 $\boldsymbol{z}_{j\cdot} = (z_{j1}, \cdots, z_{j|\mathcal{K}|})$，表示资源供给决策。其中，$z_{jk}$ 表示数据中心 j 中可以提供资源 k 的总量。数据中心可以提供的总资源被其耗能上限所约束，而且由于实际中的服务器配置类型有限，不同资源之间的比例也有上限和下限的比例约束。令 $\bar{r}_{kl}$ 表示在同一个数据中心中资源 k 与资源 l 之间的最大比例。

本部分考虑最优化如下成本。在候选点 j 建造数据中心会带来固定成本 f_j。类似建设数据中心这种巨额开支，投资者一般会采用贷款等方式，所以固定成本可以摊销到每年。数据中心 j 的单位用电成本为 c_j，其中用电成本不仅包括电费，还包括该数据中心的制冷以及其他维护所需成本。为了将服务质量也整合到模型的目标中，同时也需要考虑传输延迟和终端服务延迟成本。Shen et al.（2003）和 Berman & Krass（2015）等也采用了类似的整合方法。令 t_{ij} 表示从需求点 i 到数据中心 j 的单位传输延迟成本，令 $L_j(\boldsymbol{y}_{\cdot j},\ \boldsymbol{z}_{j\cdot})$ 表示在给定需求分配决策 $\boldsymbol{y}_{\cdot j}$ 和资源供给决策 $\boldsymbol{z}_{j\cdot}$ 时，数据中心 j 导致的总终端延迟成本。

本章所使用的主要符号如下表 4-1 所示。

表 4-1　　本章的主要符号

符号	解释
$\mathcal{I}$	需求点的集合
$\mathcal{J}$	候选数据中心集合
$\mathcal{K}$	需要的资源类型集合
d_i	需求点 i 的需求到达率
u_{ik}	需求点 i 对资源 k 的单位需求率
p_j	数据中心 j 的耗能上限
c_j	数据中心 j 的单位耗能成本
f_j	数据中心 j 的固定建造成本
t_{ij}	从需求点 i 到数据中心 j 的单位传输延迟成本
$t_{jj'}$	从候选数据中心 j 到候选数据中心 j' 的单位传输延迟成本
τ_i	需求点 i 的单位终端延迟成本
w_k	单位资源 k 的峰值能源消耗
α	峰值能源消耗占比
$\bar{r}_{kl}$	资源 k 与资源 l 在同一个数据中心的最大比例限制
x_j	是否选择候选数据中心 j
y_{ij}	需求点 i 是否被分配到数据中心 j
z_{jk}	数据中心 j 提供的资源 k 的总量

本部分的模型拓展也考虑了微型托管数据中心（也称为 Colo）。实际上，数据中心的服务提供者可以与当地数据仓库提供商签约托管，以服务特定区域的用户，从而避免巨大的资本支出并减少传输延迟（Greenberg et al.，2008）。因此，可以添加一组决策变量 $\{\tilde{\boldsymbol{x}},\ \tilde{\boldsymbol{z}}\}$。在下文中，使用 ˜ 来表示托管相关决策的变量。本书假设托管数据中心仅服务于本地需求，

并且可在所有需求点使用。因此，如果需求点 i 被分配到了当地的托管中心，那么 $\tilde{x}_i = 1$。类似于数据中心的固定成本，托管数据中心的租用成本可以按年摊销或租金进行衡量，因此可以与其他目标函数中的成本综合考虑。值得注意的是，为了避免需求点 i 的需求要么被托管中心服务，要么被数据中心服务的情况，可以将 i 的需求进一步划分为几个子集，并确定每个子集的托管决策。

数据中心网络设计的基础模型（base model）如下所示 [见式 (4-1a)～式 (4-1k)]：

$$
\min_{\boldsymbol{x},\,\boldsymbol{y},\,\boldsymbol{z},\,\tilde{\boldsymbol{x}},\,\tilde{\boldsymbol{z}}} \underbrace{\sum_{j\in\mathcal{J}} f_j x_j + \alpha \sum_{j\in\mathcal{J},\,k\in\mathcal{K}} c_j w_k z_{jk} +}_{\text{固定成本及耗能成本}}
$$

$$
\underbrace{\sum_{i\in\mathcal{I},\,j\in\mathcal{J}} d_i t_{ij} y_{ij} + \sum_{j\in\mathcal{J}} L_j(\boldsymbol{y}_{\cdot j},\,\boldsymbol{z}_{j\cdot}) +}_{\text{传输延迟与终端延迟成本}}
$$

$$
\underbrace{\sum_{i\in\mathcal{I}} \tilde{f}_i \tilde{x}_i + \alpha \sum_{i\in\mathcal{I},\,k\in\mathcal{K}} \tilde{c}_i w_k \tilde{z}_{ik} + \sum_{i\in\mathcal{I}} L_i(\tilde{x}_i,\,\tilde{\boldsymbol{z}}_{i\cdot})}_{\text{托管中心成本}} \tag{4-1a}
$$

$$
\text{s.t.} \quad y_{ij} \leqslant x_j, \quad \forall i\in\mathcal{I},\ j\in\mathcal{J} \tag{4-1b}
$$

$$
\sum_j y_{ij} + \tilde{x}_i \geqslant 1, \quad \forall i\in\mathcal{I} \tag{4-1c}
$$

$$
\sum_{i\in\mathcal{I}} d_i u_{ik} y_{ij} \leqslant z_{jk}, \quad \forall j\in\mathcal{J},\ \forall k\in\mathcal{K} \tag{4-1d}
$$

$$
\sum_{k\in\mathcal{K}} w_k z_{jk} \leqslant p_j, \quad \forall j\in\mathcal{J} \tag{4-1e}
$$

$$
z_{jk} \leqslant \bar{r}_{kl} z_{jl}, \quad \forall j\in\mathcal{J},\ \forall k,\ l\in\mathcal{K} \tag{4-1f}
$$

$$
d_i u_{ik} \tilde{x}_i \leqslant \tilde{z}_{ik}, \quad \forall i\in\mathcal{I},\ \forall k\in\mathcal{K} \tag{4-1g}
$$

$$
\sum_k w_k \tilde{z}_{ik} \leqslant \tilde{p}_i, \quad \forall i\in\mathcal{I} \tag{4-1h}
$$

$$
\tilde{z}_{ik} \leqslant \bar{r}_{kl} \tilde{z}_{il}, \quad \forall i\in\mathcal{I},\ \forall k,\ l\in\mathcal{K} \tag{4-1i}
$$

$$
x_j,\ \tilde{x}_i,\ y_{ij} \in \{0,\,1\}, \quad \forall i\in\mathcal{I},\ \forall j\in\mathcal{J} \tag{4-1j}
$$

$$
z_{jk} \geqslant 0,\ \tilde{z}_{ik} \geqslant 0 \quad \forall j\in\mathcal{J},\ \forall i\in\mathcal{I},\ \forall k\in\mathcal{K} \tag{4-1k}
$$

其中，w_k 表示单位资源 k 的峰值能源消耗，α 表示峰值能源消耗占比。模型的目标函数 (4-1a) 包括了建设数据中心的固定成本、平均能量消耗成本、网络传输延迟成本和终端延迟成本。在基础模型中，假设了能源消耗成本与消耗的能源成线性比例关系，后文将放松这一假设，考虑非线性的成本结构。约束 (4-1b) 和约束 (4-1c) 保证了每个需求点恰好被一个选中的数据中心所服务，约束 (4-1d) 和约束 (4-1g) 保证了数据中心的资源足以满足分配到该中心的总需求，约束 (4-1e) 和约束 (4-1h) 保证了数据中心资源所消耗的能源在上限以内，约束 (4-1f) 和约束 (4-1i) 限制了同一数据中心中不同资源之间的最大及最小比值。

上文构造了一个从零开始布局整个数据中心网络的静态模型。在实践中，数据中心网络可能需要随时间动态扩展或重新设计。动态模型通常很难解决，而且这种长期决策所面临的不确定性进一步限制了它们的适用范围。可以对以上模型进行拓展以解决现有网络的网络扩展或重新设计问题。如果需要考虑数据中心的一些其他特性，例如关闭现有数据中心、移动或回收部署的服务器，以及迁移计算资源等，可以通过滚动时域法应用本模型，以提供网络扩展和重新配置计划。

从建模的角度来看，与托管相关的所有决策与数据中心的决策都没有结构上的差异。因此，为清楚起见，在随后的分析中省略了托管中心的决策，但将在数值研究中重新探讨托管中心。下一个小节将进一步刻画求解目标函数中的终端延迟成本项 $L_j(\boldsymbol{y}_{\cdot j},\ \boldsymbol{z}_{j\cdot})$。

4.3.2　终端延迟成本

排队模型已广泛应用于计算机系统性能的建模，例如，Harchol-Balter（2013）总结了常见的计算机系统中可应用的排队模型。本小节用数据包在数据中心所经历的平均逗留时间来衡量终端延迟，并分析排队模型以估算终端延迟成本。

为了便于分析，做出以下假设。首先，假设数据中心在处理器共享（processor sharing）准则下运行，这样任何传入的作业都会立即被调度以进行处理，并且总资源将被平均分配到每个传入的作业中。处理器共享已成为云计算文献中使用最广泛的范例之一（Altman et al.，2011）。实际上，类似谷歌这样的业界巨头使用的就是类似于处理器共享的管理策略

（Silberschatz et al., 1998; Verma et al., 2015）。目前也存在一些高级的调度和优先级策略用以降低终端延迟，然而作为一个战略层面规划模型，不必详细刻画每个作业的调度，而是使用处理器共享策略来近似平均的终端等待时间。

处理一个作业需要几种不同的资源，每个作业一次只占用一种类型的资源。例如，几乎所有的计算机程序都需要交替使用计算资源和存储输入输出资源（Silberschatz et al., 1998）。用服务阶段来区分同一个作业消耗不同资源的时段，并进一步假设服务阶段形成了一个串联的队列。因此，假设作业在每个阶段的服务时间是互相独立的，数据中心处理一个作业所需要的时间包括了作业在不同服务阶段的等待时间之和。附录 C.1.1 考虑了更一般的情况，将串联的队列拓展到了排队网络（open queueing network）中。排队网络包括计算和存储服务两个服务阶段，在最终离开网络之前，作业以交替的方式随机路由到这两个服务阶段。为了清楚起见，在本书的其他部分中，将仍然遵循串联队列假设，但所有理论结果和解决方法均仍适用于排队网络。

本书通过使用具有不同平均服务时间的多个客户类别来建模需求异质性。假设目前数据中心 j 仅服务于需求点 i，如果数据中心 j 处的资源 k 保有量为 z_{jk}，则数据中心 j 满足需求点 i 阶段 k 的需求的平均服务率为 z_{jk}/u_{ik}。进一步假设阶段服务时间遵循 Coxian 分布。图 4-2 展示了如果每个阶段的服务时间使用 Coxian-2 分布来近似，那么数据中心中具有两个阶段的串联队列的停留时间。其中 Coxian-2 分布的参数 $(\mu_{c1}^i, \mu_{c2}^i, p_c^i)$ 和 $(\mu_{s1}^i, \mu_{s2}^i, p_s^i)$ 是通过与服务时间的前三阶矩拟合得到的。这些参数是资源供应决策 z 的函数，这对附录 C.1.1 中排队模型关键参数的推导有重要作用。实际上 Coxian 分布的假设并没有对延迟时间的估计进行过多限制，因为对于任何具有 Laplace-Stieltjes 变换的分布

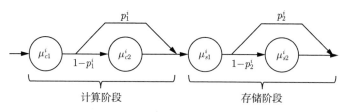

图 4-2　两个服务阶段的串联队列

注：服务等待时间满足 Coxian-2 分布，有两个服务阶段的串联队列对平均等待时间的近似。

来说，Coxian 分布都可以通过矩匹配来近似任意分布（Cox，1955）。

在以上的假设条件下，每个数据中心包括有 $|\mathcal{K}|$ 个阶段的串联队列，每个阶段包含着多类别，但服务器的处理器共享排队模型，其服务时间服从 Coxian 分布。在命题 4-1 中，用特定阶段平均等待时间来估计终端延迟成本。值得注意的是，通过使用更广泛的 phase-type 分布，可以将后续分析推广到具有不同资源替代占用的情况。

命题 4-1： 平均等待时间。

作业在数据中心 j 的平均等待时间 $W_j(\boldsymbol{y}_{.j},\ \boldsymbol{z}_{j.})$，如下所示：

$$W_j(\boldsymbol{y}_{.j},\ \boldsymbol{z}_{j.}) = \sum_{k\in\mathcal{K}} \frac{\mathbb{E}[S_{jk}]}{1 - \lambda_j\mathbb{E}[S_{jk}]}$$

其中 $\mathbb{E}[S_{jk}] = \dfrac{\sum_{i\in\mathcal{I}} d_i u_{ik} y_{ij}}{z_{jk}\sum_{i\in\mathcal{I}} d_i y_{ij}}$ 表示在分配到数据中心 j 的所有需求中，作业在数据中心 j 的阶段 k 的期望服务时间，$\lambda_j = \sum_i d_i y_{ij}$ 表示数据中心 j 的需求到达率。

此外，从需求点 i 分配到数据中心 j 的作业等待时间 $W_j^i(\boldsymbol{y}_{.j},\ \boldsymbol{z}_{j.})$ 满足：

$$W_j^i(\boldsymbol{y}_{.j},\ \boldsymbol{z}_{j.}) = \sum_{k\in\mathcal{K}} \frac{u_{ik} y_{ij}}{z_{jk}(1 - \lambda_j\mathbb{E}[S_{jk}])}$$

命题 4-1 表明数据中心服务阶段的作业平均等待时间与该服务阶段的已调配资源量成反比，与服务阶段空闲时间百分比成反比。命题 4-1 的证明受 Baskett et al.（1975）开创性的工作启发。同时，附录 C.1.1 中简要讨论了对于一般 phase-type 分布下的等待时间对命题 4-1 的拓展。

命题 4-1 的第二部分为计算异质顾客的终端等待时间提供了基础。具体来说，本模型考虑了不同顾客对终端等待时间的异质性，并用单位终端延迟成本 τ_i 表示。给定需求分配决策 $\boldsymbol{y}_{.j}$ 和资源供给决策 $\boldsymbol{z}_{j.}$，数据中心 j 所带来的总终端延迟成本的期望 $L_j(\boldsymbol{y}_{.j},\ \boldsymbol{z}_{j.})$ 可表示如下 [见式 (4-2)]：

$$L_j(\boldsymbol{y}_{.j},\ \boldsymbol{z}_{j.}) = \sum_i \tau_i d_i W_j^i(\boldsymbol{y}_{.j},\ \boldsymbol{z}_{j.}) = \sum_{k\in\mathcal{K}} \frac{\sum_{i\in\mathcal{I}} \tau_i d_i u_{ik} y_{ij}}{z_{jk} - \sum_{i\in\mathcal{I}} d_i u_{ik} y_{ij}} \qquad (4\text{-}2)$$

将式(4-2) 代入基础模型中，可以得到下述考虑异质顾客的数据中心网络设计模型：

$$(\mathbf{P}) \quad \min_{\boldsymbol{x},\, \boldsymbol{y},\, \boldsymbol{z}} \quad \sum_{j \in \mathcal{J}} f_j x_j + \alpha \sum_{j \in \mathcal{J},\, k \in \mathcal{K}} c_j w_k z_{jk} + \sum_{i \in \mathcal{I},\, j \in \mathcal{J}} d_i t_{ij} y_{ij} +$$

$$\sum_{j \in \mathcal{J},\, k \in \mathcal{K}} \frac{\sum_{i \in \mathcal{I}} \tau_i d_i u_{ik} y_{ij}}{z_{jk} - \sum_i d_i u_{ik} y_{ij}}$$

s.t.   约束式(4-1b) $\sim$ 式(4-1f)， 式(4-1j) $\sim$ 式(4-1k)

问题（P）是一个混合整数非线性（MINLP）规划模型，其中目标函数中包含有线性分式。该问题可以很容易从无容量限制的设施选址问题归约为 NP-hard 问题。附录 C.2 还讨论了该模型的可近似性。在介绍该模型的解法前，在下面的几个小节对本模型进行几个重要的拓展。

4.3.3 需求点的相互依赖性

首先考虑需求点之间的相互依赖性。在云计算中，有时需要将作业从其指定的数据中心重新路由到不同的数据中心，以提供进一步的服务。这样的路由可能是由于需求点之间需要同步，冗余或额外的数据访问导致的（Greenberg et al.，2008）。

在不失一般性的前提下，假设一部分作业在其指定数据中心的服务完成后路由到另一个数据中心以进行其他服务，然后离开系统。假设从需求点 i 路由到需求点 i' 的专用数据中心以进行进一步服务的概率为 $P_{ii'}$。因此，数据中心 j 的来源与需求点 i 需求到达率由式 (4-3) 给出：

$$\lambda_{ij} = d_i y_{ij} + \sum_{i' \neq i} d_i P_{ii'} y_{i'j} \triangleq d_i \sum_{i'} P_{ii'} y_{i'j} \tag{4-3}$$

其中，对于所有 $i \in \mathcal{I}$，有 $P_{ii} \triangleq 1$。注意到 $P_{ii'}$ 与排队网络中的路由概率并不相同，$\sum_{i' \neq i} P_{ii'}$ 可以不等于 1。例如，一个需求点 i 的作业可能需要其他多个数据中心对其服务才能满足，因此 $\sum_{i' \neq i} P_{ii'} > 1$。

需要附加服务的每个作业会产生两个额外费用，分别是与附加服务相关的额外终端主机延迟成本，以及在不同数据中心处理附加服务时数据中心之间的额外传输延迟成本。考虑到异质延迟成本的数据中心 j 的总终端延迟成本见式 (4-4)：

$$L_j(\boldsymbol{y}_{\cdot j},\, \boldsymbol{z}_{j\cdot}) = \sum_k \frac{\sum_i \left(\sum_{i'} \tau_{i'} d_{i'} u_{i'k} P_{i'i} \right) y_{ij}}{z_{jk} - \sum_i \left(\sum_{i'} d_{i'} u_{i'k} P_{i'i} \right) y_{ij}} \tag{4-4}$$

给定来自需求点 i 从数据中心 j 路由到数据中心 j' 的需求强度为 $d_i y_{ij}$ $\sum_{i'} P_{ii'} y_{i'j'}$，两个数据中心之间的传输延迟成本可以表示为式 (4-5)：

$$\sum_{i,\,i'\in\mathcal{I}}\ \sum_{j,\,j'\in\mathcal{J}} \psi_i t_{jj'} d_i P_{ii'} y_{ij} y_{i'j'} \tag{4-5}$$

其中，$t_{jj'}$ 表示数据中心 j 到 j' 之间的网络传输延迟成本，ψ_i 表示从需求点 i 路由到其他数据中心的延迟成本校正系数。模型可以很容易拓展到作业大小在路由后发生变化的情况。令 $\Gamma_{ii'}$ 表示从需求点 i 到 i' 的作业变化校正系数，其中 $\Gamma_{ii}=1$。数据包大小的变化只会影响额外的终端延迟成本，具体如下所示：

$$L_j(\boldsymbol{y}_{\cdot j},\ \boldsymbol{z}_{j\cdot}) = \sum_k \frac{\sum_i \left(\sum_{i'} \tau_{i'} d_i u_{i'k} P_{i'i} \Gamma_{i'i}\right) y_{ij}}{z_{jk} - \sum_i \left(\sum_{i'} d_i u_{i'k} P_{i'i} \Gamma_{i'i}\right) y_{ij}}$$

为表示方便，暂时忽略数据包的大小变化。将式(4-5) 加入目标函数，并将终端延迟成本用式(4-4)表示，可以得到下述考虑数据中心之间依赖关系的数据中心网络设计模型 [见式 (4-6)、式 (4-7)]：

$$\textbf{(P-ID)} \quad \min_{\boldsymbol{x},\,\boldsymbol{y},\,\boldsymbol{z}} \quad \sum_{j\in\mathcal{J}} f_j x_j + \alpha \sum_{j\in\mathcal{J},\,k\in\mathcal{K}} c_j w_k z_{jk} + \sum_{i\in\mathcal{I},\,j\in\mathcal{J}} d_i t_{ij} y_{ij} + \tag{4-6}$$

$$\sum_{i,\,i'\in\mathcal{I}}\ \sum_{j,\,j'\in\mathcal{J}} \psi_i t_{jj'} d_i P_{ii'} y_{ij} y_{i'j'} +$$

$$\sum_{j\in\mathcal{J},\,k\in\mathcal{K}} \frac{\sum_i \left(\sum_{i'} \tau_{i'} d_i u_{i'k} P_{i'i}\right) y_{ij}}{z_{jk} - \sum_i \left(\sum_{i'} d_i u_{i'k} P_{i'i}\right) y_{ij}}$$

$$\text{s.t.} \quad \sum_i \left(\sum_{i'} d_{i'} u_{i'k} P_{i'i}\right) y_{ij} \leqslant z_{jk}, \quad \forall j\in\mathcal{J},\,k\in\mathcal{K} \tag{4-7}$$

约束式(4-1b)~式(4-1c)，式(4-1e)~式(4-1f)，
式(4-1j)~式(4-1k)

问题（P-ID）是单分配的轴幅网络选址问题（single-allocation hub location problem）的一个拓展，在计算上比普通 MINLP 的问题更加困难。

4.3.4　凸电能消耗

研究表明，数据中心的高利用率可能会导致用电效率（PUE）降低。因此电能消耗通常是使用率的递增的凸函数（Chen et al.，2013）。为了

表示利用率提高所带来的用电效率下降的情况，假设数据中心 j 的每单位资源 k 的平均功耗为 ω_{jk}，是一个对于使用率（utilization）ρ_{jk} 的多项式函数类型的一般凸函数，其中 $\rho_{jk} = \sum_{i \in \mathcal{I}} d_i u_{ik} y_{ij}/z_{jk}$。换言之，即式 (4-8)：

$$\omega_{jk} = \sum_l a_{jk}^l \rho_{jk}^{\sigma^l} + b_{jk}, \qquad \rho_{jk} = \sum_{i \in \mathcal{I}} d_i u_{ik} y_{ij}/z_{jk} \qquad (4\text{-}8)$$

其中 a_{jk}^l，b_{jk}，σ^l 这些参数可以从历史电能消耗数据中估计出来，σ^l 可以是任意大于等于 1 的有理数，甚至可以对于不同的数据中心、不同的资源，取值不同（如果 σ^l 取正整数，那么 ω_{jk} 则退化成一个多项式函数）。此外，假设 $a_{jk}^l \geqslant 0$，$b_{jk} \geqslant 0$，数据中心的电量消耗成本是非负的，数据中心 j 使用资源 k 所消耗的平均电量成本为 $c_j z_{jk} \omega_{jk}$。为了在目标函数中将这一项线性化，用 $\alpha \sum_{j \in \mathcal{J}} \sum_{k \in \mathcal{K}} c_j w'_{jk}$ 来做替换，并且加入下列约束 [见式 (4-9)]：

$$w'_{jk} \geqslant \omega_{jk} z_{jk} \qquad (4\text{-}9)$$

代入约束式(4-8)和式(4-9)，考虑凸电能消耗的模型如下所示：

$$(\textbf{P-CP}) \quad \min_{\boldsymbol{x},\,\boldsymbol{y},\,\boldsymbol{z}} \sum_{j \in \mathcal{J}} f_j x_j + \alpha \sum_{j \in \mathcal{J},\,k \in \mathcal{K}} c_j w'_{jk} + \sum_{i \in \mathcal{I},\,j \in \mathcal{J}} d_i t_{ij} y_{ij} +$$
$$\sum_{j \in \mathcal{J},\,k \in \mathcal{K}} \frac{\sum_{i \in \mathcal{I}} \tau_i d_i u_{ik} y_{ij}}{z_{jk} - \sum_i d_i u_{ik} y_{ij}}$$

s.t.　约束式(4-1b) ～ 式(4-1f)，式(4-1j) ～ 式(4-1k)，式(4-8)，式(4-9)

值得注意的是，约束式(4-8)包含指数多项式函数，并且约束式(4-9)需要进一步地线性化，这进一步提高了问题（P-CP）的复杂度。最后，尽管文献中广泛使用二次函数来拟合凸电能消耗，相比之下，本部分提出的模型允许指数 σ^l 取大于或等于 1 的任何有理数，能够更好地拟合电能消耗函数。

4.3.5　网络拥堵

大量的数据交换可能会导致数据中心网络的网络拥堵。网络拥堵相关的理论模型一般假设传输延迟是网络流量强度的单调递增凸函数，而且与线缆的承载能力相关（Spiess，1990；Luna & Mahey，2000）。

为了刻画网络拥堵，本部分采用了美国公共道路局（U.S. Bureau of Public Roads）研究出的 BPR 函数。具体来说，从需求点 i 到数据中心

j 的传输延迟成本为：

$$d_i y_{ij} t_{ij} \left[1 + \left(\frac{d_i}{\chi_{ij}} \right)^{\sigma_{ij}} \right]$$

其中 χ_{ij} 是一个新的决策变量，用来表示从需求点 i 到数据中心 j 的线缆承载能力，参数 σ 可以通过历史数据估计得到。假设 $\sigma_{ij} > 1$ 来保证传输延迟是网络流量强度的单调递增凸函数。为了使得目标函数变为线性函数，用 s_{ij} 来表示网络传输延迟，并加入以下约束 [见式 (4-10)]：

$$s_{ij} \geqslant y_{ij} + \left(\frac{d_i}{\chi_{ij}} \right)^{\sigma_{ij}} y_{ij} \tag{4-10}$$

如果考虑需求之间的互相影响，数据中心之间的拥堵程度也可以用类似的方法表示。具体来说，从数据中心 j 到数据中心 j' 的网络传输延迟成本为：

$$t_{jj'} d_{jj'} \left[1 + \left(\frac{d_{jj'}}{\chi_{jj}} \right)^{\sigma_{jj'}} \right]$$

其中 $d_{jj'} = \sum_{i,\ i'} \psi_i d_i y_{ij} P_{ii'} y_{i'j'}$，表示从数据中心 j 到数据中心 j' 的数据流量强度。使用 $s_{jj'}$ 来表示数据中心之间的网络传输延迟，并加入以下约束 [见式 (4-11)]：

$$s_{jj'} \geqslant d_{jj'} + \frac{d_{jj'}^{\sigma_{jj'}+1}}{\chi_{jj'}^{\sigma_{jj'}}} \tag{4-11}$$

如果同时加入约束式 (4-10) 和式 (4-11)，可以得到以下包含所有拓展的模型：

$$\textbf{(P-CC)} \quad \min_{\boldsymbol{x},\ \boldsymbol{y},\ \boldsymbol{z},\ \boldsymbol{\chi}} \sum_{j \in \mathcal{J}} f_j x_j + \alpha \sum_{j \in \mathcal{J},\ k \in \mathcal{K}} c_j w'_{jk} + \sum_{i \in \mathcal{I},\ j \in \mathcal{J}} (d_i t_{ij} s_{ij} + \kappa_{ij} \chi_{ij}) +$$

$$\sum_{jj' \in \mathcal{I},\ j \in \mathcal{J}} (d_{jj'} s_{jj'} + \kappa_{jj'} \chi_{jj'}) +$$

$$\sum_{j \in \mathcal{J},\ k \in \mathcal{K}} \frac{\sum_i \left(\sum_{i'} \tau_{i'} d_{i'} u_{i'k} P_{i'i} \right) y_{ij}}{z_{jk} - \sum_i \left(\sum_{i'} d_{i'} u_{i'k} P_{i'i} \right) y_{ij}}$$

$$\text{s.t.} \quad \text{约束式(4-1b)} \sim \text{式(4-1c)，式(4-1e)} \sim \text{式(4-1f)，}$$

$$\text{式(4-1j)} \sim \text{式(4-1k)，式(4-7)} \sim \text{式(4-11)}$$

其中 κ_{ij} 和 $\kappa_{jj'}$ 表示线缆承载能力的单位建造成本。本书注意到约束式(4-10)和式(4-11) 是混合整数非线性约束，这为问题的求解带来了进一步的挑战。

4.4 模型解决方法

在本节中，首先构造原模型的一些等价变形，并分析其结构特性。然后，开发了拉格朗日松弛法对变形后的模型进行求解。最后，在拉格朗日松弛法的基础上加入了 extremal extended polymatroid 割平面，进一步加快求解速度。

4.4.1 等价变形

前述所有模型及其拓展都可以等价变形为混合整数二阶锥优化（MISOCP）。首先证明问题（P）的目标函数中的线性分式项是可以用二阶锥表示的。这一结果可以正式表述为如下命题：

命题 4-2：终端延迟的等价变形。

问题（P）（考虑异质需求的基础数据中心网络设计问题）与下述问题 ($\bar{\text{P}}$) 等价 [见式 (4-12)]：

$$
\min_{\boldsymbol{x},\,\boldsymbol{y},\,\boldsymbol{z},\,\boldsymbol{v}} \sum_{j\in\mathcal{J}} f_j x_j + \alpha \sum_{j\in\mathcal{J},\,k\in\mathcal{K}} c_j w_k z_{jk} + \sum_{i\in\mathcal{I},\,j\in\mathcal{J}} d_i t_{ij} y_{ij} + \sum_{j\in\mathcal{J},\,k\in\mathcal{K}} v_{jk}
$$

$$
\text{s.t.} \left\| \begin{pmatrix} 2\Lambda_k \boldsymbol{y}_{\cdot j} \\ v_{jk} - z_{jk} + \sum_{i\in\mathcal{I}} d_i u_{ik} y_{ij} \end{pmatrix} \right\|_2 \leqslant v_{jk} + z_{jk} - \sum_{i\in\mathcal{I}} d_i u_{ik} y_{ij},
$$

$$
\forall j \in \mathcal{J},\, k \in \mathcal{K} \tag{4-12}
$$

$$
v_{jk} \geqslant 0, \quad \forall j \in \mathcal{J},\, k \in \mathcal{K}
$$

约束式(4-1b) ～ 式(4-1k)

其中 $\Lambda_k \in \mathbb{R}^{|\mathcal{I}|\times|\mathcal{I}|}$ 是一个对角阵，对角元素 $(\Lambda_k)_{ii} = \sqrt{\tau_i d_i u_{ik}}$。问题 ($\bar{\text{P}}$) 是一个 MISOCP 问题。

变形后的问题 ($\bar{\text{P}}$) 的目标函数是线性的，其约束条件都是二阶（凸）锥约束，因此可以使用求解器对变形的问题直接求解。然而当问题的规模比较大的时候，这些求解器的效率就会变得比较低。

接下来，在研究不同需求点的依赖性的模型（P-ID）中，网络传输延迟成本式(4-5) 可以被线性化。过去的文献中有很多线性化的手段，包括 Balas & Mazzola（1984）提出的标准方法、紧缩的标准方法和最近在 0-1 二次规划中的一种紧变形（Chaovalitwongse et al.，2004；Sherali & Smith，2007），这种方法只需要线性数量的辅助变量和约束来线性化。在紧变形方法中，引入了辅助变量 w_{ij} 和 v_{ij}，同时把目标函数中的中转网络传输成本替换为 $\sum\limits_{i\in\mathcal{I},\ j\in\mathcal{J}} w_{ij}$ 并加入以下约束 [见式 (4-13a)、式 (4-13b)、式 (4-13c)]：

$$\sum_{i'}\sum_{j'} d_i\psi_i t_{jj'} P_{ii'} y_{i'j'} - v_{ij} = w_{ij}, \qquad \forall i\in\mathcal{I},\ \forall j\in\mathcal{J} \tag{4-13a}$$

$$v_{ij} \leqslant \sum_{i'}\sum_{j'} t_{jj'} d_i\psi_i P_{ii'}(1-y_{ij}), \qquad \forall i\in\mathcal{I},\ \forall j\in\mathcal{J} \tag{4-13b}$$

$$w_{ij} \geqslant 0, \qquad \forall i\in\mathcal{I},\ \forall j\in\mathcal{J} \tag{4-13c}$$

在考虑凸电能消耗的问题（P-CP）中，非凸的约束式 (4-8) 和式 (4-9) 也可以转化成二阶锥约束。

命题 4-3： 凸电能消耗的等价变形。

在问题（P-CP）中，约束式 (4-8) 和式 (4-9) 与下列约束 [见式 (4-14)、式 (4-15)] 等价：

$$w'_{jk} \geqslant \sum_l a^l_{jk}\tilde{w}^l_{jk} + b_{jk}z_{jk}, \qquad \forall j\in\mathcal{J},\ k\in\mathcal{K} \tag{4-14}$$

$$\tilde{w}^l_{jk} z^{\sigma^l-1}_{jk} \geqslant \left(\sum_{i\in\mathcal{I}} d_i u_{ik} y_{ij}\right)^{\sigma^l}, \qquad \forall j\in\mathcal{J},\ k\in\mathcal{K},\ \forall l \tag{4-15}$$

其中式 (4-14) 是一个线性约束，而式 (4-15) 是线性约束（当 $\sigma^l = 1$）或者可以表示为二阶锥约束（当 σ^l 是一个大于 1 的有理数）。

命题 4-3 说明了非凸的约束式 (4-8) 和式 (4-9) 是可以通过二阶锥约束表示出来的。本书的其余部分，为了简洁起见，假设电能消耗是使用率的二次函数。

最后，在考虑网络拥堵的问题（P-CC）中，非凸约束式 (4-10) 和式 (4-11) 也可以表示为二阶锥约束。

命题 4-4： 网络拥堵的等价变形。

在问题（P-CC）中，约束式 (4-10) 等价于式 (4-16)：

$$s_{ij} \geqslant y_{ij} + \pi_{ij}$$

$$d_i^{\sigma_{ij}} y_{ij}^{\sigma_{ij}+1} \leqslant \chi_{ij}^{\sigma_{ij}} \pi_{ij} \tag{4-16}$$

而约束式 (4-11) 等价于式 (4-17)：

$$s_{jj'} \geqslant d_{jj'} + \pi_{jj'}$$
$$d_{jj'}^{\sigma_{jj'}+1} \leqslant \chi_{jj'}^{\sigma_{jj'}} \pi_{jj'} \tag{4-17}$$

当 σ_{ij} ($\sigma_{jj'}$) 是正有理数的时候，两约束式(4-16)和式(4-17) 都可以转化为二阶锥约束。

综上所述，问题（P）及其所有拓展都可以变形成为等价的 MISOCP 问题，并可以直接使用 CPLEX、Gurobi 等商业软件求解。但是直接求解现实中的算例仍然需要使用计算能力很强的计算机，即便如此有的时候也无法在有限时间内找到可行解。

在给出具体的解决方案之前，本书注意到终端延迟成本 $L_j(\boldsymbol{y}_{\cdot j}, \boldsymbol{z}_{j\cdot})$ 在之前所有的模型中都起到了重要影响。注意到一个作用在集合上的函数 $g(\cdot)$ 被称作超模（supermodular），如果对于任意两个集合 S，$T \subset \mathcal{V}$，有 $g(S \cup T) + g(S \cap T) \geqslant g(S) + g(T)$。这一超模概念也可以拓展到网格域中。下面的命题 4-5 说明了 $L_j(\boldsymbol{y}_{\cdot j}, \boldsymbol{z}_{j\cdot})$ 具有超模性。

命题 4-5： 终端延迟的超模性。

对于每个数据中心 $j \in \mathcal{J}$，定义函数 $\tilde{L}_j : \{0, 1\}^{|\mathcal{I}|} \times \mathbb{R}_-^{|\mathcal{K}|} \to \mathbb{R}_+ \cup \{+\infty\}$ 如下：

$$\tilde{L}_j(\boldsymbol{y}_{\cdot j}, \boldsymbol{z}_{j\cdot}^-) = \begin{cases} L_j(\boldsymbol{y}_{\cdot j}, \boldsymbol{z}_{j\cdot}), & \text{if } \tilde{z}_{jk} + \sum_i d_i u_{ik} y_{ij} < 0, \quad \forall k \in \mathcal{K} \\ +\infty, & \text{其他} \end{cases}$$

其中 $\boldsymbol{z}^- = -\boldsymbol{z}$。函数 $\tilde{L}_j$ 关于 $(\boldsymbol{y}_{\cdot j}, \boldsymbol{z}_{j\cdot}^-)$ 在 $\{0, 1\}^{|\mathcal{I}|} \times \mathbb{R}_-^{|\mathcal{K}|}$ 上是单调函数且具有超模性。

命题 4-5 揭示了需求分配和资源供应决策的边际影响。该命题有以下两个方面的意义：（1）由于数据中心的总电能的物理上限和有限的预算约束，一些数据中心无法继续拓展。如果把需求点分配到快达到容量极限的数据中心，从终端延迟角度来看会带来更高的成本，因此应该将需求分配给负载最轻的数据中心。（2）可能由于传输延迟成本所致，需求分配决策难以调控的时候，如果有额外的预算来投资资源调配，应该投资于负载较重的数据中心。利用这些特性可以为提出的拉格朗日松弛方法设计伴随的启发式方法，该方法将在下一部分中介绍。

4.4.2　拉格朗日松弛算法

拉格朗日松弛算法能够有效解决大规模有容量约束的选址（CFL）问题。拉格朗日松弛算法一般有两种应用的方法——放松容量约束式(4-1e)或放松需求分配约束式(4-1c)（Beasley，1993；Sridharan，1995）。如果放松需求分配约束，CFL 的子问题可以转化为背包问题，但是在本部分的模型下有比较复杂的终端延迟成本，使用放松需求分配约束的方法并不能对模型求解速度有太大的帮助。因此，本节放松了容量约束(4-1e)来求解 MISOCP 问题 $(\bar{P})$。值得指出的是，该方法也适用于其他模型拓展。令 $\boldsymbol{\lambda} \in \mathbb{R}_+^{|\mathcal{J}|}$ 为约束式(4-1e)对应的拉格朗日乘子。放松了该约束后，拉格朗日子问题也是一个 MISOCP 问题，并且可以表示成如下式子：

$$（\textbf{P-L}）\quad Z_D(\lambda) = \min_{\boldsymbol{x},\,\boldsymbol{y},\,\boldsymbol{z},\,\boldsymbol{v}} \sum_j f_j x_j + \alpha \sum_{j,\,k} c_j w_k z_{jk} + \sum_{i,\,j} d_i t_{ij} y_{ij} +$$

$$\sum_{j,\,k} v_{jk} + \sum_j \lambda_j \left(\sum_k w_k z_{jk} - p_j \right)$$

$$\text{s.t. (4-1b)}\sim\text{(4-1d)}，\text{(4-1f)}，\text{(4-1j)}，\text{(4-1k)(4-12)}$$

直观上来说，拉格朗日子问题（P-L）相对原问题会更容易解决，因为不需要考虑资源供应的约束上限。给定拉格朗日乘子 $\lambda^{(m)}$，其中上角标 (m) 表示迭代次数，拉格朗日子问题的目标函数值 $Z_D(\lambda^{(m)})$ 提供了问题（P）的一系列下界。如果拉格朗日子问题的解对于原问题（P）也是可行的，那么这个解则对应原问题的一个上界 $\bar{Z}$。当 $\bar{Z}$ 和 $Z_D(\lambda^{(m)})$ 足够接近的时候，则终止算法，得出最优解。本部分使用文献中常见的规则来更新拉格朗日乘子 λ[具体可参考 Fisher（1981）]。为了表示方便，在接下来的讨论中，将省略掉迭代次数的角标 (m)。

由于拉格朗日子问题（P-L）的解不一定总对原问题（P）是可行的，也无法保证上界 $\bar{Z}$ 的持续更新。为了加速收敛，接下来提出了一个启发式算法来把问题（P-L）的解转化成原问题的可行解。算法的核心想法就是找到超过容量限制的数据中心，选出一些分配到该数据中心的需求点，并把这些需求点交换到其他未到容量限制的数据中心中去。

展开来讲，对于每个原问题不可行的解，按照容量约束将数据中心分成三个集合。集合 A 包括超过容量限制的数据中心，集合 B 包括被选中的未超过容量限制的数据中心，集合 C 包括未被选中的数据中心。该启发式算法将集合 A 中的数据中心所分配的需求点逐个重新分配到集合 B 中，如果集合 B 中没有足够的容量来服务需求，那么就从集合 C 中选出一个新的数据中心。启发式算法会持续交换需求点分配，直到集合 A 变为空集。

启发式算法如算法 (4-1) 所示。假设在拉格朗日子问题（P-L）的最优解中，需求点 s 被分配到一个超过容量限制的数据中心 t 中，交换 s 的服务数据中心。算法 4-1 中的第 7 行和第 16 行是从集合 B 或 C 中选出候选数据中心的关键步骤。交换步骤的核心在于估计每次交换带来的成本提升。用 $\delta(s,\ t,\ t')$ 来表示将需求点从数据中心 t 交换到数据中心 t' 的成本增加的上限。由于 $\delta(s,\ t,\ t')$ 保证了对偶间隙的上界，命题 4-6 可以用以检查现有的可行解是否与最优解足够接近。

命题 4-6： 现有可行解的界限。

令 z_{tk}，$z_{t'k}$（$\forall k \in \mathcal{K}$）分别为从数据中心 t 交换到数据中心 t' 之前的资源供给水平。假设数据中心 t' 在被交换后没有超出容量限制，那么 $\delta(s,\ t,\ t')$ 满足：

（a）如果 $t' \in B$，那么 $\delta(s,\ t,\ t')$ 的上界为：

$$\delta(s,\ t,\ t') = d_s \left(\tau_s \sum_k u_{sk} \left(\frac{1}{z_{t'k} - \sum_i d_i u_{ik} y_{it'}} - \frac{1}{z_{tk} - \sum_i d_i u_{ik} y_{it}} \right) + \alpha(c_{t'} - c_t) \sum_k u_{sk} w_k + t_{st'} - t_{st} \right)$$

（b）如果 $t' \in C$ 而且 t' 的容量限制适中，满足 $p_{t'} \geqslant \sum_k w_k (z_{tk} - \sum_i d_i u_{ik} y_{it})$，那么 $\delta(s,\ t,\ t')$ 的上界满足：

$$\delta(s,\ t,\ t') = f_{t'} + \alpha c_{t'} \sum_k w_k \left(z_{tk} - \sum_i d_i u_{ik} y_{it} \right) - d_s \left(\alpha c_t \sum_k u_{sk} w_k - t_{st'} + t_{st} \right)$$

　　鉴于命题 4-5 中的超模性，本部分的启发式算法在选择新的数据中心的时候，首先会按照算法 (4-1) 第 8 行和第 17 行中的策略来估计数据中心是否有足够的容量并且资源比例约束是否足够松。每次交换步骤之后，算法 4-1 的第 24 行会重新优化两个数据中心的总资源供给决策，并计算出此时的总终端延迟成本。（Re-optimize）步骤计算了给定需求分配决策后的，满足容量约束和资源比例约束下的最优资源供给水平。该步骤求解了以下问题：

$$
\textbf{(Re-optimize)} \qquad \min_{\boldsymbol{z}_{j\cdot},\ \boldsymbol{v}_j} \quad \sum_k \alpha c_j w_k z_{jk} + v_{jk}
$$

$$
\text{s.t.} \quad \left\| \begin{pmatrix} 2\Lambda_k \boldsymbol{y}_{\cdot j} \\ v_{jk} - z_{jk} + \sum_{i\in\mathcal{I}} d_i u_{ik} y_{ij} \end{pmatrix} \right\|_2
$$

$$
\leqslant v_{jk} + z_{jk} - \sum_{i\in\mathcal{I}} d_i u_{ik} y_{ij}, \quad \forall k \in \mathcal{K}
$$

$$
z_{jk} \leqslant \bar{r}_{kl} z_{jl}, \qquad \forall k,\ l \in \mathcal{K}
$$

$$
\sum_{k\in\mathcal{K}} w_k z_{jk} \leqslant p_j
$$

　　该子问题是一个只有连续决策变量的二阶最优化问题，使用商业软件就可以高效解决。

算法 4-1：问题（P）的可行解的启发式算法

1: 初始化 $\boldsymbol{A} = \{j : x_j = 1,\ \sum_k w_k z_{jk} > p_j\}$, $\boldsymbol{B} = \{j : x_j = 1,\ \sum_k w_k z_{jk} \leqslant p_j\}$, $\boldsymbol{C} = \{j : x_j = 0\}$

2: **while** $\boldsymbol{A} \neq \varnothing$ **do**

3: $\quad t = \underset{j\in\boldsymbol{J}}{\arg\max}\{\sum_k (w_k z_{jk}) - p_j\}$

4: $\quad s = \underset{i\in\{i|y_{it}=1\}}{\arg\min} \sum_k d_i u_{ik} w_k$

5: $\quad y_{st} \leftarrow 0$

6: $\quad$ **while** $\boldsymbol{B} \neq \varnothing$ **do**

7: $\qquad t' \leftarrow \underset{j\in\boldsymbol{B}}{\arg\min} \left\{ \tau_s \sum_k \frac{u_{sk}}{z_{jk} - \sum_i d_i u_{ik} y_{ij}} + \sum_k \alpha c_j u_{sk} w_k + t_{sj} \right\}$

8: $\qquad$ **if** $\sum_k (w_k z_{t'k} + d_s u_{sk} w_k) \leqslant p_{t'}$, and $(d_s u_{sk} + z_{t'k}) \leqslant \bar{r}_{kl}(d_s u_{sl} + z_{t'l})$, $\forall k,\ l \in \boldsymbol{K}$ **then**

9: $\qquad\quad y_{st'} \leftarrow 1$

10: $\qquad\quad$ **break**

11:　　　　**else**
12:　　　　　从集合 B 删除 t'
13:　　　　**end if**
14:　　**end while**
15:　　**while** $C \neq \varnothing$ **do**
16:　　　　$t' \leftarrow \underset{j \in C}{\arg\min} \{\alpha c_j \sum_k w_k(z_{tk} - \sum_i d_i u_{ik} y_{ij}) + d_s t_{sj} + f_j\}$
17:　　　　**if** $\sum_k (w_k(z_{tk} - \sum_i d_i u_{ik} y_{it})) \leqslant p_{t'}$ **then**
18:　　　　　$y_{st'} \leftarrow 1$ and $x_{t'} \leftarrow 1$
19:　　　　　**break**
20:　　　　**else**
21:　　　　　从集合 C 删除 t'
22:　　　　**end if**
23:　　**end while**
24:　　更新集合 A，B，C，函数值 $(\boldsymbol{z}_{t\cdot}, \boldsymbol{v}_{t\cdot}) \leftarrow (\boldsymbol{y}_{\cdot t})$，和 $(\boldsymbol{z}_{t'\cdot}, \boldsymbol{v}_{t'}) \leftarrow$ *Re-optimize*$(\boldsymbol{y}_{\cdot t'})$
25: **end while**

此外，本部分还提出了另一个启发式算法来加速更新 $\boldsymbol{z}$ 和 $\boldsymbol{v}$，如算法 4-2 所示。该启发式算法首先对所有资源进行迭代，以计算没有容量约束和资源比率约束的最佳资源供给水平，然后通过截断（第 3 行）和缩放

算法 4-2： 更新 $z_{j\cdot}$ 的启发式算法

1: [**Function**]*Re-optimize*$(\boldsymbol{y}_{\cdot j})$
2: **for** $k = 1, \cdots, |\mathcal{K}|$ **do**
3:　　$z_{jk} = \max\left\{\min\left\{\sum_i d_i u_{ik} y_{ij} + \sqrt{\dfrac{\sum_{i \in \mathcal{I}} \tau_i d_i u_{ik} y_{ij}}{\alpha c_j w_k}}, \bar{r}_{kl} z_{jl}\right\}, \dfrac{z_{jl}}{\bar{r}_{lk}}\right\}$, for all $l \leqslant k$
4: **end for**
5: **if** $\sum_k w_k z_{jk} > p_j$ **then**
6:　　**for** $k = 1, \cdots, |\mathcal{K}|$ **do**
7:　　　$z_{jk} \leftarrow \dfrac{p_j}{\sum_k w_k z_{jk}} z_{jk}$
8:　　**end for**
9: **end if**
10: $v_{jk} \leftarrow \dfrac{\sum_{i \in \mathcal{I}} \tau_i d_i u_{ik} y_{ij}}{z_{jk} - \sum_i d_i u_{ik} y_{ij}}$

（第 7 行），以确保它们满足约束条件。通过结合算法 4-1 和算法 4-2 [或子问题（Re-optimize）]，能够为原问题（P）更新上限 $\bar{Z}$。值得注意的是，对于约束非常紧的实例，启发式方法可能无法在某些迭代中返回可行的解决方案。另一个值得注意的地方是，这些启发式方法可以直接用于扩展模型，但是非线性功耗和网络拥塞等，可能导致上下界更加宽松。

4.4.3　使用加强割的拉格朗日松弛算法

前述的拉格朗日松弛算法可以应用到不同模型及其拓展中去。此节将深度挖掘 4.3.2 节中终端延迟成本项的结构性质，并以此为依据，为基础模型提出改良的拉格朗日松弛算法。将问题（P）中的容量限制约束和资源比例约束全部放松，以便拆分原问题。此时，资源供给决策就可以有显式解，超模成本方程将转化为次模方程。剩余的子问题仍可以转化为MISOCP 来直接使用商业软件求解，但可以利用其结构性质（即次模性）加入加强割平面，加快求解速度。值得注意的是，次模性在 4.3 节中的其他的拓展模型可能并不成立，但是上一小节的拉格朗日算法还是可以解决这些拓展模型的。

对于问题（P），放松资源比例约束式(4-1f)和电能消耗约束式(4-1e)可以得到：

$$\min_{\boldsymbol{x},\,\boldsymbol{y},\,\boldsymbol{z}}\ (4\text{-}1\text{a}) + \sum_{j \in \mathcal{J}} \lambda_j \left(\sum_{k \in \mathcal{K}} w_k z_{jk} - p_j \right) + \sum_{j \in \mathcal{J}} \sum_{k \in \mathcal{K}} \sum_{l \in \mathcal{K}} \zeta_{jkl} \left(z_{jk} - \bar{r}_{kl} z_{jl} \right)$$

s.t. 约束式(4-1b)~ 式(4-1d)，式(4-1j)，式(4-1k)

其中 $(\lambda,\ \zeta)$ 分别是约束式(4-1e) 和式(4-1f)对应的拉格朗日乘子。给定需求分配决策 y 后，对于数据中心 j 的资源 k，优化拉格朗日子问题中的 z_{jk} 带来了如下问题：

$$\min_{z_{jk} \geqslant 0} \phi_{jk} z_{jk} + \frac{\sum_{i \in \mathcal{I}} \tau_i d_i u_{ik} y_{ij}}{z_{jk} - \sum_i d_i u_{ik} y_{ij}}$$

其中 $\phi_{jk} = (\alpha c_j + \lambda_j) w_k + \sum_{l \in \mathcal{K}} (\zeta_{jkl} - \bar{r}_{lk} \zeta_{jlk})$。由拉格朗日对偶性质可知 $\phi_{jk} > 0$，因此最优资源供给决策为：

$$z_{jk}^* = \sum_i d_i u_{ik} y_{ij} + \sqrt{\sum_{i \in \mathcal{I}} \tau_i d_i u_{ik} y_{ij} / \phi_{jk}}$$

最优资源供给决策下的最优成本见式 (4-18)：

$$\phi_{jk} \sum_i d_i u_{ik} y_{ij} + 2\sqrt{\phi_{jk} \sum_{i \in \mathcal{I}} \tau_i d_i u_{ik} y_{ij}}. \tag{4-18}$$

令 $g_{jk}(y_{.j}) = \sqrt{\phi_{jk} \sum_{i \in \mathcal{I}} \tau_i d_i u_{ik} y_{ij}}$。代入最优资源供给决策 z_{jk}，拉格朗日子问题变为式 (4-19)：

$$\textbf{(P-LC)} \quad \min_{\boldsymbol{x},\,\boldsymbol{y}} \sum_j f_j x_j + \sum_i \sum_j \left(d_i t_{ij} + \sum_k \phi_{jk} d_i u_{ik} \right) y_{ij} +$$

$$2\sum_j \sum_k v_{jk} - \sum_j \lambda_j p_j$$

$$\text{s.t.} \quad g_{jk}(y_{.j}) \leqslant v_{jk}, \quad \forall j \in \mathcal{J},\ k \in \mathcal{K} \tag{4-19}$$

$$\text{约束式(4-1b)，式(4-1c)，式(4-1j)}$$

约束式(4-19)可转化为二阶锥约束。因此子问题（P-LC）也可以直接使用商业软件求解。但是商业软件中所使用的标准的分支定界法可以通过加入加强割平面来提高求解速度。其方法来源于 Atamtürk & Narayanan（2008）。定义多面体 $\mathcal{Q}_{jk}$ 来表示 $g_{jk}(\cdot)$ 的下凸包：

$$\mathcal{Q}_{jk} = \text{conv}\{(\eta,\ t) \in \{0,\ 1\}^{|\mathcal{I}|} \times \mathbb{R} : g_{jk}(\eta) \leqslant t\}$$

另外，令：

$$\text{EP}_{jk} = \left\{ \pi \in \mathbb{R}^{|\mathcal{I}|} : \pi^{\mathrm{T}} \eta \leqslant g_{jk}(\eta),\quad \forall \eta \in \{0,\ 1\}^{|\mathcal{I}|} \right\}$$

Atamtürk & Narayanan（2008）表明，线性不等式见式 (4-20)：

$$\pi^{\mathrm{T}} \eta \leqslant t \tag{4-20}$$

对于 $\mathcal{Q}_{jk}$ 是有效的当且仅当 $\pi \in \text{EP}_{jk}$。因此将不成立的不等式(4-20)作为格外的割加入分支定界的过程中去以加快求解速度。展开来说，对于每个分式的解 $\hat{y}_{.j} \in [0,\ 1]^{|\mathcal{I}|}$ and $\hat{v}_{jk} \geqslant 0$，定义式 (4-21)：

$$\hat{\pi}_{jk} = \arg\max\{\boldsymbol{\pi}^{\mathrm{T}} \hat{\boldsymbol{y}}_j,\ \boldsymbol{\pi} \in \text{EP}_{jk}\} \tag{4-21}$$

如果 $(\hat{\boldsymbol{\pi}}_{jk})^{\mathrm{T}} \hat{\boldsymbol{y}}_j > \hat{v}_{jk}$，那么将下列割加入松弛问题（P-LC）中 [见式 (4-22)]：

$$(\hat{\pi}_{jk})^{\mathrm{T}} y_{.j} \leqslant v_{jk} \tag{4-22}$$

问题式(4-21)通常很难解决。然而，$g_{jk}(\cdot)$ 是一个在 $\{0,1\}^{|\mathcal{I}|}$ 的多面体拟阵函数（polymatroid function），因此 EP_{jk} 定义了一个关于函数 $g_{jk}(\cdot)$ 的拓展多面体（extended polymatroid）。因此，问题式(4-21)成为一个在多面体上的最大加权和问题。Edmonds（1970）建立了贪婪算法来解决此类问题，问题式(4-21) 的最优解是拓展多面体 EP_{jk} 的极点。因此，这样生成的割平面被称作极点拓展多平面割 [extremal extended polymatroid inequalities，Atamtürk & Narayanan（2008）]。为了使用 Edmonds（1970）的算法，从式(4-22)中生成加强割，将 $\hat{y}_{ij}$ 按照降序排列，则 $\hat{y}_{(1)j} \geqslant \hat{y}_{(2)j} \geqslant \ldots \geqslant \hat{y}_{(|\mathcal{I}|)j}$，其中 $\{(1),(2),\ldots,(|\mathcal{I}|)\}$ 是需求点标号的一个排序。接下来，令 $S_i = \{(1),(2),\ldots,(i)\}$，并使得：

$$\hat{\pi}_{(i)j} = \sqrt{\phi_{jk} \sum_{i \in S_i} \tau_i d_i u_{ik}} - \sqrt{\phi_{jk} \sum_{i \in S_{i-1}} \tau_i d_i u_{ik}}$$

通过以上操作，可以得到加强割式(4-22)中的 $(\hat{\boldsymbol{\pi}}_{jk})^{\mathrm{T}}$。

4.5　数 值 实 验

本小节将通过数值计算来展示本部分提出的数据中心网络设计模型的有效性，并从中得到一些管理启示。首先，用现实世界的数据集来进行实验，并测试了一些如延迟成本等重要因素对最优网络设计的影响，回答了现实数据中心网络所面临的一些问题。其次，通过随机生成一些数据，比较了直接使用 Gurobi 和使用本部分提出的两种解法的计算效率。

4.5.1　案例分析

第一组实验在现实世界数据集上来使用本部分提出的模型及算法。分析例如延迟成本等重要影响因素，同时研究托管中心服务以及数据中心之间的流量强度对最优网络设计的影响。

实验具体设置如下。实验使用 Daskin（1995）的设施选址数据集，其中包括了一个 49 个点的数据集和一个 88 个点的数据集，这两个数据集作为需求点集合。在正文中使用 49 个点的数据集，在附录 C.3.4 中对 88 个需求点的数据集进行了求解，得到了相似的结论。假设需求率与当地拥有电脑的家庭数量成正比，[①]满足每个数据请求只需要两种资源，分别是计算和存储。同时还假设每个任务所需要的计算资源与需求点的平均教育水平[②]成正比。

　　本部分从不同来源选出了 36 个候选数据中心的位置，其中 14 个来自 DPR。[③]这是一个第三方数据仓库建造商，为很多知名公司提供服务，包括摩托罗拉、HBO、易贝（eBay）等。其余的候选数据中心包括一些知名互联网公司的现有数据中心，包括谷歌的 8 个数据中心、微软的 5 个数据中心、脸书的 5 个数据中心和亚马逊的 4 个数据中心。候选数据中心的单位用电成本可以从美国能源信息局（US Energy Information Administration）[④]获得。

　　模型中其他重要的参数包括单位传输延迟成本和单位终端延迟成本。考虑到用户的异质性，假设拥有较高 GDP 的需求点愿意付出更多的成本来得到高质量服务。换言之，这些地区的需求对延迟成本更加敏感。例如在硅谷和一些金融发达的地区会对服务延迟更加敏感，而这些地区（如加利福尼亚州、纽约、伊利诺伊州等）也都有较高的 GDP。暂时忽略托管中心决策，具体的需求和候选数据中心的设定可参见附录 C.3.2 的表 C-1 和表 C-2。

　　按照前文假设，可以计算出 49 个需求点的数据中心网络，如图 4-3 所示。其中圆点表示需求点，黑色的方块表示选中的数据中心，灰色的方块表示候选数据中心，连接圆点和黑色方块的线段表示该需求点的需求被分配到该数据中心进行服务。使用饼状图来表示数据中心内的资源比例，而饼状图的大小表示总的资源供给量。

　　本书选出的 6 个数据中心分别位于佐治亚州、俄亥俄州、俄勒冈州、得克萨斯州、弗吉尼亚州和俄克拉荷马州。这些选中的数据中心与世界上三个主要云计算服务提供商——亚马逊（佐治亚州、俄亥俄州、俄勒冈州、弗吉尼亚州[⑤]）、谷歌（佐治亚州、俄克拉荷马州、俄勒冈州[⑥]）和微

---

① 美国人口普查局，网址为 https://data.census.gov/cedsci/table?tid=ACSST1Y2015.S2801。

② 美国人口普查局，网址为 https://data.census.gov/cedsci/table?tid=ACSST1Y2015.S1501。

③ https://www.dpr.com/projects

④ https://www.eia.gov/electricity/monthly/epm_table_grapher.cfm?t=epmt_5_6_a

⑤ https://aws.amazon.com/about-aws/global-infrastructure/

⑥ https://www.google.com/about/datacenters/inside/locations/

软（得克萨斯州、弗吉尼亚州①）相同。这些结果从侧面证明了本部分的
数据中心网络设计模型的有效性。

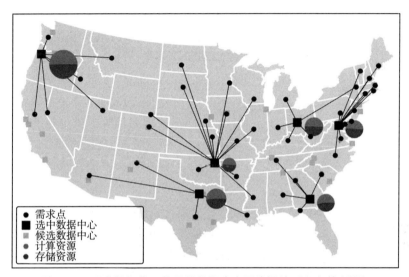

图 4-3　现实数据集下的最优数据中心网络设计（见文前彩图）

最后，数值实验也证实了综合考虑长期战略决策，例如选址决策、短
期战术决策、资源供给决策的重要性。如果不考虑这些战术决策，可能得
到次优的战略层面的决策。然而，考虑不同时间跨度的决策可能影响模型
的可信度。需求之类的参数可能对战术和战略层的决策都有很大的影响，
但是却难以预测。虽然战术决策可以根据需求调整，但是战略层决策却很
难调整。因此，本部分提出的模型得出的战略决策应该能够对于变化的参
数保持鲁棒性。通过考虑需求和电价的变化对网络鲁棒性的影响（见附
录 C.3.3）可以发现，虽然参数变动可能对战术运营层面的决策有很大影
响，但是战略层面的选址和需求分配决策相对稳定。

4.5.2　结构性质与敏感性分析

在命题 4-6 的启发下，首先给出下述引理 4-1，该引理表明将新需求
分配给原有数据中心并不需要此需求提供更多的资源，但新需求仍可以
享受和原需求相同的服务质量。

———————————
① https://azure.microsoft.com/en-us/regions/?v=17.23h

引理 4-1：将新需求 d_i 分配给数据中心 j，并对任意资源 k 在数据中心 j 额外提供 $d_i u_{ik}$ 的资源。那么对于满足 $y_{i'j} = 1$ 的需求 i' 来说，数据中心 j 所服务的需求 i' 的处理时间仍保持不变。

在引理 4-1 中，当将一个新的需求分配到选中的数据中心后，如果将此数据中心的资源供给水平也提高到和需求相同的量，那么原有的需求仍能享受和原来相同的服务水平。与此同时，新需求也能够享受到相同的服务水平。也就是说，新需求可以有一个搭便车的效应。如果单独新开一个数据中心来服务此部分需求的话，那么就需要额外提供更多的资源才能达到相同的服务水平。此性质可以为不断增长的需求的分配提供指导。如果有新增需求，应将此部分需求分配到剩余冗余电能容量较大且可以扩张服务资源的数据中心去，进一步压缩成本。

接下来，将本部分的模型进行部分简化，将问题的整数变量固定，并将子问题分解，这样可以获得一些有趣的问题结构性质。具体来说，下述命题 4-7 研究了在给定选址和需求分配决策后，需求、电能成本、单位延迟成本对最优解的影响。

命题 4-7：假设电能容量约束式 (4-1e) 和资源比例约束式 (4-1f) 都没有起到约束作用。那么每个数据中心的最优解满足下列敏感性分析：

（1）最优资源供给水平和最优目标函数值关于分配的需求是一个单调递增的凸函数，换言之，数据中心处理需求具有规模效益；

（2）最优资源供给水平关于单位电能成本和单位资源消耗电能是一个单调递减的凸函数，而最优目标函数值对于单位电能成本和单位资源消耗电能是一个单调递增的凹函数；

（3）最优资源供给水平和最优目标函数值关于单位终端延迟成本是单调递增的凹函数。

从命题 4-7 中可以获得几点管理启示。首先，（1）中指出了规模经济效应，也就是说有着更大容量的数据中心，可以容纳更多的需求，也就更加节约单位成本。因此，数据中心的建造者更喜欢选择电能容量较大的数据中心，使用更多的服务资源同时服务更多需求，以期利用规模经济效应降低成本。这一发现与现实中的数据中心网络设计是一致的。例如，谷歌、亚马逊这样的互联网巨头目前也是倾向于建造巨型数据中心，以容纳和服务更为广阔区域的需求。从求解最优资源供给水平的推导中，还可以看到数据中心的资源供应决策仅影响其自身的服务表现。因此，给定选址以及需求分配决策，可以将资源供应决策分配到每个数据中心进行决策。也就是说，在这样的条件下，每个数据中心各自优化资源供给决策，其最优解对于整合的系统也是最优的。其次，命题中的（2）表明，功耗上升对总成本的影响是边际递减的，也就是说，如果科技进步使得资源功耗降低，那么会大幅降低总成本。再次，命题中的（3）表明当顾客对服务质量更加敏感的时候，数据中心应该提供更多的服务资源。但是，对服务质量的更高要求、对最优资源供给水平以及最优目标函数值的影响也存在着边际递减效应。

　　接下来，通过调整现实数据来对不同参数进行敏感性分析，从而获得更多的管理启示。

4.5.2.1　延迟成本

　　本小节首先研究不同单位传输延迟成本和终端延迟成本的影响。实验结果如表 4-2 所示，其中"Fabric"和"Endhost"列表示相对于基础模型的单位传输延迟成本和终端延迟成本的缩放系数，"DC Built"表示选择的数据中心数量。

表 4-2　传输延迟成本和终端延迟成本对数据中心数量的影响

No.	Fabric	Endhost	DC Built	No.	Fabric	Endhost	DC Built	No.	Fabric	Endhost	DC Built
1	1	1	10	5	5	1	16	9	10	1	20
2	1	10	9	6	5	10	15	10	10	10	20
3	1	80	11	7	5	80	16	11	10	80	19
4	1	100	12	8	5	100	17	12	10	100	19

　　实验结果表明，当单位传输延迟成本比较大的时候，会建立更多的数据中心。这个结果比较符合直觉，因为更多的数据中心会使得平均服务距离变短，从而节省传输延迟成本。与此相反，从表 4-2 中可以发现，高单位终端延迟成本对网络设计的影响并不明显。一方面，当单位终端延迟成本提高的时候，最优的网络设计使用了更少的终端延迟成本（例如，比较表 4-2 例 1、例 2 和例 5、例 6）。特别的是，当容量约束和资源比例约束比较宽松的时候，最优终端延迟成本的形式为式(4-18)，这是关于需求点集合的一个次模函数。换言之，终端延迟成本体现出了规模经济性，也

就是说，将更多的需求点分配到充分大的数据中心，最优终端延迟成本会随着需求的增长而降低。结果更高的单位终端延迟成本会导致需求点的合并（pooling）。另一方面，更高的单位终端延迟成本也可能带来需求分散（counter-pooling）（例如，比较表 4-2 例 2、例 3 和例 4，或者例 6、例 7 和例 8），因为容量限制和资源比例约束可能会改变最优终端延迟成本的结构。特别地，当数据中心的资源供给被比较紧的容量上限所限制时，按照命题 4-5，将更多的需求分配到该数据中心将提高边际终端延迟成本。可以将这些启示总结成以下两个观察。

观察 4-1： 传输延迟成本的影响。

更高的单位传输延迟成本可能会带来服务资源分配的分散（counter-pooling），也就是会建立更多的数据中心来减少平均传输距离。

观察 4-2： 终端延迟成本的影响。

更高的单位终端成本可能为有容量余量的数据中心带来服务资源分配的合并（pooling），而对有比较紧的容量约束或者资源比例约束的数据中心来说，可能带来服务资源分配的分散（counter-pooling）。

4.5.2.2　托管数据中心

在保持其他参数不变的情况下，允许托管服务中心的决策，并考虑托管中心的不同固定成本和单位电能成本水平对网络设计的影响。假设托管中心的电能容量能够满足当地的需求量。

首先，改变固定成本和单位电能成本。因为托管中心一般是服务提供商与第三方设施提供者签订合同来提供空间和服务器租赁的，所以固定成本一般会比私有的数据中心低一些。尽管如此，由于托管中心往往在城市附近，其单位用电成本一般会更高一些。另外，把租赁和维护成本也算到电能成本"power cost"中去。实验结果如表 4-3 所示，其中"Fixed"和"Power"分别表示托管中心相对于基础固定成本和单位电能成本（包括租赁和维护费用）的缩放系数，而"Colo"和"DC"列表示选择的托管数据中心数量和常规数据中心数量。

结果表明，当托管中心的固定成本或者单位电能成本比较高的时候，会选择更少的托管数据中心。此外，随着托管中心相关成本的增加，可能会出现更多的常规数据中心。其原因是，模型需要权衡更多的托管中心节省传输延迟成本与更多常规数据中心带来的规模经济效益节省的固定成本和电能成本，最终导致了更多的常规数据中心。

表 4-3　托管数据中心和常规数据中心的固定成本及可变成本影响

No.	Fixed	Power	Colo	DC	No.	Fixed	Power	Colo	DC	No.	Fixed	Power	Colo	DC
1	0.01	1	39	4	4	0.01	1.5	31	5	7	0.01	2	17	6
2	0.05	1	20	5	5	0.05	1.5	7	6	8	0.05	2	0	7
3	0.1	1	8	6	6	0.1	1.5	0	7	9	0.1	2	0	7

与常规的数据中心类似，单位传输延迟成本和终端延迟成本也会影响托管数据中心的网络设计。可以改变单位延迟成本的水平来检查它们的影响。其结果如表 4-4 所示。一方面，数值结果证实了更高的单位延迟成本可以带来更多的数据中心和托管中心；另一方面，更高的终端延迟成本也会带来更多的托管中心，但是会减少托管数据中心的数量（比如，比较表 4-4 例 4、例 5、例 6）。更少的正常数据中心这一结果与观察 4-2 一致，体现了需求合并效应，而更多的托管数据中心这一结果似乎与前文所述矛盾。可能的原因有二：其一，合并需求可能导致不可行解或者更多的传输延迟成本；其二，根据命题 4-5 的超模性，合并需求可能导致数据中心的资源供应的成本投入效益边际递减。

表 4-4　延迟成本对常规数据中心和托管数据中心的影响

No.	Fabric	Endhost	Colo	DC	No.	Fabric	Endhost	Colo	DC	No.	Fabric	Endhost	Colo	DC
1	1	1	7	6	4	5	1	30	7	7	20	1	39	7
2	1	5	15	7	5	5	5	36	5	8	20	5	41	6
3	1	20	20	7	6	5	20	39	5	9	20	20	41	6

接下来，本部分进行了另一组实验来确定影响托管中心建立的关键因素。图 4-4（a）展示了一个考虑托管数据中心的网络设计，其中有 7 个托管数据中心，用菱形表示。托管数据中心分别位于美国华盛顿州、明尼苏达州、路易斯安那州、亚利桑那州、科罗拉多州、爱荷华州和犹他州。在比较和分析选中的托管数据中心和候选托管中心的不同之处后，可以发现与常规数据中心相比距离比较远（CO、IA、UT、LA、MN、AZ），或者耗电成本比较低（WA、LA），或者需求水平适中（WA、AZ、CO、MN）的托管数据中心更容易被选中。

直观上来讲，托管数据中心应该提供给那些对延迟更敏感的需求点。令人惊奇的是，情况不一定如此。为了检验这个假设，将美国 GDP 最高的 10 个州的单位延迟成本提高了 5 倍。[①] 图 4-4（b）展示了最优数据中心网络设计。新的网络中选择了 6 个其他托管数据中心。但是，新托管数据中心所服务的需求点不一定有较高延迟敏感性。相反，这些托管数据中心是为服务其他需求量较小的需求点，以减少常规数据中心对延迟敏感的较大需求点的终端延迟成本。例如，如图 4-4（b）所示，最优网络设计在印第安纳州和肯塔基州开放了主机托管，以更好地为俄亥俄州和伊利诺伊州服务，在俄勒冈州开放了主机托管，以更好地为加利福尼亚州提供服务。同样，它在弗吉尼亚州开设代管服务，以更好地服务于纽约市以及美国东北地区其他一些对延迟敏感的区域。多种因素都可能导致这一情况，本部分提出两种可能的解释。首先，引理 4-1 表明，更好地服务于需求量较大的需求点需要较大的资源裕度，其中资源裕度指的是分配的资源减去需求。为数据中心分配大量资源会产生积极的溢出效应，因为该数据中心的其他合并需求都可以享受较低的主机延迟。其次，使用托管数据中心带来的固定成本可能超过那些满足小的需求点的效益。因此，需求适中且距常规站点的距离较长的需求点可能更适合使用托管数据中心。可将这些结果总结为以下观察：

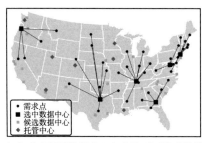
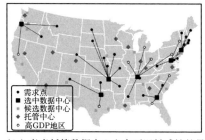

（a）考虑托管数据中心和中等延迟敏感性的
最优数据中心网络设计

（b）考虑托管数据中心和高延迟敏感性的最
优数据中心网络设计

图 4-4   延迟敏感性对考虑托管数据中心的最优数据中心网络设计的影响

观察 4-3： 托管数据中心选择的准则。

托管数据中心更适合服务那些电费（包括租金和维护费用）较低、需求适中、与常规数据中心距离较远的地点。此外，需求量较少、对需求敏感性较低的需求点更应该分配到托管数据中心服务，从而使得常规数据中心能够更好地服务需求比较大的、对需求敏感性较高的需求点。

---

① https://www.bea.gov/newsreleases/regional/gdp_state/2017/pdf/qgsp0517.pdf

4.5.2.3 相互依赖的需求点

如 4.3.3 节所述，有的需求任务需要从指定的数据中心重新路由到其他数据中心，以进一步提供服务，此时总延迟成本包括在数据中心之间路由作业所产生的额外运输延迟成本。因此，本部分接下来研究需求之间相互依赖的强度如何影响网络设计。在考虑数据中心的路由的时候，每个数据中心的总需求包括分配到该数据中心的需求以及其他重新路由到该数据中心的需求。更高的需求显然可以影响网络数据中心。为了检验需求的相互依赖性，同时放缩式(4-3) 重新路由的概率矩阵 P_{ij} 和需求到达率 d_i 来调整数据中心之间的数据传输强度，并保持总的需求 λ_{ij} 不变。

对应的最优数据网络设计如图 4-5 所示。连接数据中心之间的虚线宽度表示数据中心之间数据交换的强度。图 4-5（a）和（b）比较了数据交换强度较低和较高的网络设计。注意到数据中心之间的数据交换强度较高的例子的强度大概是较低例子的 3 倍，但是需求点和数据中心之间的数据交换强度只有其 9 成。通过比较这两个算例可以发现，随着数据中心之间的数据交换强度增高，更倾向于选择建立距离比较近的数据中心来节省网络延迟成本。可以将这些结论总结成以下观察。

（a）数据中心间数据交换强度较低 　（b）数据中心间数据交换强度较高

图 4-5 不同数据中心间数据交换强度下的最优数据中心网络设计

观察 4-4： 需求相互依赖性的影响。

需求点间的相互依赖性越高（即数据中心间数据交换越强）越会选择建立地理位置更加接近的数据中心，甚至会合并一些数据中心来减少数据中心之间的传输延迟成本。

4.5.3　扩容决策

目前为止，本书考虑了固定电能消耗容量限制下的数据中心网络设计问题。随着云计算和互联网相关服务需求的不断增加，网络设计者有可能需要考虑对数据中心进行扩容从而更好地服务需求。在 4.4.2 节和 4.4.3 节中，本书放松了电能消耗约束并设计了两种不同的拉格朗日算法。对于有强对偶性质的优化问题而言，拉格朗日因子表示了对应约束的影子价格，然而对于混合整数优化问题而言，拉格朗日因子并没有明显的经济学意义（Kim & Cho，1988）。此节通过使用平均影子价格 [average shadow price，Kim & Cho（1988），Crema（1995）] 来指导扩容决策。使用字母 p 表示原问题，V 表示原问题目标函数值。如果将第 j 个候选数据中心的电能容量增大 w，此时的目标函数值为 $V_j(w)$。那么，对于数据中心 j 的电能约束的平均影子价格由下列式子所定义：

$$p_j = \inf\{p \geqslant 0 : V - V_j(w) - pw \leqslant 0, \ \forall w \geqslant 0\}$$

平均影子价格可以被理解为网络设计者愿意为单位额外的电能容量所付出的最多的金钱投入。换而言之，如果单位扩容成本超过了平均影子价格，那么就不值得为此数据中心进行扩容。

本小节提供了一个数值算例来解释如何使用平均影子价格来指导扩容决策。使用图 4-1 中相同的参数设定，其中包括 32 个需求点和 15 个候选数据中心。使用 Crema（1995）的算法来计算平均影子价格，具体的算法也可以从附录 C.3.5 中找到。此算例下的每个候选数据中心的最优拉格朗日乘子以及平均影子价格如表 4-5 所示。

表 4-5　拉格朗日乘子与平均影子价格

# DC	1	2	3	4	5	6	7	8	9	10	11	12	13	14	15
ASP	1.02	7.74	4.41	2.92	6.20	0.00	16.79	0.00	22.55	4.75	0.00	3.24	5.47	0.00	1.49
LM	0.00	0.55	0.00	0.00	1.52	0.00	0.00	0.00	0.34	0.00	0.00	0.00	0.00	0.00	0.07

注："# DC"表示数据中心的标号，"ASP"表示平均影子价格，"LM"表示拉格朗日乘子。

从表 4-5 中可以看到，一共只有 4 个正的拉格朗日乘子，但是有 11 个正的平均影子价格。数据中心 5 的拉格朗日乘子最大，而且其平均影子价格的值也很高，这意味着如果能够扩大其电能容量，将有很高的节省成本的潜力。但是，对于其他的数据中心而言，拉格朗日乘子和平均影子价格对数据中心的潜在成本节省能力的影响不同。

　　为了更清晰地阐述出平均影子价格的意义，本部分进行了进一步的数值分析。将每个数据中心的电能容量从 10 ~ 5000（算例中平均电能容量为 8500 左右）划分为五个不同的等级，增加额外的电能容量，观察更高容量带来的成本节约，具体的数值如表 4-6 所示。

表 4-6　额外电能容量带来的成本节约

节约成本		扩增容量				
		10	100	1000	2000	5000
# DC	1	0.00	0.00	0.00	0.00	4944.29
	2	0.00	0.00	0.00	0.00	36021.29
	3	0.00	0.00	759.11	7724.34	18126.42
	4	0.00	0.00	0.00	3481.12	9952.03
	5	53.07	461.18	2184.29	11205.29	27904.51
	6	0.00	0.00	0.00	0.00	0.00
	7	170.34	1484.67	11316.64	11912.81	12561.41
	8	0.00	0.00	0.00	0.00	0.00
	9	223.24	216.33	8006.98	8595.65	8595.65
	10	0.00	0.00	0.00	7476.43	18885.93
	11	0.00	0.00	0.00	0.00	0.00
	12	0.00	0.00	0.00	5784.18	10798.03
	13	43.24	376.56	4234.69	6819.44	13143.15
	14	0.00	0.00	0.00	0.00	0.00
	15	0.00	0.00	2986.79	5157.86	5198.38

注："# DC"表示数据中心的标号。

　　表 4-6 记录了给定数据中心容量扩增后的最优目标函数值的下降量。相比拉格朗日乘子而言，平均影子价格能够更清晰地表示成本节约的潜力，因此对于服务资源的扩容决策更具有指导意义。

4.5.4　算法效率表现

　　接下来的一组实验测试了 4.4.2 节和 4.4.3 节提出的两个拉格朗日松弛算法。特别地，通过随机生成一些不同规模的算例，并比较直接使用

Gurobi 和使用本书提出的两种算法来求解本部分的数据中心网络设计模型的计算效率。

算例的规模包括候选数据中心的数量和需求点的数量。在一个正方形区域内均匀地取样生成需求点和候选数据中心。假设从需求点 i 到数据中心 j 的传输延迟成本与 i 和 j 两点的欧式距离成正比。当改变算例规模的时候，同时调整正方形的大小来保证平均单位传输延迟成本一致。其余的参数通过在均匀分布中取样得到，分布的设定旨在使问题的求解较困难，从而能够测试提出算法的有效性。具体的设定如表 C-3 所示。每个规模生成 100 个算例，并计算其平均表现。

实验使用 Intel Core i7-4770 3.4GHz 四核处理器，16G 内存的机器在 64 位 Windows 10 操作系统上使用 Gurobi 7.5.2 和 Python 2.7 运行。在求解每个算例的同时，限制求解时间在 1800s 以内，而且对于两个拉格朗日松弛算法要求迭代次数小于 2000 个。有一些算例无法在有限时间或有限迭代次数内求解完成。然后计算每个方法的求解率 "solved ratio"，也就是在有限时间和迭代次数内成功求解的算例占比。对于求解出的算例，计算平均的计算时间和平均的迭代次数；对于未解决的算例，也记录其最优间隙（optimality gaps）。

本组实验的结果如表 4-7 所示，其中前两列表示了算例的规模，"Ratio" 列记录了上文所述的求解率，"Time" 和 "Iteration" 记录了解决的算例的平均计算时间和平均迭代次数，"Gap" 列记录了时间和迭代次数的限制导致的未解决的算例的最优间隙。

结果表明，两个拉格朗日松弛算法的计算效率要比直接使用 Gurobi 求解变形后的 MISOCP 问题更高，尤其当算例的规模更大、容量限制更紧的时候效果更加明显。当问题的规模超过 30 个需求点和 15 个候选数据中心，且容量限制比较紧的时候，直接使用 Gurobi 求解的求解率低于 15%。对于成功解决的算例，直接使用 Gurobi 的计算时间比使用拉格朗日松弛算法的计算时间增速明显快很多。造成该结果的原因可能是拉格朗日松弛方法的子问题的平均计算时间不会随实例的规模变化太大。但是，在总需求非常接近总容量的情况下，可能需要进行许多次梯度迭代才能使拉格朗日松弛方法收敛。此外，尽管当算例的规模很大时，拉格朗日松弛方法具有未解决的算例，但最优间隙（optimality gap）在 12% 以下。

　　对两种拉格朗日松弛方法进行比较可以发现，4.4.3 节使用加强割的方法，放松了一组资源供应比率约束，从而导致梯度迭代次数增加。但是，由于加入了更多割平面，这种方法的总计算时间实际上比 4.4.2 节中描述的标准拉格朗日方法要短。一般来说，使用加强割的拉格朗日松

表 4-7　直接使用 Gurobi 及使用本书提出的算法的计算性能比较

#F	#S	Gurobi			Lagrangian				Lagrangian with cut			
		Ratio/%	Time	Gap/%	Ratio/%	Time	Iterations	Gap/%	Ratio/%	Time	Iterations	Gap/%
松容量约束												
10	5	100	0.23	—	100	0.29	3.26	—	100	0.27	6.95	—
10	10	100	0.45	—	100	0.46	1.47	—	100	0.36	2.78	—
20	10	100	16.09	—	100	1.48	4.00	—	100	1.06	4.57	—
20	15	100	11.26	—	100	3.24	5.13	—	100	1.27	3.40	—
30	15	100	135.13	—	100	5.52	7.32	—	100	3.14	7.82	—
30	20	99	93.31	5.98	100	28.36	20.00	—	100	3.15	6.02	—
40	20	85	260.12	7.78	93	131.15	79.12	8.39	100	50.83	81.02	—
50	25	82	366.02	7.14	93	226.20	102.52	6.05	100	150.42	105.14	—
中等容量约束												
10	5	100	0.21	—	100	0.32	3.93	—	100	0.31	9.16	—
10	10	100	0.33	—	100	1.50	9.40	—	100	0.47	4.72	—
20	10	100	40.37	—	100	5.23	22.07	—	100	1.98	12.24	—
20	15	100	43.73	—	100	23.19	40.27	—	100	2.52	9.35	—
30	15	90	400.63	6.38	97	28.57	47.83	6.98	100	8.11	26.68	—
30	20	78	394.39	7.55	97	65.11	54.61	8.28	100	9.16	23.67	—
40	20	17	799.16	15.29	88	82.21	71.38	8.10	100	30.87	64.90	—
50	25	0	—	20.44	82	141.42	84.27	8.73	95	211.39	147.61	7.92
紧容量约束												
10	5	100	0.86	—	100	0.39	4.89	—	100	0.54	16.95	—
10	10	100	2.79	—	100	3.68	27.00	—	100	1.12	17.49	—
20	10	88	377.72	7.86	100	5.95	20.19	—	100	3.49	17.02	—
20	15	73	454.90	7.81	100	48.90	68.95	—	100	4.05	18.34	—
30	15	12	1099.78	11.59	97	51.59	106.61	7.21	100	15.62	58.07	—
30	20	3	1475.89	11.07	83	93.81	80.72	8.53	100	19.16	58.02	—
40	20	0	—	12.79	78	149.08	147.85	10.39	95	54.60	120.74	10.16
50	25	0	—	14.64	63	287.89	201.82	11.22	75	295.62	211.42	9.53

　　注：“# F”：需求点的数量；“# S”：数据中心数量，对于每个问题规模生成了 100 个算例；“Ratio”：时间和迭代限制内的求解率；“Time”：解决的算例平均计算时间；“Iterations”：解决的算例平均拉格朗日梯度迭代次数；“Gap”：未解决的算例的平均最优间隙。

弛法的计算效率受资源比率约束的严格性和需求分布影响比较大。但是，数值结果表明，该方法在非极端设定的模型中的性能很稳定。

最后，本部分也比较了 4.3.3 节考虑需求依赖性的模型中提到的三种线性化方法。可以发现式 (4-13) 所使用的紧线性化方法比其他两种方法效果更好。具体结果如附录 C.3.6 所示。

4.6　结　　论

本部分提出了一种用于数据中心网络设计的选址、需求分配和资源供给的模型。本部分的模型综合考虑了战略层面的选址决策和战术层面的资源供给决策，通过考虑各种成本和服务水平权衡成本有效性和服务质量。通过排队网络的建模，得到了传输延迟成本和终端延迟成本的显示解，并研究这两个延迟成本如何影响数据中心网络的设计。接下来对模型进行了拓展，比如需求有相互依赖性、凸电能消耗以及网络拥塞。可以发现，本部分提出的模型以及三个扩展可以转化为 MISOCP 问题，并可以使用现有软件包进行求解。然后利用模型的结构特性开发出两种拉格朗日松弛方法来解决较大规模的实际问题。

本部分进行数值实验以验证所提出模型以及解决方案的有效性和效率，并得出管理上的见解。首先，通过比较整合模型和分层方法的结果来阐明采用整合模型的重要性。此外，通过使用来自美国人口普查局和美国能源信息管理局等的几个实际数据集，为美国本土生成了最佳的数据中心网络设计，并且发现本部分模型的设计与亚马逊、谷歌、微软的当前数据中心建设相呼应，从而证实了本模型的高度有效性。通过变化参数进行敏感性分析，可以发现当单位传输延迟成本很高时，最佳网络设计将包含更多数据中心。但是，当单位终端延迟成本很高时，最佳网络一方面可能选择容量充足的较少数据中心，即"服务资源的合并"，或者建立更多数据中心（或主机托管），即"服务资源的分散"。当可以使用托管数据中心时，应首先考虑与常规数据中心距离较远且需求量适中的需求点，而对延迟敏感的大型需求点可能不适合使用托管数据中心。最后，当数据中心之间流量过大时，最佳设计将选择在单位传输延迟成本较低且彼此距离接近的数据中心。

第 5 章　数据中心供应链的云计算备用服务器资源分配

本部分聚焦在数据中心供应链中服务水平协议下的云计算服务器资源分配，主要研究了在该协议下，云计算服务供给方的最优服务资源动态分配调整策略。服务水平协议中规定了供应商在合同期内的服务水平，若未达标则需要向需求方提供补偿。相比传统供应链，数据中心供应链中的云计算服务对服务质量的要求更高，因此服务水平协议得到了广泛的应用。本部分使用 Wasserstein 距离构造数据驱动的不确定集合，将云计算服务的备用服务资源分配问题构建成鲁棒动态优化模型，并创新地设计了凸化算法，将鲁棒动态规划问题转化为若干个有限维线性规划问题。在生成符合实际的宕机历史数据后，发现使用本部分提出的算法来动态调整服务资源相对传统的静态策略确实可以大幅降低运营成本。

5.1　引　　言

随着社会经济发展，中国居民消费水平逐年上升，提供高质量的服务成为诸多企业的重要手段。在这种消费者导向的市场环境中，企业需要持续投入各种人力、财力资源来保证服务质量，营造好的声誉，从而吸引用户。在如今开放的市场环境下，市场竞争很充分，当用户的需求没有得到满足的时候，他们很容易就能转移到其他提供相似服务的供应商。因此，在企业制定供应链的资源分配决策时，最重要的挑战之一就是在有效控制成本的同时保证用户可以随时得到所需的产品和高质量的服务。

近些年，云计算服务作为新兴技术得到了飞速发展，中国的市场规模也在逐年上升（中国信息通讯研究院，2020）。云计算服务通常包括软件即服务（SaaS）、平台即服务（PaaS）和设施即服务（IaaS）这几类，其中设施即服务是前两种服务的物质基础。得益于虚拟化技术，基础设施的供应商可以将硬件以虚拟机的形式提供给顾客，顾客可以相对自由地配置 CPU、内存、硬盘等资源。但这些资源实际上是直接对应物理层面的服务器的，服务供应商需要提供合适的服务器资源从而提供高质量的服务。对于云计算服务而言，其服务质量为其重要的竞争优势之一。因此在云计算服务供应链中，为了保证产品的供给和服务质量，往往会采用服务水平协议来对供给方所提供的服务做出协定和保证。

服务水平协议在注重服务质量的供应链中是十分常见的一种合同形式（Liang & Atkins，2013）。Oblicore 在其调查中发现，91％的机构都使用了服务水平协议来管理其供应商以及服务供应链内部和外部的用户。[①]在如今新兴技术下的供应链中，服务商更加在乎需求方的满意度，因此服务水平协议的应用更加广泛。比如新能源汽车供应链的充电桩设备供应商也会提供类似的服务水平协议。充电桩的运营商需要从充电设备供应商处购买充电设施，设备供应商为了吸引运营商的采购，甚至可以与设备购买者一起商议签订定制化的服务水平协议。服务水平协议也被广泛地应用于客服中心，比如一些客服中心会要求 75％的电话在 20 秒内被接听，[②]否则需要支付违约成本。

在数据中心供应链的云计算服务中，用户向云计算运营商购买虚拟机服务，而云计算运营商需要保证服务期内虚拟机的稳定运行，如果出现长时间的宕机或无法服务，则需要向用户做出一定的补偿。在云计算行业的服务水平协议中，双方一般会确定在服务周期内保证需求的虚拟机稳定运行时间达到指定要求，否则就要付出违约成本。因此服务提供商需要综合权衡提供虚拟机所带来的资源占用成本以及服务水平不达标带来的违约成本，来调整其服务器资源的分配策略。例如亚马逊提供的弹性计算云服务（EC2）就采用了服务水平协议，其中保证了每个月的服务器正常运行时间超过 99.99％，[③]如果宕机时间超过保证时间，那么服务供应商会向顾客提供返现以补偿用户损失。其他的提供云计算服务的互联网巨

[①] https://static.pmi.it/app/uploads/2018/02/000172-7cFlZQ.pdf
[②] https://www.klipfolio.com/resources/kpi-examples/call-center/service-level
[③] https://aws.amazon.com/compute/sla/?nc1=h_ls

头，例如微软的 Azure 云服务、阿里巴巴的 ECS 云服务、谷歌的 GCP 云服务等也有类似的服务水平协议。

由于云计算服务资源的稳定运行具有一定的不确定性，服务器可能由于自然环境、人为等因素产生宕机的现象，影响服务供应商的服务水平。因此服务供应商一般会提供一些冗余的服务资源来保证服务的持续稳定进行。云计算运营商可以配置一定数量的备用虚拟机快速转换以提高服务水平。类似地，充电设施的运作也有不确定性，因此设备供应商需要分配维修人员来维护相应的充电设施。得益于如今物联网的发展，实际上很多设施维护可以远程进行。比如 ABB 充电设施供应商声称 95% 以上的情况可以远程诊断，其中 75% 的问题可以直接远程解决。① 这也为企业动态调整其维修资源提供了可能。Tan et al.（2017）的研究发现，相比于静态策略，在服务水平协议下动态调整服务资源会带来更好的成本控制表现。因此服务供应商应该有效利用物联网和互联网技术动态调整其服务资源，更好地平衡成本和服务质量。

服务水平协议下的动态资源调整问题往往还需要考虑服务资源的不确定性，对这类问题可以使用一些常见的随机优化的相关方法进行解决。但是此类方法需要知道不确定参数的分布，然而服务资源的稳定运行往往依赖于自然环境、人为因素等复杂因素，因此对其出现问题概率的预测非常困难。如果直接使用历史数据拟合分布函数进行随机优化求解，往往会带来比较差的样本外表现。尤其对于云计算服务器的运行状态来说更是如此。云计算服务器的宕机与维护可以近似成一个生灭过程，但是由于其服务器状态不断变化，很可能一直无法达到稳态，采用一个稳态的分布对其进行估计和优化可能会带来很大的成本偏差，而对其宕机时间的瞬态随机分布进行估计也是非常困难的（Du et al.，2015）。

为了解决随机优化可能带来的种种局限，本章使用数据驱动的分布式鲁棒动态规划方法解决服务水平协议下的资源供给问题。鲁棒优化的方法一般只需要知道不确定参数的部分信息，而无须估计完整的分布，并且学界目前也有很多数据驱动的鲁棒优化方法可以解决此类问题 [例如 Bertsimas et al.（2019）、Kuhn et al.（2019）、Yu & Shen（2020）等]。本

---

① https://new.abb.com/ev-charging/connected-services/charger-care-service-level-agreement

章首先将服务水平协议下的资源供给问题构建成一个动态规划问题，并基于数据采用 Wasserstein 距离构建不确定集合。这类不确定集合可以从历史数据中直接构造出来，不需要过多的分布信息。接着使用逆向归纳的方法，对最后一个周期的分布式鲁棒优化问题进行变形和求解，将其转化成有限维线性规划问题，并分析最后一期问题的性质。结果发现该问题的价值函数并不是凸函数，不能直接代入前一轮的优化问题中求解。由于维度灾难对于一个一般的有限期的鲁棒动态规划问题，通常很难直接求解。本章创新地提出了凸化近似算法，该方法能够将每轮的价值函数转化为分选线性的凸增函数，这样就可以把每个周期的优化问题都转化为有限维的线性规划问题进行求解，极大地加快了问题的求解速度。最后将本章提出的算法应用到服务水平协议下的云计算服务资源供给问题中去，发现应用本章提出的算法得到的资源供给策略平均比静态策略降低将近 1/4 的总成本。

本章的结构如下：5.2 节回顾了相关文献；5.3 节对云计算备用服务器资源分配问题进行了建模并构造了鲁棒优化的不确定集合；5.4 节提供了鲁棒动态规划问题的解法；5.5 节通过排队模型生成宕机时间的历史数据，应用本部分的算法进行了案例研究；最后在 5.6 节中总结本章。

5.2 文 献 综 述

本章主要研究数据中心供应链中服务水平协议下的云计算备用服务器资源供给问题，同时采用鲁棒动态规划的方法来解决服务资源的供给问题。因此本小节将主要梳理关于云计算服务器供给问题的文献、与服务水平协议相关的文献，以及与基于 Wasserstein 距离的鲁棒优化相关的文献。

首先，云计算服务器供给问题近些年来受到了学术界的广泛研究。Du et al.（2015）开发了一种有效且通用的样本路径随机化方法，用来估计给定时间窗内供给的服务器的宕机分布。Guo et al.（2020）考虑了更为复杂的虚拟机网络结构，使用了凸分解来将整合的生灭过程分解成低维的采样问题，并通过数值实验验证了算法的有效性。Yuan et al.（2018）

认为在服务水平协议中有三个重要组成部分，即备用资源的供给、价格和惩罚的计划、延迟付款问题。文中提出了一个二分搜索的算法，在给定服务水平的情况下通过优化备用资源最小化总成本。Guo et al.（2019）建立了动态规划模型来解决备用服务器资源供给问题，并提出了周期性调整策略和更自由的非周期调整策略。作者使用亚马逊的服务器数据验证了其策略的有效性。

　　其次，随着目前企业越来越重视其客户的体验，不断提升自身服务质量，服务水平协议在需求主导的商业环境下得到了广泛的应用，因此学界对服务水平协议的研究也越来越多。Katok et al.（2008）主要研究了服务水平协议的合同周期长度以及惩罚或奖励力度对供给方服务质量的影响，结果发现更长的合同周期可以有效提高服务质量。Liang & Atkins（2013）研究了服务水平协议在外包库存场景下的应用。研究发现，未达标给予供给方惩罚比达标给予供给方奖励更加有效。尽管一般认为为了防止错误而惩罚供给方，应该给其一定的宽容度不做惩罚，但是该研究结果却证实将表现要求和目标设得更近才会更好。Tan et al.（2017）研究了服务水平协议下的库存管理问题。研究发现，如果供给方忽略服务水平协议的周期要求，按照无限期的方法优化自己的目标，往往会带来过度存储的浪费。换言之，供给方实际上可以通过合理调整自己的库存，在满足相同的服务水平的情况下降低自己的库存成本。Abbasi et al.（2018）研究了供给商同时服务多个客户且每个客户有不同的服务水平协议下的库存管理策略。结果表明，供给方需要考虑不同客户间需求的相互依赖性，采取不同的库存策略，这样才能保证其实现的服务水平。Chen & Thomas（2018）考虑了供给商服务多个采用服务水平协议客户且使用周期检查策略的库存管理问题，并针对服务水平周期、服务水平要求以及惩罚结构三个方面对问题进行了求解，对于有限期服务水平要求不是百分之百的情况，提出了一个启发式的管理策略，并通过数值实验展示了其策略相对其他常见库存管理策略更能降低成本。Jiang（2019）考虑了在有积压而未交付的订货（backlogging）以及退货情况下，使用服务水平协议的库存管理问题。文中证明了常用的基本库存量盘存法（base-stock policy）仍然最优，并提出了近似算法来计算最优的库存量。Kloos & Pibernik（2020）考虑了服务水平协议下多期的资源分配问题。文中证明了最优解具有的一些性质，同时提出了几种不同的启发式算法并通过数值计算比较了不同算法间的表现。Hosseinifard et al.（2021）研究了服务水平协议下的动态库存控制策略，文中考虑了不同的需求分布，并通过动态规划的方法求解。结果发现在线性的惩罚成本结构下，动态调整库存控制能够有效降低服务供给方的成本，而更长的合同周期会带来更高的服务水平。

从文献中可知，在服务水平协议下，服务供给方往往可以通过动态调整其服务资源的办法进一步降低其运营成本。但是过去的文献往往假设需求、服务运行状态等不确定参数的分布。实际上此类不确定参数的分布很难估计，而从历史数据直接拟合得到分布进行优化，其样本外表现往往比较差。本部分使用了数据驱动的鲁棒动态优化的方法，能够保证最优策略的稳健性。

得益于互联网和物联网技术的发展，可以获得很多需求以及设备运行的相关数据，因此可以使用数据驱动决策。然而数据驱动的决策需要从有限训练样本中学习不确定参数，但一个好的决策应该在未出现的样本上也能有良好的表现。近些年来，很多学者使用 Wasserstein 距离构造分布式鲁棒优化问题。本部分考虑从样本中构造出距离名义分布（nominal distribution）距离在一定 Wasserstein 距离范围内的不确定集合。这种方法的求解复杂度适中，而且有很好的渐进一致性的保证，因此受到了广泛的青睐。因此利用 Wasserstein 距离的鲁棒优化方法在学术界得到了广泛的应用。Kuhn et al.（2019）总结了使用 Wasserstein 距离的分布式鲁棒优化的常见变形，将原本的无限维优化问题转化为有限维的凸优化问题，具有很好的求解性质。不仅如此，作者也展示了此方法在统计学习中的应用，能够有效改进传统的例如分类、回归、极大似然法等基础机器学习和统计学习任务。Hota et al.（2019）考虑了机会约束下的分布式鲁棒优化问题。决策者通过有限数量的样本构建不确定集合，但是机会约束需要在不确定集合中所有分布下都能够成立。机会约束可以通过一个凸优化子问题来近似，当约束关于决策变量和不确定参数都是线性的时候，此问题可以使用割平面的方法有效地解决。Ning & You（2019）考虑了农业转废为能的生物能源网络设计问题，构建了一个两阶段的 Wasserstein 距离下的分布式鲁棒优化模型来控制不确定性带来的风险，从而设计出最优的能源网络。文中优化了一个具有 216 种技术和 172 种化合物的农业转废为能的网络，并发现使用 Wasserstein 距离的鲁棒优化模型比传统的随机优化模型能平均节约 5.7％的成本，并降低 37.1％的标准差。Wang et al.（2020）考虑了使用 1 范数的 Wasserstein 距离下的两阶段鲁棒随机线性规划问题，并将其转化为一个二阶锥优化问题。文中还通过数值实验展示了此方法的样本外表现以及算法复杂度的优越性。

从文献的整理中可以看到，大部分文献主要研究了单周期的鲁棒优化问题，少数研究了两个周期的鲁棒动态优化问题。其中 Yang（2017）考虑了有限周期有限状态空间和决策空间的鲁棒动态控制问题，并使用 Wasserstein 度量对不确定集进行建模，证明了 Markov 策略的存在性和最优性，并开发了基于凸优化的算法来计算和分析最优策略。但是由于其状态空间是离散有限的，所以文中只需要每周期对所有状态都求解对应的凸优化问题，再通过逆向归纳就可以解决整个问题，并不存在一般的动态规划面临的维度灾难的问题。但是如果状态空间为连续的，那么文中提出的方法将无法有效求解。而本部分则考虑了连续状态空间的多周期的鲁棒优化问题，并提供了有效的解法。

通过与过去的文献做比较，可以总结出本章有如下主要贡献：

（1）利用 Wasserstein 距离构建了数据驱动的不确定集合，并将服务水平协议下的云计算备用服务器资源分配调整问题构建成了一个鲁棒动态规划的问题；

（2）设计了凸化算法，将多期鲁棒动态规划的问题转化为解决若干个有限维线性规划问题。据笔者所知，过去的文献中大多仅考虑单周期的鲁棒优化问题，而本部分为超过两周期的多期分布式鲁棒动态规划问题提供了有效的解决方法；

（3）将本部分提出的方法应用到云计算备用服务资源分配问题中，结果发现应用本部分提出的动态调整策略与传统的静态策略相比，能够有效降低运营成本，并且可以得到较为丰富的管理启示。

5.3　模型构建

考虑一个云计算服务供应链，云计算服务供给方需要为顾客提供相应的服务器来满足顾客的需求。在提供服务之初，供给方与需求方会签署一个服务水平协议，其中规定和保证了在服务期间服务资源的可用性。如果在服务水平协议规定的周期内，供给方并没有达到相应的服务水平，那么就需要支付一定的违约费用。但是由于自然环境和人为等因素的影响，供给方并不能保证云计算服务器持续稳定地运行，如果发生了宕机，则需要维护人员迅速处理维修。如果没有冗余备份的话，可能需要很长的时间才能恢复，这将极大地影响需求方的满意度。因此服务供给方需要提供一些备用的资源来保证服务水平。当备用的服务资源数量更多的时候，设备可以长时间提供稳定服务的概率就越高。比如云计算服务平台一般会采用建立冗余备份的办法，提供一些多余的备用服务器，在个别服务器出现宕机问题的时候进行迅速切换，从而达到持续稳定的服务。提供的备用服务器数量越多，期望下的服务器宕机时间越短，但是同时也带来了更高的运营成本（Yuan et al.，2018）。

由于服务资源的运行状态有着很大的不确定性，相比根据运行状态动态调整的策略，仅仅采用静态的管理办法很可能并不能有效避免问题。比如随着累计的服务资源宕机时间随机增长，云计算服务提供商可以通过观察到的宕机时间来动态调整其备用服务资源策略，在保证服务质量的同时降低总运营成本（Guo & Ramesh，2019）。随着互联网、物联网技术的发展，云计算平台发展出了成熟的虚拟机技术，这也为动态调整其服务器资源提供了可能性。

将合同期按照 τ 时间均匀分为 T 份，在每一个子周期 t，服务供应商可以动态调整其提供的服务资源量 x_t。不失一般性，假设其可选的决策是一个有限大小的集合 $\mathscr{A}$。假设服务水平协议中的保证的服务水平为 α，也就是服务供应商能够保证在服务周期内，至少有 $\alpha T\tau$ 的时间用户可以得到其需求的服务。换言之，服务水平协议中允许服务供应商最多可以有 $L = (1-\alpha)T\tau$ 的宕机时间。

假设云计算服务供应商提供一个单位服务器带来的单位时间资源占用成本为 h。用 $\xi(x_t)$ 表示当服务供应商提供 x_t 个服务器时，在一个周期内服务资源总的宕机时间，这是一个分布难以估计的随机变量，将在 5.3.1 节介绍针对该变量的不确定集合的构建。

供需双方签订的服务水平协议要求服务供应商至少满足 α 比例的持续供应，如果没有满足服务水平协议规定的服务要求，则需要根据违约时间的量按比例付出惩罚成本 c。实际上，根据具体服务水平协议的不同，有不同种类的惩罚成本函数，比如亚马逊、阿里巴巴等使用的是阶跃函数，但是线性或分段线性的凸惩罚函数在文献中也经常被使用（Mistry et al.，2018；Guo & Ramesh，2019），这里用 $\delta(\cdot)$ 表示惩罚成本关于违约时间的函数。

表 5-1 总结了本部分所使用的符号。

表 5-1　本章主要符号列表

符号	含义
T	服务水平协议下周期数量
τ	每周期时长
h	单位服务资源单位周期内使用成本
x	提供服务资源量
$\xi(x)$	给定 x 服务资源时的宕机时间，随机变量
s	未满足需求累计总量
α	协定服务质量
L	$L = (1-\alpha)T\tau$，可接受宕机总时长
c	超出协定时单位宕机时间的单位惩罚成本
$\delta(\cdot)$	惩罚成本函数
ρ	折现因子

5.3.1　数据驱动的不确定集合构建

服务资源网络宕机维修恢复的时间分布可以使用生灭过程来进行估计，虽然该随机过程的稳态概率的计算比较容易，但是由于在服务水平协议中的动态调整周期一般比较短，服务资源网络很可能永远无法在这么短的时间窗内达到稳态均衡，因此对宕机时间分布的估计比较困难（Du et al.，2015）。因此可以通过数据驱动的方式，通过部分信息构造不确定集合（ambiguity set），并采用鲁棒优化的方法来优化供应商的决策。

先进的信息系统和物联网技术使得云计算服务提供商可以实时监控其服务设施的运行状态，因此他们很容易采集到历史宕机时间数据。假设供应商已经获得了较为充足的历史数据，给定 x 个服务资源，有 N 个历史宕机时间数据，分别为 $\left\{ \hat{\xi}_x^{(1)},\ \hat{\xi}_x^{(2)},\ \hat{\xi}_x^{(3)},\ \cdots,\ \hat{\xi}_x^{(N)} \right\}$。通过这些历史数据，可以构造出给定 x 服务资源下宕机时间基于历史数据的经验分布

（nominal distribution）。遵照 Kuhn et al.（2019）的用法，在不强加任何结构信息的假设时，名义分布为：

$$\hat{\mathbb{P}}_x(\xi(x) = \hat{\xi}_x^{(i)}) = \frac{1}{N} \sum_i^N \mathbb{1}_{\hat{\xi}_x^{(i)}}$$

其中 $\mathbb{1}_{\hat{\xi}_x^{(i)}}$ 为示性函数，历史数据为 $\hat{\xi}_x^{(i)}$ 时值为 1，否则为 0。随着样本量的不断增大，该经验分布应该逐渐趋近于宕机时间的实际分布 $\mathbb{P}$。换言之，宕机时间的实际分布 $\mathbb{P}$ 应该落在该经验分布 $\hat{\mathbb{P}}$ 周围，且随着数据的增多而更加精准。

鲁棒优化的想法是考虑最差情况下的最优决策，但即使如此也不能考虑一个无限差的场景，这样做出的决策过于保守。因此需要构建一个不确定集合，也就是说，考虑的宕机时间的分布应该落在一个距离经验分布一定距离范围内的分布的集合中。

为了测量两个分布函数之间的距离，本部分使用 Wasserstein 距离来构造不确定集合。给定 $p \in [1, \infty)$，两个概率函数 $\mathbb{Q}_1$，$\mathbb{Q}_2$ 的 p 范数下的 Wasserstein 距离可以定义如下：

$$W_p(\mathbb{Q}_1, \mathbb{Q}_2) = \left(\inf_{\pi \in \Pi(\mathbb{Q}_1, \mathbb{Q}_2)} \int ||\xi_1 - \xi_2||_p \pi(\mathrm{d}\xi_1, \mathrm{d}\xi_2) \right)^{\frac{1}{p}}$$

其中 $\Pi(\mathbb{Q}_1, \mathbb{Q}_2)$ 表示随机变量 ξ_1，ξ_2 的联合概率分布，其边际概率分布分别为 $\mathbb{Q}_1$，$\mathbb{Q}_2$。由文献 Villani（2008）可知，Wasserstein 距离是一个度量（metric），它满足非负性、对称性、次可加性，而且仅当 $\mathbb{Q}_1 = \mathbb{Q}_2$ 时其值为零。

特别地，当选择使用 1 范数的 Wasserstein 距离时，根据 Kantorovich-Rubinstein 定理，Wasserstein 距离可以表示为：

$$W_1(\mathbb{Q}_1, \mathbb{Q}_2) = \sup_{\phi} \int \phi(\xi_1)\mathbb{Q}_1(\mathrm{d}\xi_1) - \phi(\xi_2)\mathbb{Q}_2(\mathrm{d}\xi_2)$$

$$\text{s.t.} \quad \frac{|\phi(\xi_1) - \phi(\xi_2)|}{||\xi_1 - \xi_2||} \leqslant 1$$

也就是说 1 范数下的 Wasserstein 距离可以理解为寻找一个利普希茨常数小于 1 的函数，使得两个概率密度函数的期望差距最小。甚至可以将此问题理解成一个最小化运输成本的问题，寻找一种运输的方案 ϕ，使得两个地点的需求分布 $\mathbb{Q}_1$ 与供给分布 $\mathbb{Q}_2$ 相匹配，而最优运输成本就是这里定义的 Wasserstein 距离。

在给出 Wasserstein 距离的定义后，就可以进一步定义本书需要考虑的不确定集合。给定服务资源数量 x，其对应的不确定集合 $\mathscr{F}_x$ 定义为距离经验分布 $\hat{\mathbb{P}}_x$ 的 Wasserstein 距离为 θ 内的球状空间之内，即：

$$\mathscr{F}_x = \{\mathbb{Q} \in \mathcal{P}(\varXi) | W_1(\mathbb{Q}, \ \hat{\mathbb{P}}_x) \leqslant \theta\}$$

其中 $\varXi$ 是一个包含真实分布 $\mathbb{P}$ 的支撑的闭集。由于每周期的时长为 τ，所以每个周期内宕机时间最长也不会超过 τ，因此这里取 $\varXi$ 的支撑为 $\xi(x) \subset [0, \tau]$。用 $\mathcal{P}(\varXi)$ 来表示支撑于 $\varXi$ 的概率分布的集合。

在构建完不确定集合后，首先考虑单个周期的优化问题。服务供应商需要权衡提供服务资源带来的占用成本和服务资源宕机可能带来的惩罚，因此单期的成本函数优化问题如下所示：

$$\min_{x_t} h x_t + \max_{\mathcal{P} \in \mathscr{F}_{x_t}} \int_{\mathcal{P}} \delta\left(\xi(x_t) - L\right) \mathrm{d}\xi_{x_t}$$

考虑到在每周期内，云计算服务供应商都可以动态控制服务资源供给，因此云计算服务供应商面临的服务器资源分配问题可以写成下述鲁棒动态规划问题 [见式 (5-1)、式 (5-2)、式 (5-3)]：

$$(\textbf{RDP}) \quad V_t(s_t) = \min_{x_t} h x_t + \max_{\mathcal{P} \in \mathscr{F}_{x_t}} \left(\int_{\mathcal{P}} \delta\left(s_t + \xi(x_t) - \max\{s_t, \ L\}\right) + \right.$$

$$\left. \rho V_{t+1}(s_{t+1}) \right) \mathrm{d}\xi_{x_{t+1}} \tag{5-1}$$

$$s_{t+1} = s_t + \xi(x_t) \tag{5-2}$$

$$V_{T+1}(s_{T+1}) = 0 \tag{5-3}$$

其中式 (5-1) 为贝尔曼方程 (Bellman equation)，式 (5-2) 表示状态转移方程，式 (5-3) 表示动态规划的最终期的期末成本，可以将其标准化为 0。

5.3.2　鲁棒一致性

随着数据量不断增大，经验分布会越来越接近实际分布。Kuhn et al.（2019）中的定理 18 表示，随着数据量的增长，经验分布 $\hat{\mathbb{P}}_N$ 以指数级别的收敛速度趋近于实际分布 $\mathbb{P}$。其定理具体为：

命题 5-1：Kuhn et al.（2019），定理 18。

假设真实分布 $\mathbb{P}$ 是轻尾分布，也就是存在 $\alpha > p$ 且 $A > 0$ 满足 $\mathbb{E}^{\mathbb{P}}\left[\exp\left(\|\xi\|^{\alpha}\right)\right] \leqslant A$。那么，对于任意 $\beta \in (0, 1]$，存在依赖于真实分布 $\mathbb{P}$ 的 α，A 和 m 这几个参数的常数 $c_1, c_2 > 0$ 使得集中不等式 $P\left[W_p(\mathbb{P}, \hat{\mathbb{P}}_N) <= \theta\right] \geqslant 1 - \beta$ 成立，当且仅当 θ 超过：

$$
\theta_{p, N}(\beta) = \begin{cases} \left(\dfrac{\log\left(c_1/\beta\right)}{c_2 N}\right)^{1/2}, & \text{if } N \geqslant \dfrac{\log\left(c_1/\beta\right)}{c_2} \\[3mm] \left(\dfrac{\log\left(c_1/\beta\right)}{c_2 N}\right)^{1/\alpha}, & \text{if } N < \dfrac{\log\left(c_1/\eta\right)}{c_2} \end{cases}
$$

在求解鲁棒动态优化问题过程中，靠后的周期可以有更多的数据。因此可以随着时间变化，根据样本量的变化，增大或降低不确定集合半径大小，以获得更好的鲁棒一致性。值得注意的是，对于鲁棒动态规划问题，每一期、每个决策下的不确定集合之间可能有一定的相互依赖性。这里假设所构建的不确定集合满足 (s, a)−rectangular 的性质（Wiesemann et al.，2013），即在不同的状态和决策下，状态转移的概率有着独立性。

由于本部分使用了 Wasserstein 距离构建不确定集合，因此贝尔曼方程内的鲁棒子问题是一个无穷维的问题。而且对于一个有限周期的鲁棒动态规划问题，每一周期的价值函数通常只能通过逆向归纳逐期求解。即使最后一期的问题有比较好的性质可以求解，但是向前传递后，可能使得前一期的目标函数变成一个非凸的形状，变得难以求解，因此下一小节主要提供一个模型求解的方法。

5.4　模型求解方法

在本小节中，首先对最后一期的问题进行变形和求解，并分析最后一期问题的价值函数的结构性质。接下来对该价值函数进行一个凸函数的近似，以便传到倒数第二期的优化问题中去。最后将此方法应用到每一期的优化问题中，将鲁棒动态规划问题转化成求解多个线性规划问题。

按照有限期动态规划的逆向归纳算法，首先考虑最后一期的优化问题如下所示：

$$\min_{x_T} hx_T + \max_{\mathcal{P} \in \mathscr{F}_{x_T}} \int_{\mathcal{P}} \delta\left(\xi(x_T) - L\right) \mathrm{d}\xi_{x_T}$$

由于本部分采用了 Wasserstein 距离构建不确定集合，可以发现最差情况的 max 子问题需要在不确定集合中找出对决策者最不利的概率密度函数，因此这是一个无穷维的优化问题。幸运的是，根据 Wasserstein 距离的特性，如果所使用的惩罚函数是一个连续凸函数，那么就可以使用 Kuhn et al.（2019）提供的变形方法，将优化问题转化为下面有限维的规划问题：

$$V_T(s_T) = \min_{x_T, \; \gamma, \; r_i} \quad hx_T + \gamma\theta + \frac{1}{N}\sum_{i=1}^{N} r_i$$

$$\text{s.t.} \quad [-l_T]^*(u_i - v_i) + \tau v_i - u_i^{\mathrm{T}}\hat{\xi}_{x_T}^{(i)} \leqslant r_i \quad \forall i$$

$$||u_i||_q \leqslant \gamma$$

$$\gamma, \; r_i, \; u_i, \; v_i \in \mathbb{R} \quad \forall i$$

其中 $l_T(\xi) = \delta(s_T + \xi - \max\{s_T, \; L\})$，而 l_T^* 表示该函数的共轭函数。特别地，考虑一个连续的分段线性的凸增函数作为惩罚成本函数，假设其函数形式满足式 (5-4)：

$$\delta(\epsilon) = \max\left\{0, \; c_1\epsilon, \; c_2\epsilon + b_2, \; \cdots, \; c_K\epsilon + b_K\right\}$$
$$= \max\left\{c_k\epsilon + b_k, \; \forall 0 \leqslant k \leqslant K\right\} \tag{5-4}$$

其中 $c_0 = b_0 = 0, b_1 = 0$，且对于所有 $1 \leqslant k \leqslant K$，有 $b_k \leqslant b_{k-1}$，$c_k \geqslant c_{k-1}$。此时最后一期的优化问题可以进一步化简为下面的形式。

命题 5-2： 最后一期的优化问题等价于：

$$V_T(s_T) = \min_{x_T, \; \gamma, \; r_i, \; u_{i, \, k}} \quad hx_T + \gamma\theta + \frac{1}{N}\sum_{i=1}^{N} r_i$$

$$\text{s.t.} \quad b_k + c_k(s_T - L)^+ + c_k\hat{\xi}_{x_T}^{(i)} -$$
$$u_{i, \, k}(\tau - \hat{\xi}_{x_T}^{(i)}) \leqslant r_i, \quad \forall i \leqslant N, \; \forall k \leqslant K$$
$$||u_{i, \, k} - c_k||_q \leqslant \gamma, \quad \forall i \leqslant N, \; \forall k \leqslant K$$
$$x_T \in \mathcal{A}, \; \gamma \in \mathbb{R}, \; r_i \in \mathbb{R}, \; u_{i, \, k} \geqslant 0$$
$$\forall i \leqslant N, \; \forall k \leqslant K$$

从命题 5-2 可知，给定服务资源数量 x_T，最后一期优化问题的鲁棒子问题为一个有限维线性规划问题。而服务资源数量是一个在 $\mathscr{A}$ 中的离散的值，因此可以求解 $|\mathscr{A}|$ 个线性规划问题，并且取其中的最大值就可以计算出给定状态下的最后一期价值函数的最优值。

如果接下来考虑 $T-1$ 期的优化问题，就需要计算出每个状态 s_T 下的价值函数的值。给定服务资源数量 x_T，可以发现，状态 s_T 仅仅出现在标准型线性规划的约束右边项之中。对于一个线性规划问题，其约束的右边项的参数变化会导致目标函数值的变化，求解目标函数值关于该参数的函数表达这样的问题被称作参数线性规划 [Parametric Linear Programming，PLP，参见 Dantzig & Thapa（2006）6.4 节]。对于最小化目标函数的线性规划问题，改变线性约束的右边项，根据 Bertsimas & Tsitsiklis（1997）定理 5.1 或 Dantzig & Thapa（2006）定理 6.6 可知，最后一期的价值函数有如下性质。

命题 5-3：给定资源数量 x_T，最后一期的价值函数 $J_T(s_T, x_T)$ 是关于 s_T 分段线性的凸函数，其形式如下所示 [见式 (5-5)]：

$$V_T(s_T, x_T) = \max\{u_{jT}(x_T)s_T + v_{jT}(x_T), \ \forall j \leqslant J\} \qquad (5\text{-}5)$$

其中 J 表示分段函数的分段数量。特别地，优化资源数量后的最优价值函数 $J_T(s_T)$ 一般是一个关于 s_T 的非凸函数。

由于一般来说最后一期的价值函数关于状态 s_T 并非凸函数，代入 $T-1$ 期的优化问题中，会导致鲁棒子问题的惩罚函数非凸，无法进行类似命题 5-2 的变形。但是如果最后一期的最优资源供给量为恒定值，即对于任意 s_T 都有 $x_T^*(s_T) = x^*$，那么此时 $T-1$ 期的鲁棒子问题惩罚函数本身就是一个分段线性凸函数。

推论 5-1：如果最后一期问题中，不同状态下的最优决策保持不变，那么倒数第二期的鲁棒子问题 $l_{T-1}(\xi)$ 可以表示为关于 ξ 的分段线性凸增函数。

由上述推论可知，如果最后一期的最优决策为定值，那么其价值函数在 $s_T \in [0, T]$ 的区间内可以直接表示为分段线性凸增函数。将此价值函数代入倒数第二期问题中，倒数第二期的惩罚函数 $l_{T-1}(\xi)$ 在 $\xi \geqslant 0$ 的区间内都是分段线性凸增函数。因此，倒数第二期的优化问题依然可以转化成有限维线性规划问题进行求解。但是通常情况下，最后一期价值函数关于状态并没有凸函数的性质，因此，接下来将提供一个将一般的价值函数转化为分段线性凸函数的近似方法。

首先，对于最优决策不随状态变化而变化的情况，已经知道其最优价值函数为分段线性凸函数。对于此类型的问题，需要通过求解参数线性规划来求解。对于此类参数线性规划问题，一般可以采用改进单纯形法进行求解 [例如 Willner（1967）]。目前也有比较成熟的求解器，比如苏黎世大学开发的 MPT 工具包，可以对此类问题进行求解（Herceg et al.，2013）。

对于一般的最优价值函数，并没有比较好的结构性质，因此需要将若干凸函数取最小值的非凸函数转化为凸函数。具体来说，给定有限个凸函数 $f_1, f_2, \cdots, f_m$，其取最小值得到的函数为 $g = \min\{f_1,\ f_2,\ \cdots,\ f_M\}$，该函数也可以写为：

$$g(\epsilon) = \begin{cases} f_{(1)}(\epsilon), & \text{如果} 0 \leqslant \epsilon < \epsilon_1 \\ f_{(2)}(\epsilon), & \text{如果} \epsilon_1 \leqslant \epsilon < \epsilon_2 \\ \quad\quad \vdots \\ f_{(N)}(\epsilon), & \text{如果} \epsilon_{N-1} \leqslant \epsilon \leqslant \epsilon_N \end{cases}$$

其中 $f_{(\cdot)}$ 为重新标号的首尾相连并出现在 g 中的凸函数，即对于任意 $n \leqslant N-1$，有 $f_{(n)}(\epsilon_n) = f_{(n+1)}(\epsilon_n)$。接下来，本书将提供一种凸化的方法，将这种多个凸函数取最小值的函数近似成一个分段线性凸函数。

在算法 5-1 中，主要进行的操作就是对每一段凸函数寻找一个线性函数作为其上界，并且需要保证随着自变量的增大，线性函数的斜率单调不减，这样就保证了凸化后函数的单调凸性。图 5-1 中进一步直观展示了凸化算法是如何将非凸函数 $g(\epsilon)$ 近似成凸函数的。

图 5-1 中实线部分表示原函数，而虚线部分表示近似之后的函数。容易发现，近似之后的函数 $\hat{g}(\epsilon)$ 实际上是对每一段的凸增函数找了一个线性的上界，并对若干线性函数取最大，由于取最大（point-wise maximum）是一个保凸操作，因此得到的近似函数 $\hat{g}(\epsilon)$ 仍为凸函数。不仅如此，由凸函数的定义可知，连接凸函数两端得到的线段一定在原函数的上方。因此近似的凸函数也是原函数的一个上界，图 5-1 也证实了这一点。

算法 5-1　　凸化算法

1: 连接第一段凸函数的起点和终点,并计算斜率 $\kappa_1 = [f_{(1)}(\epsilon_1) - f_{(1)}(0)]/\epsilon_1$, $\hat{f}_1(\epsilon) = \kappa_1\epsilon + f_{(1)}(0)$.

2: **for** $n \geqslant 2$ **do**

3: 　　计算斜率 $\kappa_n = [f_{(n)}(\epsilon_n) - \hat{f}_{n-1}(\epsilon_{n-1})]/(\epsilon_n - \epsilon_{n-1})$.

4: 　　**if** $\kappa_n \geqslant \kappa_{n-1}$ **then**

5: 　　　　$\hat{f}_n(\epsilon) = \kappa_n\epsilon + \hat{f}_{n-1}(\epsilon_{n-1})$, 如果 $\epsilon_{n-1} \leqslant \epsilon < \epsilon_n$.

6: 　　**else**

7: 　　　　$\hat{f}_n(\epsilon) = \kappa_{n-1}\epsilon + \hat{f}_{n-1}(\epsilon_{n-1})$, 如果 $\epsilon_{n-1} \leqslant \epsilon < \epsilon_n$.

8: 　　**end if**

9: **end for**

10: $\hat{g}(\epsilon) = \max\left\{ \hat{f}_1(\epsilon),\ \hat{f}_2(\epsilon),\ \cdots,\ \hat{f}_N(\epsilon) \right\}$

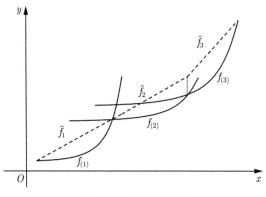

图 5-1　　凸化示意图

　　将凸化算法作用在最后一期价值函数 $V_T(S_T)$ 上,可以得到其凸近似 $\hat{V}_T(S_T)$,代入倒数第二期的优化问题中去,此时的 l_{T-1} 函数仍为分段线性凸函数,因此依然可以使用命题 5-2 的有限维线性规划问题进行变形和求解。按照同样的方法,可以从后向前对每一期的价值函数都进行凸化近似,从而求解整个鲁棒动态规划问题。

　　命题 5-4:　对于任意的 $0 \leqslant s_t \leqslant L$,凸化算法 5-1 可以将每期的价值函数 $V_t(s_t)$ 凸化为分段线性凸函数 $\hat{V}_t(s_t)$,并且对于所有 $0 \leqslant s_t \leqslant L$,有 $\hat{V}_t(s_t) \geqslant V_t(s_t)$。

　　命题 5-4 表明凸化算法所得到的近似价值函数 $\hat{V}_t(s_t)$ 是一个凸函数,

而且是原价值函数的一个上界。由于本书的问题是一个鲁棒动态规划问题，用更高的价值函数来近似原价值函数会让决策者更加谨慎，换言之，这会使问题的最优解的鲁棒性更强。

根据分段线性函数的性质，可以得到该凸化算法误差的一个上界。

命题 5-5： 假设定义域长度为 L 的分段线性凸函数 f 的最大斜率为 $\bar{k}$，经过凸化算法后得到的函数 $\hat{f}$ 与原函数之间的差距最大为 $L\bar{k}/4$。

命题 5-5 证明了凸化算法的一个上界，也就是说，虽然凸化后的近似函数相对原函数会更高，但是在服务水平协议所要求的服务水平较高（L 比较小）的情况下，或者价值函数的斜率比较小的时候，凸化后的函数相对原函数是一个比较好的近似。通过这样的凸化算法，每一轮的优化问题都可以转化为有限维的线性规划问题进行求解。因此对于一个 T 期，决策空间为 $\mathcal{A}$ 的鲁棒动态规划问题，最多只需要求解 $T|\mathcal{A}|$ 个线性规划问题。

5.5　数　值　实　验

本小节以云计算备用服务器资源供给问题为例，应用本章提出的鲁棒动态优化算法，提出备用服务器资源的动态调整策略。

备用服务器的宕机时间具有很强的不确定性，作为一个有着长期运营经验的企业，可以直接获得其宕机时间的历史数据。然而由于这些数据往往属于非公开数据，因此本部分使用排队模型生成合理的宕机时间历史数据。对于每个服务器，它的平稳运行时间与平均维修时间（mean time to repair，MTTR）和平均运行时间（mean time to failure，MTTF）相关。使用 Guo et al.（2019）提供的数据，取平均维修时间为 0.5 天，而平均运行时间为 60 天。这样折算到分钟，可以得到服务器的失效率为 $\lambda = 1/(60 \times 24 \times 60)$，而维修服务率为 $1/(12 \times 60)$。接下来本部分将服务器的运行时间建模成一个生灭过程，并采用仿真的方法，产生合理的宕机时间历史数据。假设用户向云计算服务平台提出需求需要 n 个虚拟机，而云计算平台需要提供 k 个备用服务器来保证服务器的可用性。这 $n+k$ 个服务器的宕机和维修过程可以建模成一个生灭过程。其状态转移如图 5-2 所示。

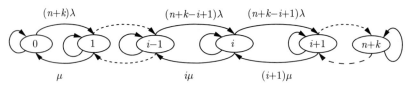

图 5-2　状态转移示意图

将一个月的时间平均分成 12000 份，这样相当于每个时间间隔设置约为 4 分钟，这与亚马逊每隔 5 分钟检测计算其服务器的宕机状态基本吻合。假设宕机过程和维修过程都服从泊松过程，考虑 $n = 100$，最多提供 5 个备用服务器的情况，可以模拟出给定备用服务器数量、每个周期的宕机时间，将该过程重复模拟 1000 次可以获得训练集。仿真得到的训练集箱线图如图 5-3 所示。

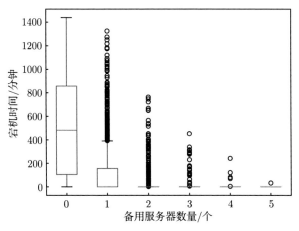

图 5-3　宕机数据箱线图

从图 5-3 可以看出，当备用服务器数量为 0 时，宕机时间非常高，折算起来有将近 500 分钟的宕机时间。但是如果提供超过 5 个备用服务器，宕机时间则可以降低到很低，再进一步多增加备用服务器的边际提升非常有限。根据这些数据，可以通过数据驱动的方法构建出不同备用服务器数量下的宕机时间不确定集。

模型中还需要获取服务器的占用成本以及惩罚成本函数。沿用 Guo et al.（2019）的假设和数据，假设惩罚成本函数在超出宕机时间、超出可接收时间后为线性函数，单位惩罚成本与单位时间持有成本满足 10∶3

的比例。

通过生成的宕机时间数据集构建出不确定集合，可以使用提出的算法解决鲁棒动态规划问题，从而实现动态优化调整备用服务器资源。首先，对最后一期问题进行求解可得最后一期的价值函数图像，如图 5-4 所示。图 5-4 中展示了最后一期的价值函数形状以及对应的最优决策。可以发现，在给定备用服务器数量的时候，其对应的价值函数是一个单调递增的凸函数，因此最后一期的价值函数确实是由多个分段线性凸函数取最小组成的非凸函数。当最后一期的状态，也就是累计宕机时间比较短的时候，最优的备用服务器供给量比较小，而如果累计宕机时间比较长则应该提高备用服务器数量。

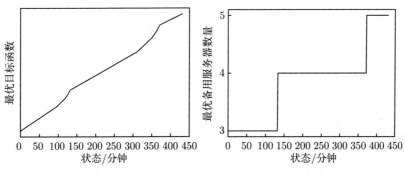

图 5-4　最后一期最优价值函数值与最优决策

使用凸化算法将每一期的价值函数凸化，这样就可以从后向前计算，将凸化后的价值函数代入上一期的优化问题中，从而求解出每一期问题的价值函数以及不同状态下的最优决策。

图 5-5 展示了每周期的最优策略，其中白色区域代表只提供 3 台备用服务器，灰色区域代表提供 4 台服务器，而黑色区域代表提供 5 台备用服务器。可以发现，在同一周期内，如果累计的宕机时间更长，则应该提供更多的备用服务器；另一方面，在相同的累计宕机时间下，合同初期要比临近合同期末多提供一些备用服务器。如果到合同期末，累计的宕机时间仍然很少，还有很多合同余量可以利用，那么最优的决策则是减少备用服务器的供给，降低资源占用成本。

接下来比较一下鲁棒动态规划算法求出的最优解与传统静态策略的最优解的成本差异。传统的做法是考虑一个静态的问题，在合同开始前就确定服务器的供给数量,并在合同期内不做任何调整。经过求解可以发现,最优策略是一直提供 5 个备用服务器。为了比较两种策略的成本,采用相同的采样方法,生成了 500 个测试数据集来测试不同策略的表现。结果发现,使用鲁棒动态规划算法的平均总成本是静态策略总成本的 76.8%,换言之,使用鲁棒动态规划算法可以降低将近 1/4 的成本。

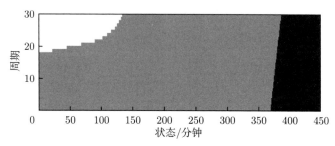

图 5-5　　全周期的最优服务器供给策略

5.6　结　　论

在如今需求驱动的商业环境下,服务水平协议越来越受到云计算服务供应商的关注。得益于物联网和物联网的相关技术,云计算服务供给方可以动态调整其服务资源,从而更好地平衡成本,同时保证服务质量。但是服务器的运行状态往往受到很多复杂因素的影响,难以做出稳健的预测。另一方面,动态调整服务资源往往面临动态规划的维度灾难问题,作为优化问题也有一定的求解难度。

针对上述难点,本部分使用数据驱动的鲁棒动态规划方法解决服务水平协议下的云计算备用服务器资源供给问题。首先,本部分使用了数据驱动的方法,利用 Wasserstein 距离构建了不确定集合。接下来考虑最后一期的优化问题,通过变形,将问题转化为有限维的线性规划问题,使用商业软件有效求解。然后分析了最后一期价值函数的性质,并构造了一种凸化算法,将原本非凸的价值函数转化为分段线性的凸增函数。这样可以将最后一期的价值函数代入上一期的优化问题中,重复类似的操作,对每一期的价值函数都进行凸化,将每一期的优化问题都转化为有限维的线性规划问题进行求解。同时,本部分还给出了凸化近似方法相对原函数的一个上界。通过这样的逆向归纳算法,可以将一个多期的鲁棒动态规划问题转化为解决若干个有限维线性规划问题。据笔者所知，过去的文献多集中于单周期的鲁棒优化问题，近些年也有解决两期的鲁棒动态规划问题的研究，本部分的主要贡献之一则是为连续状态空间的多期鲁棒规划问题提出了有效的求解算法。

最后，本部分通过搜集和生成相关数据，应用提出的鲁棒动态规划模型，计算出了最优备用服务器供给策略。可以发现，在同一周期内，若累计的宕机时间更长，则应该提供更多的备用服务器；另一方面，在相同的累计宕机时间下，合同初期要比临近合同期末多提供一些备用服务器。在与传统的静态策略对比之后可以发现，动态调整策略相对于静态策略可以降低近 1/4 的总成本。

第 6 章　总　　结

6.1　主要工作总结

科技的不断进步与发展为供应链的管理带来了新的挑战。相比于传统的以单纯降低成本为目标的供应链管理，新时代下的供应链管理面对着更加不确定的需求，同时也更需重视服务质量。高效的资源分配和运营管理策略才能更好地适应新时代消费者的需求。本书聚焦于供应链中的运营管理与资源分配问题，以新能源汽车供应链以及数据中心供应链为例，具体研究了电动汽车的补贴资源分配、数据中心的网络布局与服务资源分配以及服务水平协议下的备用服务器资源供给问题。

第 3 章研究了新能源汽车供应链中电动汽车市场的补贴资源分配问题。电动汽车的使用能够有效减少温室气体的排放，因此世界各地的政府都在设计不同的激励方案推广电动汽车。然而很多地区的推广效果并不尽如人意，其主要原因在于电动汽车作为新技术还没有得到消费者的充分认可，缺少公共充电桩也会带来里程焦虑。因此本部分主要考虑如何分配对消费者的补贴以及对充电桩投资者的补贴，从而加快电动汽车的推广。本章构建的分析模型考虑了充电桩投资者之间的竞争以及电动汽车市场的双边效应。更多的电动汽车会给充电桩投资者带来更多的利润，而更多的充电桩也会提升电动汽车的效用，两者形成了正向的网络效应。在这样的市场结构下，计算出了政府的最优补贴政策。结果发现，只有当网络效应比较弱、充电桩成本或电动汽车成本比较高、消费者的环保意识并不强的时候，才应该采取只补贴消费者的政策。直观上来讲，当建造充电桩的成本增加时，政府应始终增加对充电桩的补贴。但是，经过推导证明，这种策略并不总是最佳的。实际上，当消费者足够重视电动汽车的环境效益，且电动汽车的成本不太高时，政府应增加对投资者的补贴额；否则，政府应实际减少对充电桩的补贴。直观上来说，在消费者对电动汽车的绿色环保意识提高时，政府应该减少对消费者的补贴，增加对投资者的补贴。然而，情况并非总是如此，消费者的环保意识对补贴的影响取决于充电桩的成本。更具体地讲，如果建造充电桩的成本高昂，则随着消费者对电动汽车环保程度的评估增加，政府应更多补贴充电桩投资者，或减少补贴购买者。另一方面，如果建造充电桩的成本很低，随着消费者对电动汽车环保程度的评估增加，政府应减少对充电桩的补贴。关于购买者补贴，政府最初增加了补贴，以利用消费者对电动汽车环境效益的重视，促进电动汽车的普及。但是，当消费者的环保意识足够高时，政府应减少购买者补贴，因为此时已不再需要在补贴上投入更多。本部分使用了我国深圳的数据验证了本书提出的模型。最后结果发现混合策略对于深圳政府来说是最优策略，相比单边策略，平均能够提升 6.82% 的电动汽车数量和 5.68% 的政府效用，最高甚至可分别达到 30% 和 26% 的提升。另外，混合策略下的均衡市场的充电桩数量平均达到了单边市场数量的 11.26 倍，在一些极端场景下甚至可以高达 34 倍。这些结果表明，相比单边策略，采用混合策略可能带来极大的潜在收益，这也是当前很多国家都采用混合策略的原因。

第 4 章研究了数据中心供应链中的网络设计、需求分配以及资源供给问题。数据中心供应链以物理基础为数据中心，而相对传统的供应链，数据中心的建造者需要格外关注其终端延迟以及传输延迟成本以提高其服务质量。模型综合考虑了战略层面的选址决策和战术层面的资源供给决策，通过考虑各种成本和服务水平，权衡成本有效性和服务质量。通过使用排队论的模型估计任务在数据中心的处理时间，可以得到传输延迟成本和终端延迟成本的显示解，并研究这两个延迟成本如何影响数据中心网络的设计。本书将构造出的混合整数非线性规划问题转化成了混合整数二阶锥优化问题，并提出了两种基于拉格朗日松弛法的算法。通过随机生成的数据进行数值实验以验证所提出模型、解决方案的有效性和效率。除此之外，通过将现实世界的数据应用到本书的模型中，得到了以下数据中心设计的启示：（1）更高的单位传输延迟成本总是导致更多的数据中心，而更高的主机延迟成本可能导致更少或更多的数据中心，具体取决于电源容量和资源比率限制；（2）对于需求量适中、电费成本低且距常规数据中心距离较远的地区，最好使用主机托管；（3）不同需求点之间的需求的高度相互依赖关系导致一些有很强相关性的数据中心距离较近。这些数值研究还证明了集成建模在数据中心网络设计中的重要性。

第 5 章研究了数据中心供应链中服务水平协议下的云计算服务资源供给策略。服务水平协议是云计算服务场景下经常使用的合同形式。服务水平协议一般要求服务供给方提供持续稳定的服务，如果服务时长未能达到要求，则需要向需求方提供一些补偿。得益于物联网和互联网的相关技术，服务供给方如今可以实时监控其服务资源的运行状态，甚至可以对备用资源进行实时调整。本章主要研究了在给定服务水平协议下，服务供给方如何动态调整其服务资源，从而在平衡资源供给成本的同时保证较高的服务质量。该问题可以被建模成一个动态规划问题，但是由于服务资源的宕机时间往往难以预测，无法使用通常的需要分布信息的优化方法进行求解。因此本章将此问题建模成为一个鲁棒动态规划问题，使用数据驱动的方法，利用 Wasserstein 距离构建了不确定集合。对每一期的问题进行变形，如果其惩罚函数满足分段线性凸函数的性质，则可以将其转化为有限维线性规划问题进行求解。然而通过分析价值函数的性质发现，每期价值函数并不一定是凸函数。因此本章构造了凸化算法，将每一期的价值函数转化为分段线性凸增函数。使用这样的方法，可以将鲁棒动态规划问题转化为多个有限维线性规划问题进行求解。最后本章还以云计算场景下的备用服务器供给问题为例，应用本章提出的算法计算出动态调整的备用服务器供给策略。结果发现，相对于传统静态的策略，动态调整的策略可以节省四分之一的总成本。

综上，本书主要以新能源汽车供应链以及数据中心供应链为例，研究了供应链所面临的运营管理和资源分配问题。可以发现，供应链中消费者对新技术的接受程度需要持续的高服务水平来维持，因此需要合理分配资源从而使得供应链通畅运作。供应链的运营管理需要考虑新兴技术的特点以及需求端对服务质量的高要求，同时也涉及决策理论、网络布局、资源（库存）管理等多方面传统供应链管理理论，具有很强的实际意义，同时也有较高的理论价值。

6.2　主要创新点

本书研究的供应链的运营管理与资源分配问题不仅有着重要的现实意义，而且有着较高的理论价值。传统供应链管理中的定价、设施选址、库存管理等问题有着比较成熟的理论，为本书的研究奠定了基础。但是传统供应链所研究的领域可能无法覆盖新能源汽车供应链与数据中心供应链的具体问题，因此需要针对新兴技术的特点，量体裁衣，设计合理的建模方法，解决具体问题，从而得到有价值的管理启示。

第 3 章分析了新能源汽车供应链下的补贴资源分配问题。本章的创新点如下：从科学价值的角度看，过去的文献通常通过计量模型来估计补贴政策对电动汽车市场发展的影响，大部分的计量模型只能做预测而很难做出具体决策。而本部分使用分析模型刻画了充电桩与消费者之间的交互作用，并首次使用优化模型求解了政府的最优补贴政策。在研究了模型参数对补贴金额以及均衡时市场上电动汽车和充电桩数量的影响之后，得到了一些反直觉的管理启示。比如当充电桩建设的成本较高时，政府反而应该降低对充电桩投资者的补贴，而将更多的补贴倾注到消费者身上。在进一步挖掘这些结论背后的机制后，可以得到有助于政府政策制定的管理启示。从实际应用的角度看，本章搜集了深圳市的相关数据，并应用构建的模型分析了最优的补贴政策，结果发现联合补贴政策下的电动汽车和充电桩数量可以达到单补贴政策下的 3 倍和 27 倍。政府在联合补贴政策下的净收益平均为单一补贴政策下的净收益的 2 倍，最高可达到 5.74 倍。本章首次量化测量了采用双补贴政策的优势。利用模型的结果可以发现，当前，深圳市政府应该同时补贴消费者与充电桩投资者。

第 4 章分析了数据中心供应链的物理基础、数据中心的网络设计与需求分配以及资源供给。本章的创新点如下：从科学价值的角度看，相对于传统设施选址模型，数据中心的网络布局需要考虑其电能消耗成本、传输延迟成本以及终端延迟成本。本章提出了一种新颖的数据中心网络设计模型，并附加了三个模型扩展。同时也考虑到对实际数据中心网络设计有重要影响的因素，包括多种资源类型、异质需求组合、网络与终端延迟、服务器配置受限引起的资源比率约束、主机代管、相互依赖的占用空间、非线性的功耗和网络拥塞等。与已有文献对比可以发现，这是第一个综合考虑这些因素的模型，该模型更加贴近实际的数据中心网络设计。本章首次建立了排队网络的模型，计算出任务在数据中心内部的等待时间。延迟成本是一个关于决策变量的线性分式，它使得整个模型难以直接求解。因此本章对提出的模型进行了一些变换，使原模型转化为混合整数二阶锥优化问题。但是在问题规模较大的时候，计算复杂度仍然很高，因此本章创新地提出了两种基于拉格朗日松弛的算法来解决变形后的问题。在进一步分析问题的结构性质之后，利用加强割平面的方法进一步提高了求解速度。数值结果表明，使用这些算法可以明显优于当前的常用商业软件求解速度。从实际应用的角度，本章采集了来自美国人口普查局和美国能源信息管理局等的几个数据集，实际应用提出的算法，得到美国本土的数据中心网络设计，一定程度上验证了模型的可行性。另一方面，本章通过敏感性分析得到一些重要且新颖的数据中心网络设计的管理启示。例如，托管数据中心更适合那些电费（包括租金和维护费用）较低、需求适中、与常规数据中心距离较远的地点。此外，需求量较少且对需求敏感性较低的需求点更适合使用托管数据中心服务，从而使得常规数据中心能够更好地服务需求比较大且对需求敏感性较高的需求点。

　　第 5 章分析了数据中心供应链中服务水平协议下的云计算服务资源供给问题。本部分的创新点如下：从科学价值的角度看，过去的文献中通常使用随机优化和确定型的动态规划模型来处理服务资源的动态调整问题。但是针对云计算服务设施运行的不确定性难以估计的现状，本章创新地利用了数据驱动的 Wasserstein 距离来构建不确定集合，将问题建模成鲁棒动态优化问题。通过设计凸化算法将每一期的价值函数转化为分段线性的凸增函数后，将有限期的鲁棒动态规划问题转化为解决若干个有限维线性规划问题，并且为凸化算法相对原函数的距离提供了一个上界，对该算法的表现有一定的保证。传统的分布式鲁棒规划方法往往只能解决单周期的问题，近些年来也有一些研究工作讨论了两个周期内的鲁棒规划问题，而本章的工作为连续状态空间下有限期的鲁棒动态规划问题的求解提供了有力的工具。从实际应用的角度看，为了验证算法的有效性，本章进行了充分的数值实验。由于云计算运营商的宕机数据很难直接获取，本章创新地通过搜集相关实际数据并使用排队模型生成了较为合理的历史宕机数据。在构造了贴合实际的数值后，应用文中提出的算法，一方面可以验证算法的有效性，得到最优解的一些性质；另一方面可以发现使用本章提出的算法得到的最优资源供给策略，相比传统静态资源管理策略可以节省 1/4 左右的成本。

综上所述，本书通过具体研究新能源汽车供应链以及数据中心供应链中的运营管理和资源分配问题，分析了新技术对需求方以及供给方的影响，通过建立量化模型的方式，优化了决策制定者的决策行为。对于传统的供应链研究而言，本书一方面延展了其研究范畴，拓宽了理论应用场景，另一方面也深入改进了现有的分析管理工具。对于供应链的实践者而言，本书一方面通过实际的数据实验，得到了丰富的管理启示；另一方面也提供了强有力的求解工具，这种求解工具可以直接应用于实践。

6.3　未来研究方向

本书研究了供应链中的资源分配等运营管理问题，具体分析了新能源汽车供应链中电动汽车推广的补贴资源分配政策、数据中心供应链的网络设计与需求分配和云计算供应商的服务资源供给问题。然而供应链管理的覆盖范围很广，而且不同新技术又有着不同的技术特点和管理手段，因此本书仍有很多值得进一步研究的空间。

首先，对于新能源汽车供应链的电动汽车补贴资源分配问题，本书考虑了充电桩与电动汽车之间的网络效应，但还可以考虑加上电动汽车制造商的三方博弈的场景。电动汽车制造商可以通过改变定价最大化自己的收益，同时政府也可以考虑给予制造商一定的补贴，进一步加快电动汽车市场的发展。除此之外，特斯拉、蔚来这样的电动汽车制造商也在自建充电桩，这些所谓的超级充电桩的充电效率更高，建设成本也更高，但是却仅能服务自己品牌的车辆。对于此类充电桩应该如何设计补贴政策，是否应该与其他公共充电桩同等对待，也是一个有趣的研究方向。本书假设了充电费用是外生的，但实际上一些充电桩也有一定的自主定价权，考虑到不同地理位置，充电桩可能会制定不同的电价服务顾客。因此模型可以考虑拓展充电桩的决策空间，考虑充电桩的定价策略。电动汽车的补贴政策往往需要随着市场的状态进行动态调整，因此另一个拓展方向则是使用动态规划的方法，动态调整电动汽车的补贴政策。此外，在电动汽车市场中，技术的新颖性也带来了非常多的不确定性，因此可以使用本书第 5 章所采用的鲁棒动态规划的相关方法，加强政策应对不确定环境的稳健性。

其次，对于数据中心供应链的网络设计与资源供给，可以进一步考虑动态网络设计问题。在动态网络设计问题中，数据中心网络会随需求增长或电价变化进行调整，将动态资源分配策略整合到网络设计中可能会为将来的研究提供有趣的方向。同样，对于资源供给决策，本书只考虑了由资源比率约束而没有考虑具体的服务器设置细节，将这些决策纳入长期战略规划模型可以进一步节省成本并改善服务。由于本书的模型考虑了多种成本，因此此模型比较复杂，没有显示解，如果可以适当简化模型，构造一个可以得到显式解的替代模型，将有助于发现最佳网络设计的更多结构特性。

最后，对于数据中心供应链中的服务水平协议下的云计算备用服务资源供给问题，可以拓展不确定集合的构建方法。本书采用 1 范数下的Wasserstein 距离来构造不确定集合，但实际上可以考虑采用普遍的其他范数甚至其他种类距离构建出不确定集合。在这样的不确定集合下可能很难将原问题转换为线性规划求解，但是这也是富有实际意义的研究方向。另外，本书提出的凸化算法可能还有进一步的提升空间，如果进一步考虑需求的结构性质，可能可以找到具有更好上界表现的凸化算法。最后关于模型的算例检验，可以考虑其他多种不同的优化方法，比如线性调整方法（Bertsimas et al.，2019），进行更为详尽的对比。

总的来说，供应链在新兴技术发展的影响下，有很多值得研究的课题与方向，针对具体的不同新兴技术，需要细致地调研其特点，再进行建模优化决策。对供应链的决策优化研究不仅能拓展传统供应链的理论知识，也能给相关行业的从业者带来重要的管理启示。

参 考 文 献

Abbasi B, Hosseinifard Z, Alamri O, et al., 2018. Finite time horizon fill rate analysis for multiple customer cases[J]. *Omega*, 76:1-17.

Aboolian R, Berman O, Krass D, 2007. Competitive facility location model with concave demand[J]. *European Journal of Operational Research*, 181(2):598-619.

Aboolian R, Berman O, Drezner Z, 2008. Location and allocation of service units on a congested network[J]. *IIE Transactions*, 40(4):422-433.

Abouee-Mehrizi H, Babri S, Berman O, et al., 2011. Optimizing capacity, pricing and location decisions on a congested network with balking[J]. *Mathematical Methods of Operations Research*, 74(2):233-255.

Acemoglu D, Akcigit U, Alp H, et al., 2018. Innovation, reallocation, and growth[J]. *American Economic Review*, 108(11):3450-3491.

Altman E, Ayesta U, Prabhu B J, 2011. Load balancing in processor sharing systems[J]. *Telecommunication Systems*, 47(1-2):35-48.

Anders H, David S, 2019. Elective vehicle charging in China and the united states[EB/OL]. (2021-06-02)[2019-02]. https://energypolicy. columbia.edu/sites/ default/files/file-uploads/EV_ChargingChina-CGEP_Report_Final.pdf.

Armstrong M, 2006. Competition in two-sided markets[J]. *The RAND Journal of Economics*, 37(3):668-691.

Atamtürk A, Berenguer G, Shen Z J M, 2012. A conic integer programming approach to stochastic joint location-inventory problems[J]. *Operations Research*, 60(2):366-381.

Atamtürk A, Narayanan V, 2008. Polymatroids and mean-risk minimization in discrete optimization[J]. *Operations Research Letters*, 36(5):618-622.

Avci B, Girotra K, Netessine S, 2014. Electric vehicles with a battery switching station: Adoption and environmental impact[J]. *Management Science*, 61(4):772-794.

Balas E, Mazzola J B, 1984. Nonlinear 0-1 programming: I. linearization techniques[J]. *Mathematical Programming*, 30(1):1-21.

Balinski M L, 1965. Integer programming: Methods, uses, computations[J]. *Management Science*, 12(3):253-313.

Baron O, Berman O, Krass D, 2008. Facility location with stochastic demand and constraints on waiting time[J]. *Manufacturing & Service Operations Management*, 10(3):484-505.

Baron O, Milner J, Naseraldin H, 2011. Facility location: A robust optimization approach[J]. *Production and Operations Management*, 20(5):772-785.

Barroso L A, Clidaras J, Hölzle U, 2013. The data center as a computer: An introduction to the design of warehouse-scale machines[J]. *Synthesis Lectures on Computer Architecture*, 8(3):1-154.

Baskett F, Chandy K M, Muntz R R, et al., 1975. Open, closed, and mixed networks of queues with different classes of customers[J]. *Journal of the Association for Computing Machinery*, 22(2):248-260.

Beasley J E, 1993. Lagrangean heuristics for location problems[J]. *European Journal of Operational Research*, 65(3):383-399.

Ben-Tal A, El Ghaoui L, Nemirovski A, 2009. *Robust optimization: volume 28*[M]. Princeton University Press.

Ben-Tal A, Goryashko A, Guslitzer E, et al., 2004. Adjustable robust solutions of uncertain linear programs[J/OL]. *Mathematical Programming*, 99(2):351-376. DOI: 10.1007/s10107-003-0454-y.

Ben-Tal A, Nemirovski A, 2001. *Lectures on modern convex optimization: Analysis, algorithms, and engineering applications: volume 2*[M]. SIAM.

Berman O, Krass D, 2015. *Stochastic location models with congestion*[M]//Location Science. Springer International Publishing:443-486.

Bertsimas D, Goyal V, 2012. On the power and limitations of affine policies in two-stage adaptive optimization[J/OL]. *Mathematical Programming*, 134(2):491-531. DOI: 10.1007/s10107-011-0444-4.

Bertsimas D, Iancu D A, Parrilo P A, 2010. Optimality of affine policies in multi-stage robust optimization[J/OL]. *Mathematics of Operations Research*, 35(2):363-394. DOI: 10.1287/moor.110 0.0444.

Bertsimas D, Sim M, Zhang M, 2019. Adaptive distributionally robust optimization[J/OL]. *Management Science*, 65(2):604-618. DOI: 10.1287/mnsc.2017.2952.

Bertsimas D, Tsitsiklis J, 1997. *Introduction to linear optimization*[M]. 1st ed. Athena Scientific.

Bhaskaran S R, Gilbert S M, 2005. Selling and leasing strategies for durable goods with complementary products[J]. *Management Science*, 51(8):1278-1290.

Caillaud B, Jullien B, 2003. Chicken & egg: Competition among intermediation service providers.[J]. *The RAND Journal of Economics*, 34(2):309-328.

Castillo I, Ingolfsson A, Sim T, 2009. Social optimal location of facilities with fixed servers, stochastic demand, and congestion[J]. *Production and Operations Management*, 18(6):721-736.

Chaovalitwongse W, Pardalos P M, Prokopyev O A, 2004. A new linearization technique for multiquadratic 0-1 programming problems[J]. *Operations Research Letters*, 32(6):517-522.

Chemama J, Cohen M C, Lobel R, et al., 2019. Consumer subsidies with a strategic supplier: Commitment vs. flexibility[J]. *Management Science*, 65(2):681-713.

Chen C M J, Thomas D J, 2018. Inventory Allocation in the Presence of Service-Level Agreements [J/OL]. *Production and Operations Management*, 27(3):553-577. DOI: 10.1111/poms.12814.

Chen K y, Xu Y, Xi K, et al., 2013. Intelligent Virtual Machine Placement for Cost Efficiency in Geo- Distributed Cloud Systems[J]. *Communications (ICC)*, 2013 IEEE International Conference on. IEEE: 3498-3503.

Chudak F A, Williamson D P, 2005. Improved approximation algorithms for capacitated facility location problems[J]. *Mathematical Programming*, 102(2):207-222.

Cohen M C, Lobel R, Perakis G, 2015. The impact of demand uncertainty on consumer subsidies for green technology adoption[J]. *Management Science*, 62(5):1235-1258.

Cooper L, 1963. Location-allocation problems[J]. *Operations Research*, 11(3):331-343.

Cox D R, 1955. A use of complex probabilities in the theory of stochastic processes[J/OL]. *Mathematical Proceedings of the Cambridge Philosophical Society*, 51(2):313-319. DOI: 10.1017/S0305004100030231.

Crema A, 1995. Average shadow price in a mixed integer linear programming problem[J]. *European Journal of Operational Research*, 85(3):625-635.

Dantzig G B, Thapa M N, 2006. *Linear programming 2: theory and extensions*[M]. Springer Science & Business Media.

Daskin M S, 1995. *Network and discrete location: Models, algorithms, and applications*[M]. John Wiley & Sons.

Daskin M S, Coullard C R, Shen Z J M, 2002. An inventory-location model: Formulation, solution algorithm and computational results[J]. *Annals of Operations*

Research，110(1-4):83-106.

Degirmenci K，Breitner M H，2017. Consumer purchase intentions for electric vehicles: Is green more important than price and range?[J]. *Transportation Research Part D: Transport and Environment*，51:250-260.

Delage E，Ye Y，2010. Distributionally robust optimization under moment uncertainty with application to data-driven problems[J]. *Operations Research*,58(3):595-612.

Derman E，Mannor S，2020. Distributional Robustness and Regularization in Reinforcement Learning[J]. *Working Paper*.

Du A Y，Das S，Yang Z，et al.，2015. Predicting transient downtime in virtual server systems: An efficient sample path randomization approach[J]. *IEEE Transactions on Computers*，64(12):3541-3554.

Du J，Ouyang M，Chen J，2017. Prospects for chinese electric vehicle technologies in 2016-2020: Ambition and rationality[J]. *Energy*，120:584-596.

Edmonds J，1970. Submodular functions，matroids，and certain polyhedra[J]. Edited by G. Goos，J. Hartmanis，and J. van Leeuwen，11.

Elhedhli S，2006a. Service System Design with Immobile Servers，Stochastic Demand，and Congestion.[J]. *Manufacturing & Service Operations Management*，8(1):92-97.

Elhedhli S，2006b. Service system design with immobile servers，stochastic demand，and congestion[J]. *Manufacturing & Service Operations Management*，8(1):92-97.

Farrell J，Saloner G，1985. Standardization，compatibility and innovation[J]. *The RAND Journal of Economics*，16(1):70-83.

Fisher M L，1981. The Lagrangian relaxation method for solving integer programming problems[J]. *Management Science*，27(1):1-18.

Gallagher K S，Muehlegger E，2011. Giving green to get green? Incentives and consumer adoption of hybrid vehicle technology[J]. *Journal of Environmental Economics and management*，61(1):1-15.

Geunes J，Levi R，Romeijn H E，et al.，2011. Approximation algorithms for supply chain planning and logistics problems with market choice[J]. *Mathematical Programming*，130(1):85-106.

Geunes J，Pardalos P M，2003. Network optimization in supply chain management and financial engineering: An annotated bibliography[J]. *Networks: An International Journal*，42(2):66-84.

Gnann T，Plötz P，Kühn A，et al.，2015. Modelling market diffusion of electric vehicles with real world driving data - german market and policy options[J].

Transportation Research Part A: Policy and Practice, 77:95-112.

Goudarzi H, Ghasemazar M, Pedram M, 2012. Sla-based optimization of power and migration cost in cloud computing[C/OL]//2012 12th IEEE/ACM International Symposium on Cluster, Cloud and Grid Computing (ccgrid 2012). 172-179. DOI: 10.1109/CCGrid.2012.112.

Greenberg A, Hamilton J, Maltz D A, et al., 2008. The cost of a cloud: Research problems in data center networks[J]. *SIGCOMM Comput.* Commun. Rev., 39(1):68-73.

Guo Z, Li J, Ramesh R, 2019. Optimal management of virtual infrastructures under flexible cloud service agreements[J]. *Information Systems Research*.

Guo Z, Li J, Ramesh R, 2020. Scalable, adaptable, and fast estimation of transient downtime in virtual infrastructures using convex decomposition and sample path randomization[J/OL]. *INFORMS Journal on Computing*, 32(2):321-345. DOI: 10.1287/ijoc.2019.0888.

Hakimi S L, 1964. Optimum locations of switching centers and the absolute centers and medians of a graph[J]. *Operations Research*, 12(3):450-459.

Hakimi S L, 1965. Optimum distribution of switching centers in a communication network and some related graph theoretic problems[J]. *Operations Research*, 13(3):462-475.

Hanasusanto G A, Kuhn D. 2013. Robust data-driven dynamic programming[J]. *Advances in Neural Information Precessing Systems*:1-9.

Hanasusanto G A, Kuhn D, 2018. Conic programming reformulations of two-stage distributionally robust linear programs over Wasserstein balls[J/OL]. *Operations Research*, 66(3): 849-869. DOI: 10.1287/opre.2017.1698.

Han L, Wang S, Zhao D, et al., 2017. The intention to adopt electric vehicles: Driven by functional and non-functional values[J]. *Transportation Research Part A: Policy and Practice*, 103:185-197.

Hao H, Ou X, Du J, et al., 2014. China's electric vehicle subsidy scheme: Rationale and impacts[J]. *Energy Policy*, 73:722-732.

Harchol-Balter M, 2013. *Performance Modeling and Design of Computer Systems: Queueing Theory in Action*[M]. Cambridge University Press.

He L, Hu Z, Zhang M, 2019. Robust repositioning for vehicle sharing[J]. *Manufacturing & Service Operations Management*.

He L, Mak H Y, Rong Y, et al., 2017. Service region design for urban electric vehicle sharing systems [J]. *Manufacturing & Service Operations Management*, 19(2):309-327.

He Y, Ray S, Shuya Y, 2016. Group selling, product durability, and consumer behavior[J]. *Production and Operations Management*, 25(11):1942-1957.

He Y, Yin S, 2015. Joint selling of complementary components under brand and retail competition[J]. *Manufacturing & Service Operations Management*, 17(4):470-479.

Helveston J P, Liu Y, Feit E M, et al., 2015. Will subsidies drive electric vehicle adoption? Measuring consumer preferences in the us and china[J]. *Transportation Research Part A: Policy and Practice*, 73:96-112.

Herceg M, Kvasnica M, Jones C, et al., 2013. Multi-Parametric Toolbox 3.0[C]//Proc. of the European Control Conference. Zürich, Switzerland: 502-510.

Holland S P, Mansur E T, Muller N Z, et al., 2016. Are there environmental benefits from driving electric vehicles? The importance of local factors[J]. *American Economic Review*, 106(12):3700-3729.

Hosseinifard Z, Shao L, Talluri S, 2021. Service-level agreement with dynamic inventory policy: The effect of the performance review period and the incentive structure[J/OL]. *Decision Sciences*. DOI: https://doi.org/10.1111/deci.12506.

Hota A R, Cherukuri A, Lygeros J, 2019. Data-driven chance constrained optimization under wasserstein ambiguity sets[J/OL]. *Proceedings of the American Control Conference*, 2019-July:1501-1506. DOI: 10.23919/acc.2019.8814677.

Hsieh C T, Klenow P J, 2009. Misallocation and manufacturing tfp in China and India[J]. *The Quarterly Journal of Economics*, 124(4):1403-1448.

Huang J, Leng M, Liang L, et al., 2013. Promoting electric automobiles: Supply chain analysis under a government's subsidy incentive scheme[J]. *IIE Transactions*, 45(8):826-844.

Iancu D A, Sharma M, Sviridenko M, 2013. Supermodularity and affine policies in dynamic robust optimization[J/OL]. *Operations Research*, 61(4):941-956. DOI: 10.1287/opre.2013.1172.

Iyengar G N, 2005. Robust dynamic programming[J/OL]. *Mathematics of Operations Research*, 30 (2): 257-280. DOI: 10.1287/moor.1040.0129.

Iyoob I, Zarifoglu E, Dieker A B, 2013. Cloud computing operations research[J]. *Service Science*, 5 (2): 88-101.

Jenn A, Azevedo I L, Ferreira P, 2013. The impact of federal incentives on the adoption of hybrid electric vehicles in the united states[J]. *Energy Economics*, 40: 936-942.

Jiang Z P, 2019. Continous-time robust dynamic programming[J]. *SIAM Journal of Control Optimization*, 57(6):4150-4174.

Jiwattanakulpaisarn P, Noland R B, Graham D J, 2012. Marginal productivity of expanding highway capacity[J/OL]. *Journal of Transport Economics and Policy*, 46(3):333-347. http://www.jstor. org/stable/24396315.

Katok E, Thomas D, Davis A, 2008. Inventory service-level agreements as coordination mechanisms: The effect of review periods[J/OL]. *Manufacturing and Service Operations Management*, 10(4): 609-624. DOI: 10.1287/msom.1070.0188.

Katz M L, Shapiro C, 1985. Network externalities, competition and compatibility[J]. *American Economic Review*, 75(3):424-440.

Kim S, Cho S C, 1988. A shadow price in integer programming for management decision[J]. *European Journal of Operational Research*, 37(3):328-335.

Kloos K, Pibernik R, 2020. Allocation planning under service-level contracts[J/OL]. *European Journal of Operational Research*, 280(1):203-218. DOI: 10.1016/j.ejor. 2019.07.018.

Kogan L, Papanikolaou D, Seru A, et al., 2017. Technological innovation, resource allocation, and growth[J]. *The Quarterly Journal of Economics*, 132(2):665-712.

Kong Q, Lee C Y, Teo C P, et al., 2013. Scheduling arrivals to a stochastic service delivery system using copositive cones[J]. *Operations Research*, 61(3):711-726.

Kong Q, Li S, Liu N, et al., 2020. Appointment scheduling under schedule-dependent patient no-show behavior[J]. *Management Science*, 66:3295-3798.

Kuhn D, Esfahani P M, Nguyen V A, et al., 2019. *Wasserstein distributionally robust optimization: Theory and applications in machine learning*[M]. 130-166.

Kvisle H H, 2012. The norwegian charging station database for electromobility (nobil)[J]. *World Electric Vehicle Journal*, 5(3):702-707.

Laporte G, Nickel S, da Gama F S, 2015. *Location science: volume 528*[M]. Springer.

Larumbe F, Sansò B, 2012. Optimal location of data centers and software components in cloud computing network design[C/OL]//2012 12th IEEE/ACM International Symposium on Cluster, Cloud and Grid Computing (ccgrid 2012). 841-844. DOI: 10.1109/CCGrid.2012.124.

Larumbe F, Sansò B, 2013. A tabu search algorithm for the location of data centers and software components in green cloud computing networks[J]. *IEEE Transactions on Cloud Computing*, 1(1):22-35.

Launhardt W, Bewley A, 1900. *The theory of the trace: Being a discussion of the principles of location*[M]. Lawrence Asylum Press.

Li S, Tong L, Xing J, et al., 2017. The market for electric vehicles: Indirect network effects and policy design[J]. *Journal of the Association of Environmental and Resource Economists*, 4(1):89-133.

Liang L，Atkins D，2013. Designing service level agreements for inventory management[J/OL]. *Production and Operations Management*，22(5):1103-1117. DOI: 10.1111/poms.12033.

Lim M K，Mak H Y，Rong Y，2015. Toward mass adoption of electric vehicles: impact of the range and resale anxieties[J]. *Manufacturing & Service Operations Management*，17(1):101-119.

Lim S H，Autef A，2019. Kernel-based reinforcement learning in Robust Markov decision processes[J]. *International Conference on Machine Learning*，2019-June: 7015-7023.

Lim S H，Xu H，Mannor S，2016. Reinforcement learning in robust markov decision processes[J/OL]. *Mathematics of Operations Research*，41(4):1325-1353. DOI: 10.1287/moor.2016.0779.

Lin B，Wu W，2018. Why people want to buy electric vehicle: An empirical study in first-tier cities of China[J]. *Energy Policy*，112:233-241.

Liu C，Huang W，Yang C，2017. The evolutionary dynamics of china's electric vehicle industry‐taxes vs. subsidies[J]. *Computers & Industrial Engineering*，113:103-122.

Luna H P L，Mahey P，2000. Bounds for global optimization of capacity expansion and flow assignment problems[J]. *Operations Research Letters*，26(5):211-216.

Luo C，Leng M，Huang J，et al.，2014a. Supply chain analysis under a price-discount incentive scheme for electric vehicles[J]. *European Journal of Operational Research*，235:329-333.

Luo C，Leng M，Huang J，et al.，2014b. Supply chain analysis under a price-discount incentive scheme for electric vehicles[J]. *European Journal of Operational Research*，235(1):329-333.

Ma G，Lim M K，Mak H Y，et al.，2019. Promoting clean technology adoption: To subsidize products or service infrastructure?[J]. *Service Science*，11(2):75-95.

Mak H Y，Rong Y，Shen Z J M，2013. Infrastructure planning for electric vehicles with battery swapping[J]. *Management Science*，59(7):1557-1575.

Mak H Y，Rong Y，Zhang J，2015. Appointment scheduling with limited distributional information[J]. *Management Science*，61(2):316-334.

Mannor S，Mebel O，Xu H，2016. Robust MDPs with k-Rectangular Uncertainty Robust MDPs with k -Rectangular Uncertainty[J]. *Mathematics of Operations Research(October)*.

Mistry S，Bouguettaya A，Dong H，et al.，2018. Metaheuristic optimization for long-term iaas service composition[J/OL]. *IEEE Transactions on Services Computing*，

11(1):131-143. DOI: 10.1109/ TSC.2016.2542068.

Mueller M G, de Haan P, 2009. How much do incentives affect car purchase? Agent-based microsimulation of consumer choice of new cars—part i: Model structure, simulation of bounded rationality, and model validation[J]. *Energy Policy*, 37(3):1072-1082.

Nair S,Rao N,Mishra S,et al.,2017. India's charging infrastructure —biggest single point impediment in ev adaptation in india[J]. *IEEE transportation electrification conference (ITEC-India)*:1-6.

Nicholas M, 2019. *Estimating electric vehicle charging infrastructure costs across major US metropolitan areas*[R]. The International Council on Clean Transportation.

Nilim A, Ghaoui L E, 2005. Robust control of Markov decision processes with uncertain transition matrices[J/OL]. *Operations Research*, 53(5):780-798. DOI: 10.1287/opre.1050.0216.

Ning C, You F, 2019. Data-driven Wasserstein distributionally robust optimization for biomass with agricultural waste-to-energy network design under uncertainty[J/OL]. *Applied Energy*,255 (May): 113857. DOI: 10.1016/j.apenergy.2019. 113857.

Paraskevopoulos D C, Gürel S, Bektaş T, 2016. The congested multicommodity network design problem[J]. *Transportation Research Part E: Logistics and Transportation Review*, 85:166-187.

Petrik M,2012. Approximate dynamic programming by minimizing distributionally robust bounds[J]. *International Conference on Machine Learning*, 1:497-504.

Petrik M, Subramanian D, 2014. RAAM: The benefits of robustness in approximating aggregated MDPS in reinforcement learning[J]. *Advances in Neural Information Precessing Systems*, 3 (January):1979-1987.

Qi W,Liang Y,Shen Z J M,2015. Joint planning of energy storage and transmission for wind energy generation[J]. *Operations Research*, 63(6):1280-1293.

Rochet J C, Tirole J, 2006. Two-sided markets: A progress report.[J]. *The RAND Journal of Economics*, 37(3):645-667.

Sen A,Atamturk A,Kaminsky P,2019. Technical note-a conic integer programming approach to constrained assortment optimization under the mixed multinomial logit model[J]. *Operations Research*.

Shao L, Yang J, Zhang M, 2017. Subsidy scheme or price discount scheme? Mass adoption of electric vehicles under different market structures[J]. *European Journal of Operational Research*, 262(3):1181-1195.

Shen Z J M, Coullard C, Daskin M S, 2003. A joint location-inventory model[J]. *Transportation Science*, 37(1):40-55.

Sherali H D, Smith J C, 2007. An improved linearization strategy for zero-one quadratic programming problems[J]. *Optimization Letters*, 1(1):33-47.

Silberschatz A, Galvin P B, Gagne G, et al., 1998. *Operating system concepts: volume 4*[M]. Addisonwesley Reading.

Simchi-Levi D, Kaminsky P, Simchi-Levi E, et al., 2008. *Designing and managing the supply chain: Concepts, strategies and case studies*[M]. Tata McGraw-Hill Education.

Sioshansi R, 2012. Or forum—modeling the impacts of electricity tariffs on plug-in hybrid electric vehicle charging, costs, and emissions[J]. *Operations Research*, 60(3):506-516.

Spiess H, 1990. Conical volume-delay functions[J]. *Transportation Science*, 24(2): 153-158.

Springel K, 2016. Network externality and subsidy structure in two-sided markets: Evidence from electric vehicle incentives[J]. *Job Market Paper*: 2016.

Sridharan R, 1995. The capacitated plant location problem[J]. *European Journal of Operational Research*, 87(2):203-213.

Taaffe K, Geunes J, Romeijn H E, 2008. Target market selection and marketing effort under uncertainty: The selective newsvendor[J]. *European Journal of Operational Research*, 189(3):987-1003.

Tan Y R, Paul A A, Deng Q, et al., 2017. Mitigating Inventory Overstocking: Optimal Order-up-to Level to Achieve a Target Fill Rate over a Finite Horizon[J/OL]. *Production and Operations Management*, 26(11):1971-1988. DOI: 10.1111/poms.12750.

Topkis D M, 1998. *Supermodularity and complementarity*[M]. Princeton University Press.

Vazirani V V, 2013. *Approximation algorithms*[M]. Springer Science & Business Media.

Verma A, Ahuja P, Neogi A, 2008. pMapper: Power and migration cost aware application placement in virtualized systems[C]//Middleware 2008. Berlin, Heidelberg: Springer Berlin Heidelberg:243-264.

Verma A, Pedrosa L, Korupolu M, et al., 2015. Large-scale cluster management at Google with Borg [C]//Proceedings of the Tenth European Conference on Computer Systems. ACM:18.

Villani C, 2008. *Optimal transport: Old and new: volume 338*[M]. Springer Science

& Business Media.

Wang N, Pan H, Zheng W, 2017a. Assessment of the incentives on electric vehicle promotion in China[J]. *Transportation Research Part A: Policy and Practice*, 101:177-189.

Wang N, Tang L, Pan H, 2017b. Effectiveness of policy incentives on electric vehicle acceptance in China: A discrete choice analysis[J]. *Transportation Research Part A: Policy and Practice*, 105:210-218.

Wang Q, Batta R, Rump C M, 2004. Facility location models for immobile servers with stochastic demand[J]. *Naval Research Logistics*, 51(1):137-152.

Wang S, Li J, Zhao D, 2017c. The impact of policy measures on consumer intention to adopt electric vehicles: Evidence from China[J]. *Transportation Research Part A: Policy and Practice*, 105:14-26.

Wang Z, You K, Song S, et al., 2020. Second-order Conic Programming Approach for Wasserstein Distributionally Robust Two-stage Linear Programs[J]. *Working Paper*.

Weber A, 1929. *Theory of the location of industries*[M]. University of Chicago Press.

White L V, Sintov N D, 2017. You are what you drive: Environmentalist and social innovator symbolism drives electric vehicle adoption intentions[J]. *Transportation Research Part A: Policy and Practice*, 99:94-113.

Wiesemann W, Kuhn D, Rustem B, 2013. Robust markov decision processes[J/OL]. *Mathematics of Operations Research*, 38(1):153-183. DOI: 10.1287/moor.1120. 0566.

Williamson D P, Shmoys D B, 2011. *The design of approximation algorithms*[M]. Cambridge University Press.

Willner L B, 1967. On parametric linear programming[J]. *SIAM Journal on Applied Mathematics*, 15:1253-1257.

Xu H, Mannor S, 2012. Distributionally robust markov decision processes[J/OL]. *Mathematics of Operations Research*, 37(2): 288-300. DOI: 10.1287/moor.1120. 0540.

Yalcin Y, Ofek E, Koenigsberg O, et al., 2013. Complementary goods: Creating, capturing, and competing for value[J]. *Marketing Science*, 32(4):554-569.

Yang I, 2017. A convex optimization approach to distributionally robust markov decision processes with wasserstein distance[J/OL]. *IEEE Control Systems Letters*, 1(1):164-169. DOI: 10.1109/ LCSYS.2017.2711553.

Yu P, Xu H, 2016. Distributionally Robust Counterpart in Markov Decision Processes[J/OL]. *IEEE Transactions on Automatic Control*, 61(9):2538-2543. DOI: 10.1109/TAC.2015.2495174.

Yu X, Shen S, 2020. Multistage Distributionally Robust Mixed-Integer Programming with Decision- Dependent Moment-Based Ambiguity Sets[J]. *Working Paper*:1-34.

Yu Z, Li S, Tong L, 2016. Market dynamics and indirect network effects in electric vehicle diffusion [J]. *Transportation Research Part D: Transport and Environment*, 47:336-356.

Yuan S, Das S, Ramesh R, et al., 2018. Service agreement trifecta: Backup resources, price and penalty in the availability-aware cloud[J]. *Information Systems Research*, 29(4):947-964.

Zhang L, Qin Q, 2018. China's new energy vehicle policies: Evolution, comparison and recommendation[J]. *Transportation Research Part A: Policy and Practice*, 110:57-72.

Zhang W, Dou Y, 2020. Coping with spatial mismatch: Subsidy design for electric vehicle and charging markets[J]. *Working Paper*.

Zhang X, Bai X, 2017. Incentive policies from 2006 to 2016 and new energy vehicle adoption in 2010-2020 in China[J]. *Renewable and Sustainable Energy Reviews*, 70:24-43.

Zhang X, Liang Y, Yu E, et al., 2017. Review of electric vehicle policies in China: Content summary and effect analysis[J]. *Renewable and Sustainable Energy Reviews*, 70:698-714.

Zhang Y, Berman O, Marcotte P, et al., 2010. A bilevel model for preventive healthcare facility network design with congestion[J]. *IIE Transactions*, 42(12):865-880.

Zhang Y, Berman O, Verter V, 2009. Incorporating congestion in preventive healthcare facility network design[J]. *European Journal of Operational Research*, 198(3):922-935.

Zhou G, Ou X, Zhang X, 2013. Development of electric vehicles use in China: A study from the perspective of life-cycle energy consumption and greenhouse gas emissions[J]. *Energy Policy*, 59: 875-884.

Zhou Y, Li S, 2018. Technology adoption and critical mass: The case of the us electric vehicle market[J]. *The Journal of Industrial Economics*, 66(2):423-480.

陈美蓉, 郭一楠, 巩敦卫, 等, 2017. 一类新型动态多目标鲁棒进化优化方法 [J]. 自动化学报, 43(11):2014-2032.

李春发, 徐伟, 朱丽, 2014. 考虑风险偏好的动态生产库存问题的鲁棒优化模型 [J]. 运筹与管理, 23(5):48-54.

李政玲，2016. 基于蚁群算法的应急物流动态网络鲁棒优化 [J]. 交通科技与经济，18(4): 43-48.

冉伦，李金林，徐丽萍，2009. 收益管理中单产品动态定价的稳健模型研究 [J]. 数理统计与管理，28(5):935-941.

赛迪智库电子信息研究所，2020."新基建"发展白皮书 [EB/OL]. (2021-05-10)[2020-03-19]. http://www.miitthinktank.org.cn/aatta/20200324225821366/1-2003231F017.pdf.

施耐德·劳伦斯，申作军，2016. 供应链理论基础 [M]. 清华大学出版社.

徐家旺，黄小原，2006. 需求不确定的电子供应链多目标鲁棒动态运作模型 [J]. 计算机集成制造系统，12(12):1999-2013.

张曙红，魏永长，2015. 再制造闭环供应链的混合库存动态模型及其鲁棒控制 [J]. 计算机应用研究，32(9):2647-2650.

张松涛，张春杨，侯嫣婷，2015. 基于库存切换的不确定动态供应链网络系统模糊鲁棒控制 [J]. 控制与决策，30(5):892-898.

中国信息通讯研究院，2020. 云计算发展白皮书 [EB/OL]. (2021-05-10) [2020-07]. http://www.caict.ac.cn/kxyj/qwfb/bps/202007/P020200803601700002 710.pdf.

附录 A 鲁棒动态规划代表性文献梳理

表 A-1 鲁棒动态规划代表性文献总结

文章	状态	决策	周期	不确定集合	使用的算法	文章类型
Nilim & Ghaoui (2005)	有限	有限	有限/无限	不确定转移概率	价值迭代、策略迭代	纯理论
Iyengar (2005)	有限	有限	有限/无限	rectangular	等价于零和博弈	纯理论
Bertsimas et al. (2010)	连续	连续	有限	hypercube（线性系统）	正向归纳	理论＋算例
Xu & Mannor (2012)	有限	有限	有限/无限	嵌套不确定集	转化为 rectangular	纯理论
Petrik (2012)	有限	有限	无限	不确定转移概率和回报	将价值函数近似为线性函数	近似算法
Wiesemann et al. (2013)	有限	有限	无限	(s, a)-rectangular	锥优化	纯理论
Iancu et al. (2013)	连续	连续	有限	整数格栅	线性决策法则	纯理论、最优
Petrik & Subramanian (2014)	有限	有限	无限	不确定转移概率和回报	状态合并降维	近似算法
Yu & Xu (2016)	有限	有限	有限/无限	嵌套或离散不确定集，可加入矩信息	转化为 s-robust 问题	纯理论
Mannor et al. (2016)	有限	有限	有限	k-rectangular	状态空间扩张	纯理论
Lim et al. (2016)	有限	有限	无限	不确定转移概率和回报	核函数降维	近似算法
Yang (2017)	有限	有限	有限	Wasserstein	对偶贝尔曼方程	理论＋算例
Bertsimas et al. (2019)	连续	连续	两阶段	SOC不确定集	线性决策法则, Lift	近似算法
Ning & You (2019)	连续	连续	两阶段	Wasserstein	MINLP	农业应用
Derman & Mannor (2020)	有限	有限	无限	Wasserstein	regularization	纯理论

附录 B 新能源汽车供应链的补贴资源分配

B.1 命题的证明

引理 3-1 的证明

证明：联立约束式 (3-5) 与式 (3-6)，可以计算出均衡时的电动汽车数量为：

$$\lambda = \lambda_0 + \frac{\widehat{\theta} - u_0 - (p-s) - \phi - \mu\left(\dfrac{\lambda\phi}{c-\kappa}\right)}{\widehat{\theta}}\Lambda$$

$$= \lambda_0 + \frac{\widehat{\theta} - u_0 - (p-s) - \phi}{\widehat{\theta}}\Lambda - \frac{\Lambda}{\widehat{\theta}}\mu\left(\frac{\lambda\phi}{c-\kappa}\right)$$

$$\Leftrightarrow \lambda + \frac{\Lambda}{\widehat{\theta}}\mu\left(\frac{\lambda\phi}{c-\kappa}\right) = \lambda_0 + \frac{\widehat{\theta} - u_0 - (p-s) - \phi}{\widehat{\theta}}\Lambda \qquad \text{(B-1)}$$

其中 λ 被上面的等式所唯一确定。定义 $F(x) = x + \dfrac{\Lambda}{\widehat{\theta}}\mu\left(\dfrac{x\phi}{c-\kappa}\right)$，那么式 (B-1) 可写为：

$$F(\lambda) = \lambda_0 + \frac{\widehat{\theta} - u_0 - (p-s) - \phi}{\widehat{\theta}}\Lambda$$

注意到 $F'(x) = 1 + \dfrac{\Lambda\phi\mu'\left(\dfrac{x\phi}{c-\kappa}\right)}{\widehat{\theta}(c-\kappa)} \geqslant 0$，因此 $F(x)$ 是一个非增函数，而且电动汽车的数量随着消费补贴的增大而增多。因此，

$$\widehat{\lambda} = F^{-1}\left\{\lambda_0 + \left[\frac{\widehat{\theta} - u_0 - (p-s) - \phi}{\widehat{\theta}}\right]\Lambda\right\}$$

给定约束式 (3-6)，有

$$\widehat{m} = \frac{\widehat{\lambda}\phi}{c-\kappa}$$

证毕。

命题 3-1 的证明

证明： 首先假设优化问题 TSSP 有内点解，并对其求解。接下来再来检查边界解的条件。

当约束式 (3-7) 不起作用时，联立约束式 (3-5) 和式 (3-6) 可得：

$$\lambda = \lambda_0 + \frac{\Lambda}{\theta}\left[\widehat{\theta} - (p+u_0) + s - \phi - \mu\left(\frac{\lambda\phi}{c-\kappa}\right)\right] \tag{B-2}$$

$$\frac{(c-\kappa)m}{\phi} = \lambda_0 + \frac{\Lambda}{\theta}\left[\widehat{\theta} - (p+u_0) + s - \phi - \mu(m)\right] \tag{B-3}$$

在式 (B-2) 两边同时关于 s 求导可得：

$$\frac{\partial \lambda}{\partial s} = \frac{\Lambda}{\widehat{\theta}}\left[1 - \frac{\phi\mu'(m)}{c-\kappa}\left(\frac{\partial \lambda}{\partial s}\right)\right] \Rightarrow \frac{\partial \lambda}{\partial s} = \frac{\Lambda(c-\kappa)}{\widehat{\theta}(c-\kappa) + \Lambda\phi\mu'(m)} \tag{B-4}$$

因此，

$$\frac{\partial m}{\partial s} = \left(\frac{\phi}{c-\kappa}\right)\frac{\partial \lambda}{\partial s} = \frac{\Lambda\phi}{\widehat{\theta}(c-\kappa) + \Lambda\phi\mu'(m)} \tag{B-5}$$

接下来对式 (B-3) 两边同时对 κ 求导可得：

$$\left(\frac{c-\kappa}{\phi}\right)\frac{\partial m}{\partial \kappa} - \frac{m}{\phi} = \left(-\frac{\Lambda\mu'(m)}{\widehat{\theta}}\right)\frac{\partial m}{\partial \kappa} \Rightarrow \frac{\partial m}{\partial \kappa} = \frac{m\widehat{\theta}}{\widehat{\theta}(c-\kappa) + \Lambda\phi\mu'(m)} \tag{B-6}$$

因此，

$$\frac{\partial \lambda}{\partial \kappa} = \left(\frac{c-\kappa}{\phi}\right)\frac{\partial m}{\partial \kappa} - \frac{m}{\phi} = \frac{-\Lambda m\mu'(m)}{\widehat{\theta}(c-\kappa) + \Lambda\phi\mu'(m)} \tag{B-7}$$

此双补贴政策问题的最优条件为：

$$\frac{\partial \pi}{\partial s} = (\beta - s)\frac{\partial \lambda}{\partial s} - \frac{\partial m}{\partial s}\kappa - (\lambda - \lambda_0) = 0$$

$$\frac{\partial \pi}{\partial \kappa} = (\beta - s)\frac{\partial \lambda}{\partial \kappa} - \frac{\partial m}{\partial \kappa}\kappa - m = 0$$

代入式 (B-4) ~ 式(B-6) 中的偏导中，可以得到：

$$(\beta - s)\frac{\Lambda(c - \kappa)}{\widehat{\theta}(c - \kappa) + \Lambda\phi\mu'(m)} - \frac{\Lambda\phi}{\widehat{\theta}(c - \kappa) + \Lambda\phi\mu'(m)}\kappa = \lambda - \lambda_0$$

$$(\beta - s)\frac{-\Lambda\mu'(m)m}{\widehat{\theta}(c - \kappa) + \Lambda\phi\mu'(m)} - \frac{m\widehat{\theta}}{\widehat{\theta}(c - \kappa) + \Lambda\phi\mu'(m)}\kappa = m$$

利用式 (3-6)，上式等价于：

$$\left(\beta - s - \frac{\phi\kappa}{c - \kappa}\right)\frac{\Lambda(c - \kappa)}{\widehat{\theta}(c - \kappa) + \Lambda\phi\mu'(m)} = \lambda - \lambda_0 \tag{B-8}$$

$$\left(\beta - s - \frac{\phi\kappa}{c - \kappa}\right)\frac{-\Lambda\mu'(m)m}{\widehat{\theta}(c - \kappa) + \Lambda\phi\mu'(m)} = \frac{\lambda\phi c}{(c - \kappa)^2} \tag{B-9}$$

接下来代入 $\mu(m) = r_0 - r\sqrt{m}$ 和 $\mu'(m) = -\dfrac{r}{2\sqrt{m}}$，并同时求解式 (3-5)、式 (3-6)、式(B-8) 和式 (B-9)。对方程组求解可得式 (3-8)。

如果 $\bar{s}_0 < 0$ 而 $\bar{\kappa}_0 > 0$，对于消费者的最优补贴 $s^* = 0$。此时令 $s = 0$ 并联立式 (3-5)、式 (3-6) 和式 (B-9)，可得：

$$\kappa^* = \frac{c\left\{(\phi^2 + \beta^2)\Lambda^2 r^2 + 4\Lambda c\phi\widehat{\theta}[\phi + (p + u_0 + r_0) - \widehat{\theta}] - 4\phi\widehat{\theta}^2 c\lambda_0\right\}}{[\Lambda r(\phi + \beta)]^2}$$

类似地，如果 $\bar{s}_0 > 0$ 且 $\bar{\kappa}_0 < 0$，给予电动汽车消费者的最优补贴 $\kappa^* = 0$。令 $k = 0$ 并结合式 (3-5)、式 (3-6) 和式 (B-8) 可得：

$$s^* = \frac{cz_0^2\widehat{\theta} - \Lambda r\phi z_0 + \Lambda\phi[(p + u_0 + r_0) + \phi - \widehat{\theta}] - \lambda_0\widehat{\theta}\phi}{\Lambda\phi}$$

其中 z_0 为下面方程的更大的实根：

$$4c^2\widehat{\theta}z^3 - 3\Lambda rc\phi z^2 + \{2\Lambda\phi c[\phi - \beta + (p + u_0 + r_0) - \widehat{\theta}] - 4c\phi\widehat{\theta}\lambda_0\}z + \Lambda r\phi^2\lambda_0 = 0$$

根据 Descartes 法则，对于一个一元实系数多项式，如果按降幂方式排列，其相邻的非零系数的符号的变化次数大于等于多项式的正根的个数，因此上面的多项式至多有两个正实根。

推论 3-1 的证明

证明：当 $\bar{s}_0 < 0$ 时，最优消费者补贴为 0。利用命题 3-1 的结论，并令 $\widehat{p} = (u_0 + r_0 + p)$，$\bar{s}_0 < 0$ 的条件为下述不等式 (B-10)：

$$\beta + \phi - \frac{2c\widehat{\theta}(\beta + \widehat{\theta} - \widehat{p})}{4c\widehat{\theta} - \Lambda r^2} < 0 \qquad \text{(B-10)}$$

此不等式确定了消费者的补贴为零的模型参数条件。

当将充电桩投资成本 c 作为未知参数求解不等式 (B-10) 时，可得：

$$c < \frac{(\beta + \phi)\Lambda r^2}{2\widehat{\theta}(\beta + 2\phi + \widehat{p} - \widehat{\theta})} \triangleq c_s$$

也就是说，当充电桩投资成本比较低，也就是满足 $c < c_s$ 时，应该停止给消费者提供补贴。

接下来，将电动汽车售价 p 作为未知参数求解不等式 (B-10)，可得：

$$p < \frac{(\beta + \phi)\Lambda r^2}{2c\widehat{\theta}} + \widehat{\theta} - \beta - 2\phi - u_0 - r_0 \triangleq p_s$$

也就是当电动汽车售价比较低，满足 $p < p_s$ 时，应该停止给消费者提供补贴。

将单位电动汽车社会收益 β 作为未知参数求解不等式 (B-10) 可得：

$$\beta < \frac{\Lambda r^2 \phi + 2c\widehat{\theta}(\widehat{\theta} - \widehat{p} - 2\phi)}{2c\widehat{\theta} - \Lambda r^2} \triangleq \beta_s$$

也就是当单位电动汽车社会收益比较低，满足 $\beta < \beta_s$ 时，应该停止给消费者提供补贴。

将消费者环保意识 $\widehat{\theta}$ 作为未知参数求解不等式 (B-10) 可得：

$$\widehat{\theta} > \frac{(\beta + \widehat{p} + 2\phi)c + \sqrt{c^2(\beta + \widehat{p} + 2\phi)^2 - 2(\beta + \phi)\Lambda r^2}}{2c}$$

$$\widehat{\theta} < \frac{(\beta + \widehat{p} + 2\phi)c - \sqrt{c^2(\beta + \widehat{p} + 2\phi)^2 - 2(\beta + \phi)\Lambda r^2}}{2c}$$

第二个不等式违背了假设 3-1，因此当消费者的环保意识比较强的时候应该停止给消费者提供补贴，此时 $\widehat{\theta}$ 满足：

$$\widehat{\theta} > \frac{(\beta + \widehat{p} + 2\phi)c + \sqrt{c^2(\beta + \widehat{p} + 2\phi)^2 - 2(\beta + \phi)\Lambda r^2}}{2c} \triangleq \widehat{\theta}_s$$

最后，将网络效应参数 r 作为未知参数求解不等式 (B-10) 可得：

$$r > \sqrt{\frac{2c\widehat{\theta}(\beta + 2\phi + \widehat{p} - \widehat{\theta})}{\Lambda(\beta + \phi)}} \quad \text{或} \quad r < -\sqrt{\frac{2c\widehat{\theta}(\beta + 2\phi + \widehat{p} - \widehat{\theta})}{\Lambda(\beta + \phi)}} < 0$$

因此，当网络效应比较高时，应该停止给消费者提供补贴，此时 r 应满足：

$$r > \sqrt{\frac{2c\widehat{\theta}(\beta + 2\phi + \widehat{p} - \widehat{\theta})}{\Lambda(\beta + \phi)}} \triangleq r_s$$

接下来研究停止充电桩补贴的条件。当 $\bar{\kappa}_0 < 0$ 时，最优的充电桩投资补贴为 0。利用命题 3-1 关于 $\bar{\kappa}_0$ 的方程可知，$\bar{\kappa}_0 < 0$ 当且仅当满足式 (B-11)。

$$c - \frac{2\phi c\,(4c\widehat{\theta} - \Lambda r^2)}{(\beta + \widehat{\theta} - \widehat{p})\Lambda r^2} - \frac{\phi(4c\widehat{\theta} - \Lambda r^2)^2}{[(\beta + \widehat{\theta} - \widehat{p})\Lambda r]^2}\lambda_0 < 0 \tag{B-11}$$

首先，将充电桩投资成本 c 作为未知参数求解不等式 (B-11) 时，可得：

$$c > \frac{\Lambda^2 r^2(\beta - \widehat{p} + \widehat{\theta})^2\left(\sqrt{\dfrac{\beta^2\Lambda + 2\beta\Lambda(-\widehat{p} + 2\phi + \widehat{\theta}) + 16\lambda_0\phi\widehat{\theta} + \Lambda(-\widehat{p} + 2\phi + \widehat{\theta})^2}{\Lambda(\beta - \widehat{p} + \widehat{\theta})^2}}\right.}{16\phi\widehat{\theta}(\beta\Lambda + 2\lambda_0\widehat{\theta} + \Lambda(\widehat{\theta} - \widehat{p}))} \rightarrow$$

$$\rightarrow \frac{\left. + \dfrac{8\lambda_0\phi\widehat{\theta}}{\Lambda(\beta - \widehat{p} + \widehat{\theta})^2} + \dfrac{2\phi}{\beta - \widehat{p} + \widehat{\theta}} + 1\right)}{16\phi\widehat{\theta}[\beta\Lambda + 2\lambda_0\widehat{\theta} + \Lambda(\widehat{\theta} - \widehat{p})]} \tag{B-12}$$

$$c < \frac{\Lambda^2 r^2(\beta - \widehat{p} + \widehat{\theta})^2\left(-\sqrt{\dfrac{\beta^2\Lambda + 2\beta\Lambda(-\widehat{p} + 2\phi + \widehat{\theta}) + 16\lambda_0\phi\widehat{\theta} + \Lambda(-\widehat{p} + 2\phi + \widehat{\theta})^2}{\Lambda(\beta - \widehat{p} + \widehat{\theta})^2}}\right.}{16\phi\widehat{\theta}[\beta\Lambda + 2\lambda_0\widehat{\theta} + \Lambda(\widehat{\theta} - \widehat{p})]} \rightarrow$$

$$\rightarrow \frac{\left. + \dfrac{8\lambda_0\phi\widehat{\theta}}{\Lambda(\beta - \widehat{p} + \widehat{\theta})^2} + \dfrac{2\phi}{\beta - \widehat{p} + \widehat{\theta}} + 1\right)}{16\phi\widehat{\theta}[\beta\Lambda + 2\lambda_0\widehat{\theta} + \Lambda(\widehat{\theta} - \widehat{p})]} \tag{B-13}$$

由于 $\lambda_0 > 0$，对于上式的第二个不等式 (B-13) 有：

$$c < \frac{\Lambda^2 r^2(\beta - \widehat{p} + \widehat{\theta})^2\left(-\sqrt{\dfrac{\beta^2\Lambda + 2\beta\Lambda(-\widehat{p} + 2\phi + \widehat{\theta}) + 16\lambda_0\phi\widehat{\theta} + \Lambda(-\widehat{p} + 2\phi + \widehat{\theta})^2}{\Lambda(\beta - \widehat{p} + \widehat{\theta})^2}}\right.}{16\phi\widehat{\theta}[\beta\Lambda + 2\lambda_0\widehat{\theta} + \Lambda(\widehat{\theta} - \widehat{p})]} \rightarrow$$

$$\rightarrow \frac{\left. + \dfrac{8\lambda_0\phi\widehat{\theta}}{\Lambda(\beta - \widehat{p} + \widehat{\theta})^2} + \dfrac{2\phi}{\beta - \widehat{p} + \widehat{\theta}} + 1\right)}{16\phi\widehat{\theta}[\beta\Lambda + 2\lambda_0\widehat{\theta} + \Lambda(\widehat{\theta} - \widehat{p})]}$$

$$< \frac{\Lambda^2 r^2(\beta - \widehat{p} + \widehat{\theta})^2\left(-\sqrt{\dfrac{\beta^2\Lambda + 2\beta\Lambda(-\widehat{p} + 2\phi + \widehat{\theta}) + \Lambda(-\widehat{p} + 2\phi + \widehat{\theta})^2}{\Lambda(\beta - \widehat{p} + \widehat{\theta})^2}}\right.}{16\phi\widehat{\theta}[\beta\Lambda + 2\lambda_0\widehat{\theta} + \Lambda(\widehat{\theta} - \widehat{p})]} \rightarrow$$

$$
\rightarrow \frac{+\dfrac{8\lambda_0\phi\widehat{\theta}}{\Lambda(\beta-\widehat{p}+\widehat{\theta})^2}+\dfrac{2\phi}{\beta-\widehat{p}+\widehat{\theta}}+1\Big)}{16\phi\widehat{\theta}[\beta\Lambda+2\lambda_0\widehat{\theta}+\Lambda(\widehat{\theta}-\widehat{p})]}
$$

$$
=\frac{\Lambda^2 r^2(\beta-\widehat{p}+\widehat{\theta})^2\left[-\sqrt{\dfrac{(\beta-\widehat{p}+\widehat{\theta}+2\phi)^2}{(\beta-\widehat{p}+\widehat{\theta})^2}+\dfrac{8\lambda_0\phi\widehat{\theta}}{\Lambda(\beta-\widehat{p}+\widehat{\theta})^2}+\dfrac{2\phi}{\beta-\widehat{p}+\widehat{\theta}}+1}\right]}{16\phi\widehat{\theta}[\beta\Lambda+2\lambda_0\widehat{\theta}+\Lambda(\widehat{\theta}-\widehat{p})]}
$$

$$
\Leftrightarrow c < \frac{\lambda_0\Lambda r^2}{2\Lambda(\beta+\widehat{\theta}-\widehat{p})+4\lambda_0\widehat{\theta}} \quad\Leftrightarrow\quad 2c\Lambda(\beta+\widehat{\theta}-\widehat{p})+\lambda_0(4c\widehat{\theta}-\Lambda r^2) < 0
$$

由假设 3-1 可知 $c > \dfrac{\Lambda r^2}{4c\widehat{\theta}}$ 且 $\beta+\widehat{\theta} > \widehat{p}$，因此最后的不等式不可能成立。因此，条件式 (B-12) 成立而条件式 (B-13) 不成立。这意味着当充电桩成本足够高的时候，应该停止向充电桩投资者提供补贴，此时 c 满足：

$$
c > \frac{\Lambda^2 r^2(\beta-\widehat{p}+\widehat{\theta})^2\left(\sqrt{\dfrac{\beta^2\Lambda+2\beta\Lambda(-\widehat{p}+2\phi+\widehat{\theta})+16\lambda_0\phi\widehat{\theta}+\Lambda(-\widehat{p}+2\phi+\widehat{\theta})^2}{\Lambda(\beta-\widehat{p}+\widehat{\theta})^2}}\right.}{16\phi\widehat{\theta}[\beta\Lambda+2\lambda_0\widehat{\theta}+\Lambda(\widehat{\theta}-\widehat{p})]} \rightarrow
$$

$$
\rightarrow \frac{\left.+\dfrac{8\lambda_0\phi\widehat{\theta}}{\Lambda(\beta-\widehat{p}+\widehat{\theta})^2}+\dfrac{2\phi}{\beta-\widehat{p}+\widehat{\theta}}+1\right)}{16\phi\widehat{\theta}[\beta\Lambda+2\lambda_0\widehat{\theta}+\Lambda(\widehat{\theta}-\widehat{p})]} \triangleq c_\kappa
$$

接下来，将电动汽车售价 p 作为未知参数求解不等式 (B-11) 可得式 (B-14)、式 (B-15)：

$$
p > \beta + \frac{\left(4c\widehat{\theta}-\Lambda r^2\right)\sqrt{c\phi\left(c\phi+\lambda_0 r^2\right)}}{c\Lambda r^2} - \frac{4c\phi\widehat{\theta}}{\Lambda r^2} + \phi + \widehat{\theta} - u_0 - r_0
$$

$$
\tag{B-14}
$$

$$
p < \beta - \frac{\left(4c\widehat{\theta}-\Lambda r^2\right)\sqrt{c\phi\left(c\phi+\lambda_0 r^2\right)}}{c\Lambda r^2} - \frac{4c\phi\widehat{\theta}}{\Lambda r^2} + \phi + \widehat{\theta} - u_0 - r_0
$$

$$
\tag{B-15}
$$

可以发现不等式 (B-15) 违反了假设 3-1，因此当电动汽车的价格比较高，即 $p > p_\kappa$ 时，应停止对充电桩投资者的补贴，其中 p_κ 为式 (B-14) 的右边项。

接下来，将消费者环保意识 $\widehat{\theta}$ 作为未知参数求解不等式 (B-11) 可得：

$$
\widehat{\theta} > -\frac{\left(4\beta c-4c\widehat{p}+\Lambda r^2\right)\sqrt{c\Lambda^2\phi\left(c\phi+\lambda_0 r^2\right)}+\beta c\Lambda(\Lambda r^2-4c\phi)+4c^2\Lambda\widehat{p}\phi+c\Lambda r^2(4\lambda_0\phi-\Lambda\widehat{p}+\Lambda\phi)}{c\left[8c\phi(2\lambda_0+\Lambda)-\Lambda^2 r^2\right]}
$$

$$
\widehat{\theta} < \frac{\left(4\beta c-4c\widehat{p}+\Lambda r^2\right)\sqrt{c\Lambda^2\phi\left(c\phi+\lambda_0 r^2\right)}+\beta c\Lambda(\Lambda r^2-4c\phi)+4c^2\Lambda\widehat{p}\phi+c\Lambda r^2(4\lambda_0\phi-\Lambda\widehat{p}+\Lambda\phi)}{c\left[8c\phi(2\lambda_0+\Lambda)-\Lambda^2 r^2\right]} \triangleq \widehat{\theta}_\kappa
$$

第一个不等式由于 $\widehat{\theta} > \widehat{p} - \beta$ 而且 $\lambda_0 > 0$ 自然满足，因此当消费者环保意识足够低的时候，也就是 $\widehat{\theta} < \widehat{\theta}_\kappa$ 时，应停止对充电桩投资者的补贴。

将网络效应参数 r 作为未知参数求解不等式 (B-11) 可得：

$$
r < \left(
\begin{array}{l}
\dfrac{c\left[-\beta\sqrt{\Lambda}\sqrt{\beta^2\Lambda + 2\beta\Lambda(-\widehat{p} + 2\phi + \widehat{\theta}) + 16\lambda_0\phi\widehat{\theta} + \Lambda(-\widehat{p} + 2\phi + \widehat{\theta})^2}\right]}{2\lambda_0\Lambda\phi} \\[3mm]
+ \dfrac{c\left[\sqrt{\Lambda}(\widehat{p} - \widehat{\theta})\sqrt{\beta^2\Lambda + 2\beta\Lambda(-\widehat{p} + 2\phi + \widehat{\theta}) + 16\lambda_0\phi\widehat{\theta} + \Lambda(-\widehat{p} + 2\phi + \widehat{\theta})^2}}{2\lambda_0\Lambda\phi} \\[3mm]
\quad \to \dfrac{+\beta^2\Lambda + 2\beta\Lambda(-\widehat{p} + \phi + \widehat{\theta}) + 8\lambda_0\phi\widehat{\theta} + \Lambda(\widehat{p} - \widehat{\theta})(\widehat{p} - 2\phi - \widehat{\theta})\right]}{2\lambda_0\Lambda\phi}
\end{array}
\right)^{1/2} \triangleq r_\kappa
$$

式 (B-11) 为 r 提供了一个下界，然而此下界小于 0，因此自然被满足。因此，当网络效应足够低，也就是 $r < r_\kappa$ 时，应停止对充电桩投资者的补贴。

命题 3-2 的证明

证明：为了展示电动汽车价格 p 对模型结果的影响，分别由 s^*，κ^*，m^*，λ^* 对 p 进行求导可得：

$$
\frac{\partial s^*}{\partial p} = \frac{2\widehat{\theta}c}{4\widehat{\theta}c - \Lambda r^2}
$$

$$
\frac{\partial \kappa^*}{\partial p} = -\frac{2\phi c\left(4\widehat{\theta}c - \Lambda r^2\right)}{\Lambda r^2(\widehat{\theta} - \widehat{p} + \beta)^2} - \frac{2\phi\left(4\widehat{\theta}c - \Lambda r^2\right)^2}{\Lambda^2 r^2(\widehat{\theta} - \widehat{p} + \beta)^3}\lambda_0
$$

$$
\frac{\partial \lambda^*}{\partial p} = -\frac{2c\Lambda}{4\widehat{\theta}c - \Lambda r^2}
$$

$$
\frac{\partial m^*}{\partial p} = -\frac{2\Lambda^2 r^2(\widehat{\theta} - \widehat{p} + \beta)}{(4\widehat{\theta}c - \Lambda r^2)^2}
$$

基于假设 3-1 可知 $\widehat{\theta} > \widehat{p}$ 且 $4c\widehat{\theta} > \Lambda r^2$，因此可以确定对应导数的符号如下：

$$
\frac{\partial s^*}{\partial p} > 0, \qquad \frac{\partial \kappa^*}{\partial p} < 0, \qquad \frac{\partial \lambda^*}{\partial p} < 0, \qquad \frac{\partial m^*}{\partial p} < 0
$$

因此，电动汽车消费者的最优补贴政策随着电动汽车价格 p 的增高而增高，但是充电桩补贴随着电动汽车价格的增高而降低。另外，均衡情况下的电动汽车数量和充电桩数量随着电动汽车价格的增长而降低。

为了探索充电桩建造成本 c 对最优解的影响，计算下列关于 c 的偏导数：

$$\frac{\partial s^*}{\partial c} = \frac{2\widehat{\theta}\Lambda r^2(\beta + \widehat{\theta} - \widehat{p})}{\left(4\widehat{\theta}c - \Lambda r^2\right)^2}$$

$$\frac{\partial \kappa^*}{\partial c} = 1 + \frac{2\phi}{\widehat{\theta} - \widehat{p} + \beta} + \frac{8\widehat{\theta}\phi}{\Lambda(\widehat{\theta} - \widehat{p} + \beta)^2}\lambda_0 - \left[\frac{32\widehat{\theta}^2\phi\lambda_0}{\Lambda^2 r^2(\widehat{\theta} - \widehat{p} + \beta)^2} + \frac{16\widehat{\theta}\phi}{\Lambda r^2(\widehat{\theta} - \widehat{p} + \beta)}\right]c$$

$$\frac{\partial \lambda^*}{\partial c} = -\frac{2\Lambda^2 r^2(\beta + \widehat{\theta} - \widehat{p})}{\left(4\widehat{\theta}c - \Lambda r^2\right)^2}$$

$$\frac{\partial m^*}{\partial c} = -\frac{8\widehat{\theta}\Lambda^2 r^2(\beta + \widehat{\theta} - \widehat{p})^2}{\left(4\widehat{\theta}c - \Lambda r^2\right)^3}$$

利用假设 3-1 可知：

$$\frac{\partial s^*}{\partial c} > 0, \qquad \frac{\partial \lambda^*}{\partial c} < 0, \qquad \frac{\partial m^*}{\partial c} < 0$$

对于 κ^*，$\dfrac{\partial \kappa^*}{\partial c}$ 的符号由充电桩建造成本 c 所决定。注意到：

$$\frac{\partial^2 \kappa^*}{\partial c^2} = -\left[\frac{32\widehat{\theta}^2\phi\lambda_0}{\Lambda^2 r^2(\widehat{\theta} - \widehat{p} + \beta)^2} + \frac{16\widehat{\theta}\phi}{\Lambda r^2(\widehat{\theta} - \widehat{p} + \beta)}\right] < 0$$

上式意味着 $\dfrac{\partial \kappa^*}{\partial c}$ 关于 c 单调递减。由于假设 3-1 要求 $c \geqslant \dfrac{\Lambda r^2}{4\widehat{\theta}}$，$\dfrac{\partial \kappa^*}{\partial c}$ 的最大值在 $c = \dfrac{\Lambda r^2}{4\widehat{\theta}}$ 处达到，此时：

$$\frac{\partial \kappa^*}{\partial c}\bigg|_{c=\frac{\Lambda r^2}{4\widehat{\theta}}} = \frac{\beta + \widehat{\theta} - \widehat{p} - 2\phi}{\beta + \widehat{\theta} - \widehat{p}}$$

当 $\beta + \widehat{\theta} - \widehat{p} - 2\phi \geqslant 0$，$\dfrac{\partial \kappa^*}{\partial c}$ 在 c 比较小的时候为正，反之为负。换言之，如果 $\widehat{\theta} - \widehat{p} + \beta - 2\phi \geqslant 0$，那么 κ^* 关于 c 先增后减，反之 κ^* 关于 c 单调递减。

命题 3-3 的证明

证明：为了展示网络效用 r 对模型结果的影响，分别由 s^*，κ^*，m^*，λ^* 对 r 进行求导可得：

$$\frac{\partial s^*}{\partial r} = -\frac{4\widehat{\theta}c\varLambda r(\beta + \widehat{\theta} - \widehat{p})}{\left(4\widehat{\theta}c - \varLambda r^2\right)^2}$$

$$\frac{\partial \kappa^*}{\partial r} = \frac{16c^2\phi\widehat{\theta}}{\varLambda r^3(\widehat{\theta} - \widehat{p} + \beta)} + \frac{2\phi(16c^2\widehat{\theta}^2 - \varLambda^2 r^4)}{\varLambda^2 r^3(\widehat{\theta} - \widehat{p} + \beta)^2}\lambda_0$$

$$\frac{\partial \lambda^*}{\partial r} = \frac{4c\varLambda^2 r(\beta + \widehat{\theta} - \widehat{p})}{\left(4\widehat{\theta}c - \varLambda r^2\right)^2}$$

$$\frac{\partial m^*}{\partial r} = \frac{2\varLambda^2 r(\beta + \widehat{\theta} - \widehat{p})^2\left(4\widehat{\theta}c + \varLambda r^2\right)}{\left(4\widehat{\theta}c - \varLambda r^2\right)^3}$$

由于 $\widehat{\theta} > \widehat{p}$ 且 $4c\widehat{\theta} > \varLambda r^2$，可以确定偏导数的符号如下：

$$\frac{\partial s^*}{\partial r} < 0, \qquad \frac{\partial \kappa^*}{\partial r} > 0, \qquad \frac{\partial \lambda^*}{\partial r} > 0, \qquad \frac{\partial m^*}{\partial r} > 0$$

因此，对于电动汽车消费者的最优补贴策略随网络效应的增长而降低，但是对充电桩投资者的补贴随网络效应的增长而增长。另外，均衡下的总电动汽车数量和充电桩数量随着网络效应的增长而增长。

命题 3-4 的证明

证明：为了展示政府的环保意识 β 对模型结果的影响，分别由 s^*，κ^*，m^*，λ^* 对 β 进行求导可得：

$$\frac{\partial s^*}{\partial \beta} = 1 - \frac{2\widehat{\theta}c}{4\widehat{\theta}c - \varLambda r^2}$$

$$\frac{\partial \kappa^*}{\partial \beta} = \frac{2\phi c\left(4\widehat{\theta}c - \varLambda r^2\right)}{\varLambda r^2(\widehat{\theta} - \widehat{p} + \beta)^2} + \frac{2\phi\left(4\widehat{\theta}c - \varLambda r^2\right)^2}{\varLambda^2 r^2(\widehat{\theta} - \widehat{p} + \beta)^3}\lambda_0$$

$$\frac{\partial \lambda^*}{\partial \beta} = \frac{2c\varLambda}{4\widehat{\theta}c - \varLambda r^2}$$

$$\frac{\partial m^*}{\partial \beta} = \frac{2\Lambda^2 r^2(\beta + \widehat{\theta} - \widehat{p})}{(4\widehat{\theta}c - \Lambda r^2)^2}$$

利用假设 3-1 可以确定偏导数的符号如下：

$$\frac{\partial \kappa^*}{\partial \beta} > 0, \qquad \frac{\partial \lambda^*}{\partial \beta} > 0, \qquad \frac{\partial m^*}{\partial \beta} > 0$$

因此，充电桩投资补贴均衡时电动汽车数量和充电桩数量随着 β 的增长而增长。然而，对于电动汽车消费者相关补贴，倒数符号取决于网络效应的强度。如果 $r < \sqrt{\dfrac{2\widehat{\theta}c}{\Lambda}} = \widehat{r}$，那么有：

$$\frac{\partial s^*}{\partial \beta} = 1 - \frac{2\widehat{\theta}c}{4\widehat{\theta}c - \Lambda r^2} > 1 - \frac{2\widehat{\theta}c}{4\widehat{\theta}c - \Lambda \frac{2\widehat{\theta}c}{\Lambda}} = 0$$

这意味着消费者最优补贴政策随 β 的增长而增长。与之相对的，如果 $r > \widehat{r}$，那么 $\dfrac{\partial s^*}{\partial \beta} < 0$，也就是说 s^* 关于 β 单调递减。

命题 3-5 的证明

证明：为了展示消费者的环保意识 $\widehat{\theta}$ 对模型结果的影响，分别由 s^*，κ^*，m^*，λ^* 对 $\widehat{\theta}$ 进行求导可得：

$$\frac{\partial s^*}{\partial \widehat{\theta}} = \frac{2c\left[\Lambda r^2(\beta + \widehat{\theta} - \widehat{p}) - \widehat{\theta}(4\widehat{\theta}c - \Lambda r^2)\right]}{\left(4\widehat{\theta}c - \Lambda r^2\right)^2}$$

$$\frac{\partial \kappa^*}{\partial \widehat{\theta}} = \frac{2\phi c[4c(\widehat{p} - \beta) - \Lambda r^2]}{\Lambda r^2(\beta - \widehat{p} + \widehat{\theta})^2} + \frac{2\phi[4c(\widehat{p} - \beta) - \Lambda r^2](4\widehat{\theta}c - \Lambda r^2)}{\Lambda^2 r^2(\beta - \widehat{p} + \widehat{\theta})^3}\lambda_0$$

当 $4c(\widehat{p} - \beta) - \Lambda r^2 \geqslant 0$，或者 $c \geqslant \dfrac{\Lambda r^2}{4(\widehat{p} - \beta)} = \widehat{c}$，有：

$$\frac{\partial s^*}{\partial \widehat{\theta}} \leqslant \frac{2c\left\{\Lambda r^2(\beta + \widehat{\theta} - \widehat{p}) - \widehat{\theta}[4\widehat{\theta}c - 4c(\widehat{p} - \beta)]\right\}}{\left(4\widehat{\theta}c - \Lambda r^2\right)^2}$$

$$= \frac{2c\left[(\Lambda r^2 - 4c\widehat{\theta})(\beta + \widehat{\theta} - \widehat{p})\right]}{\left(4\widehat{\theta}c - \Lambda r^2\right)^2} < 0$$

$$\frac{\partial \kappa^*}{\partial \widehat{\theta}} > 0$$

此时，当 $c > \widehat{c}$，最优消费者补贴关于 $\widehat{\theta}$ 单调递减，然而最优充电桩投资补贴关于 $\widehat{\theta}$ 单调递增。

当 $c \leqslant \widehat{c}$，利用假设 3-1 可知 $\dfrac{\partial m^*}{\partial \widehat{\theta}} < 0$，这意味着最优充电桩投资补贴关于 $\widehat{\theta}$ 单调递减。对于最优消费者补贴，有

$$\frac{\partial s^*}{\partial \widehat{\theta}} > 0 \Leftrightarrow \frac{\Lambda r^2 - \sqrt{\Lambda r^2 [4c(\beta - p) + \Lambda r^2]}}{4c}$$
$$< \widehat{\theta} < \frac{\Lambda r^2 + \sqrt{\Lambda r^2 [4c(\beta - p) + \Lambda r^2]}}{4c}$$

注意到 $4c\widehat{\theta} > \Lambda r^2$，此条件可以化简为：

$$\frac{\partial s^*}{\partial \widehat{\theta}} > 0 \Leftrightarrow \widehat{\theta} < \frac{\Lambda r^2 + \sqrt{\Lambda r^2 [4c(\beta - p) + \Lambda r^2]}}{4c}$$

这意味着当 $\widehat{\theta}$ 比较小的时候，$\dfrac{\partial s^*}{\partial \widehat{\theta}}$ 为正；反之为负。因此，当 $c < \widehat{c}$ 时，s^* 随着 $\widehat{\theta}$ 的增大先增大后减小。

B.2　初始充电桩

B.2 节展示了当初始充电桩数量 m_0 大于 0 的时候政府的最优补贴策略。首先考虑下面关于 z 的多项式函数：

$$(\Lambda r^2 - 4c\widehat{\theta})z^6 + \Lambda r(\beta - p - u_0 - r_0 + \widehat{\theta})z^5 + \Lambda \phi m_0 r z^3 +$$
$$2\phi m_0 [\Lambda(\beta - p - u_0 - r_0 + \widehat{\theta}) + 2\lambda_0 \widehat{\theta}]z^2 - 2\Lambda \phi^2 m_0^2 = 0 \tag{B-16}$$

$$4c^2\widehat{\theta}z^3 - 3\Lambda rc\phi z^2 + \Lambda r\phi^2\lambda_0 +$$
$$\left\{2\Lambda\phi c[\phi - \beta + (p + u_0 + r_0) - \widehat{\theta}] - 4c\phi\widehat{\theta}\lambda_0\right\}z = 0 \tag{B-17}$$

$$2c\widehat{\theta}z^4 - \Lambda r(\phi + \beta)z^3 - \Lambda r\phi m_0 z +$$
$$2m_0\left\{\Lambda\phi[\phi + (p + u_0 + r_0) - \widehat{\theta}] - \phi\widehat{\theta}\lambda_0\right\} = 0 \tag{B-18}$$

使用 Descartes 法则，发现式 (B-16) 和式 (B-17) 都有两个正实根，然而式 (B-18) 至多有一个正实根。令 z_1，z_2 和 z_3 分别表示式 (B-16) 和式 (B-17) 较大的实根以及式 (B-18) 的根。下面的命题展示了对应的最优补贴策略。

命题 B-1： 定义

$$\bar{s} = \frac{\left[2\phi^2 m_0 + \left(\left(-rz_1 + 2(p+u_0+r_0) - 2\widehat{\theta}\right)m_0 - rz_1^3\right)\phi - r\beta z_1^3\right]\Lambda + 2\widehat{\theta}\left(cz_1^4 - \phi m_0\lambda_0\right)}{\left(-rz_1^3 + 2\phi m_0\right)\Lambda}$$

(B-19)

$$\bar{\kappa} = \frac{-(cr\widehat{\theta}z_1^4 - \phi\left(-\Lambda r^2 + 2c\widehat{\theta}\right)z_1^3}{\widehat{\theta}z_1(-rz_1^3 + 2\phi m_0)} +$$

$$\frac{-r\phi\left[(-\Lambda - \lambda_0)\widehat{\theta} + \Lambda\left((p+u_0+r_0) - \beta\right)\right]z_1^2 + 2c\phi m_0\widehat{\theta}z_1 - \Lambda\phi^2 m_0 r}{\widehat{\theta}z_1(-rz_1^3 + 2\phi m_0)}$$

(B-20)

此时，给消费者和充电桩投资者的最优补贴政策满足：

$$s^* = \begin{cases} \bar{s} & \text{if } \bar{s} \geqslant 0,\ \bar{\kappa} \geqslant 0 \\ \dfrac{cz_2^2\widehat{\theta} - \Lambda r\phi z_2 + \Lambda\phi[(p+u_0+r_0)+\phi-\widehat{\theta}] - \lambda_0\widehat{\theta}\phi}{\Lambda\phi} & \text{if } \bar{s} \geqslant 0,\ \bar{\kappa} < 0 \\ 0 & \text{if } \bar{s} < 0 \end{cases}$$

$$\kappa^* = \begin{cases} \bar{\kappa} & \text{if } \bar{s} \geqslant 0,\ \bar{\kappa} \geqslant 0 \\ \dfrac{cz_3^2\widehat{\theta} - \Lambda r\phi z_3 + \Lambda\phi[(p+u_0+r_0)+\phi-\widehat{\theta}] - \lambda_0\widehat{\theta}\phi}{\widehat{\theta}y^2} & \text{if } \bar{s} < 0,\ \bar{\kappa} \geqslant 0 \\ 0 & \text{if } \bar{\kappa} < 0 \end{cases}$$

另外，如果提供混合补贴策略最优，那么此时的均衡条件的市场满足：

$$\lambda^* = \frac{\left[(-\Lambda r^2 + 2c\widehat{\theta})z_1^3 + r\{[-\beta + (p+u_0+r_0) - \widehat{\theta}]\Lambda - \lambda_0\widehat{\theta}\}z_1^2 + \Lambda m_0 r\phi\right]z_1}{-r\widehat{\theta}z_1^3 + 2\phi m_0\widehat{\theta}}$$

$$m^* = z_1^2$$

此表达式相比 $m_0 = 0$ 更加复杂，使进一步分析难以进行，然而通过数值实验可以发现，上述的结构性质在 $m_0 > 0$ 时依然成立。

附录 C 数据中心供应链的网络设计与服务资源分配

C.1 证 明

命题 4-1 的证明

首先证明更具有普适性的排队网络模型。如图 C-1 所示，加入排队网络的每个作业都以交替的方式随机经过计算和存储服务阶段，最终完成处理并退出网络。排队网络内部作业所花费的总时间定义为其终端延迟。本部分的例子仅包括计算和存储服务阶段，但是可以很容易将其拓展到具有更多服务阶段的情况。选择两个 Coxian-2 分布来模拟每个阶段的服务时间。Coxian-2 分布能够匹配一般分布的前三阶矩，并且可以容易地将其拓展到其他 Coxian 分布族。

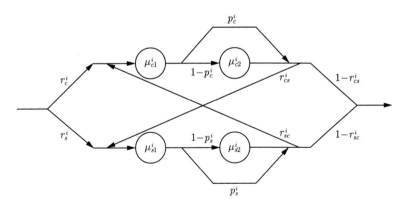

图 C-1　每阶段服务时间服从 Coxian-2 分布的排队网络

使用 λ^i，μ^i，r^i 和 $\rho^i = \lambda^i/\mu^i$ 来分别表示到达率、服务率、路由策

略以及从需求点 i 出发的作业"使用率"。这些参数可以用来推导排队网络指标，并且与资源供给决策 z 相关。计算阶段的到达率 λ_c 和存储阶段的到达率 λ_s 满足：

$$
\begin{cases} \lambda_c^i = \lambda^i r_c^i + \lambda_s^i r_{sc}^i \\ \lambda_s^i = \lambda^i r_s^i + \lambda_s^i r_{cs}^i \end{cases} \Rightarrow \begin{cases} \lambda_c^i = \dfrac{r_c^i + r_s^i r_{sc}^i}{1 - r_{sc}^i r_{cs}^i} \lambda^i \\ \lambda_s^i = \dfrac{r_s^i + r_c^i r_{cs}^i}{1 - r_{sc}^i r_{cs}^i} \lambda^i \end{cases}
$$

由 Baskett et al.（1975）可知，稳态分布一般满足乘积形式。因此，首先提出下面的引理，猜想服务时间满足 Coxian-2 分布，具有多阶段、多类别的排队网络的稳态分布方程满足下述引理。

引理 C-1：假设计算阶段和存储阶段的服务时间分布都满足 Coxian-2 分布，那么在一个两阶段多类别的 M/G/1/PS 排队网络的状态由四元组 $(\boldsymbol{n_1}, \boldsymbol{n_2}, \boldsymbol{m_1}, \boldsymbol{m_2})$ 表示，其中 $\boldsymbol{n_1}$ 和 $\boldsymbol{n_2}$（$\boldsymbol{m_1}$ 和 $\boldsymbol{m_2}$）表示计算（存储）的两服务阶段的作业数量。$\boldsymbol{n_1} = (n_1^1, n_1^2, \cdots, n_1^{|I|})$，其中 n_1^i 表示类别 i 的工作在计算服务的第一阶段的数量。令 $\pi_{\boldsymbol{n_1}, \boldsymbol{n_2}, \boldsymbol{m_1}, \boldsymbol{m_2}}$ 表示稳态分布，则：

$$
\pi_{\boldsymbol{n_1}, \boldsymbol{n_2}, \boldsymbol{m_1}, \boldsymbol{m_2}}
$$
$$
= \left(\sum_i (n_1^i + n_2^i) \right)! \prod_i \left\{ \frac{1}{n_1^i!} \frac{1}{n_2^i!} \left(\frac{\lambda_c^i}{\mu_{c1}^i} \right)^{n_1^i} \left(\frac{\lambda_c^i p_c^i}{\mu_{c2}^i} \right)^{n_2^i} \right\} \cdot
$$
$$
\left(\sum_i (m_1^i + m_2^i) \right)! \prod_i \left\{ \frac{1}{m_1^i!} \frac{1}{m_2^i!} \left(\frac{\lambda_s^i}{\mu_{s1}^i} \right)^{m_1^i} \left(\frac{\lambda_s^i p_s^i}{\mu_{s2}^i} \right)^{m_2^i} \right\} \cdot \pi_{0, 0, 0, 0}
$$

其中 $\pi_{0, 0, 0, 0} = [1 - \sum_i (\rho_{c1}^i + \rho_{c2}^i)] [1 - \sum_i (\rho_{s1}^i + \rho_{s2}^i)]$，$\rho_{c1}^i = \dfrac{\lambda_c^i}{\mu_{c1}^i}$，而且 $\rho_{c2}^i = \dfrac{\lambda_c^i p_c^i}{\mu_{c2}^i} \left(\rho_{s1}^i = \dfrac{\lambda_s^i}{\mu_{s1}^i}, \text{ 而且 } \rho_{s2}^i = \dfrac{\lambda_s^i p_s^i}{\mu_{s2}^i} \right)$。

引理 C-1 的证明：通过本地均衡（Local Balance）的方法来证明引理 C-1，也就是，证明引理 C-1 中的稳态分布满足所有的本地均衡方程，从而满足总体均衡方程。用 $(\boldsymbol{n_1}, \boldsymbol{n_2}, \boldsymbol{m_1}, \boldsymbol{m_2})$ 表示当前状态，$\boldsymbol{e}^i$ 表示只有 i 为 1 其他为 0 的向量。有以下 5 个本地均衡方程。

（1）由于外部离开导致的进入状态 $(\boldsymbol{n_1}, \boldsymbol{n_2}, \boldsymbol{m_1}, \boldsymbol{m_2})$ 的速率和由于外部到来导致的离开状态 $(\boldsymbol{n_1}, \boldsymbol{n_2}, \boldsymbol{m_1}, \boldsymbol{m_2})$ 的速率：

由于外部类型 i 的作业完成进入状态$(\boldsymbol{n}_1,\ \boldsymbol{n}_2,\ \boldsymbol{m}_1,\ \boldsymbol{m}_2)$ 的速率

$$= \pi_{\boldsymbol{n}_1+\boldsymbol{e}^i,\ \boldsymbol{n}_2,\ \boldsymbol{m}_1,\ \boldsymbol{m}_2} \frac{\mu_{c1}^i(n_1^i+1)(1-p_c^i)(1-r_{cs}^i)}{\sum_i(n_1^i+n_2^i)+1} +$$

$$\pi_{\boldsymbol{n}_1,\ \boldsymbol{n}_2+\boldsymbol{e}^i,\ \boldsymbol{m}_1,\ \boldsymbol{m}_2} \frac{\mu_{c2}^i(n_2^i+1)(1-r_{cs}^i)}{\sum_i(n_1^i+n_2^i)+1} +$$

$$\pi_{\boldsymbol{n}_1,\ \boldsymbol{n}_2,\ \boldsymbol{m}_1+\boldsymbol{e}^i,\ \boldsymbol{m}_2} \frac{\mu_{s1}^i(m_1^i+1)(1-p_s^i)(1-r_{sc}^i)}{\sum_i(m_1^i+m_2^i)+1} +$$

$$\pi_{\boldsymbol{n}_1,\ \boldsymbol{n}_2,\ \boldsymbol{m}_1,\ \boldsymbol{m}_2+\boldsymbol{e}^i} \frac{\mu_{s2}^i(m_2^i+1)(1-r_{sc}^i)}{\sum_i(m_1^i+m_2^i)+1}$$

$$= \pi_{\boldsymbol{n}_1,\ \boldsymbol{n}_2,\ \boldsymbol{m}_1,\ \boldsymbol{m}_2} \left\{ \frac{\sum_i(n_1^i+n_2^i)+1}{n_1^i+1} \frac{\lambda_c^i}{\mu_{c1}^i} \frac{\mu_{c1}^i(n_1^i+1)(1-p_c^i)}{\sum_i(n_1^i+n_2^i)+1} + \right.$$

$$\left. \frac{\sum_i(n_1^i+n_2^i)+1}{n_2^i+1} \frac{p_c^i\lambda_c^i}{\mu_{c2}^i} \frac{\mu_{c2}^i(n_2^i+1)}{\sum_i(n_1^i+n_2^i)+1} \right\}(1-r_{cs}^i) +$$

$$\pi_{\boldsymbol{n}_1,\ \boldsymbol{n}_2,\ \boldsymbol{m}_1,\ \boldsymbol{m}_2} \left\{ \frac{\sum_i(m_1^i+m_2^i)+1}{m_1^i+1} \frac{\lambda_s^i}{\mu_{s1}^i} \frac{\mu_{s1}^i(m_1^i+1)(1-p_s^i)}{\sum_i(m_1^i+m_2^i)+1} + \right.$$

$$\left. \frac{\sum_i(m_1^i+m_2^i)+1}{m_2^i+1} \frac{p_s^i\lambda_s^i}{\mu_{s2}^i} \frac{\mu_{s2}^i(m_2^i+1)}{\sum_i(m_1^i+m_2^i)+1} \right\}(1-r_{sc}^i)$$

$$= \pi_{\boldsymbol{n}_1,\ \boldsymbol{n}_2,\ \boldsymbol{m}_1,\ \boldsymbol{m}_2} \left\{ \lambda_c^i(1-r_{cs}^i) + \lambda_s^i(1-r_{sc}^i) \right\}$$

$$= \pi_{\boldsymbol{n}_1,\ \boldsymbol{n}_2,\ \boldsymbol{m}_1,\ \boldsymbol{m}_2} \lambda^i$$

$=$ 由于外部类型 i 的作业到达离开状态$(\boldsymbol{n}_1,\ \boldsymbol{n}_2,\ \boldsymbol{m}_1,\ \boldsymbol{m}_2)$ 的速率。

其中，出发过程满足指数形式，$\dfrac{\mu_{s1}^i}{\sum_i(m_1^i+m_2^i)+1}$ 项是由于处理器共享导致的每个类型 i 的任务的服务率，因此 $\dfrac{\mu_{s1}^i(m_1^i+1)(1-p_s^i)}{\sum_i(m_1^i+m_2^i)+1}$ 表示从存储第一个阶段离开的出发率。第二个等式成立的原因如下：

$$\begin{cases} \pi_{\boldsymbol{n}_1+\boldsymbol{e}^i,\ \boldsymbol{n}_2,\ \boldsymbol{m}_1,\ \boldsymbol{m}_2} = \pi_{\boldsymbol{n}_1,\ \boldsymbol{n}_2,\ \boldsymbol{m}_1,\ \boldsymbol{m}_2} \dfrac{\sum_i(n_1^i+n_2^i)+1}{n_1^i+1} \dfrac{\lambda_c^i}{\mu_{c1}^i} \\[4mm] \pi_{\boldsymbol{n}_1,\ \boldsymbol{n}_2+\boldsymbol{e}^i,\ \boldsymbol{m}_1,\ \boldsymbol{m}_2} = \pi_{\boldsymbol{n}_1,\ \boldsymbol{n}_2,\ \boldsymbol{m}_1,\ \boldsymbol{m}_2} \dfrac{\sum_i(n_1^i+n_2^i)+1}{n_2^i+1} \dfrac{p_c^i\lambda_c^i}{\mu_{c2}^i} \\[4mm] \pi_{\boldsymbol{n}_1,\ \boldsymbol{n}_2,\ \boldsymbol{m}_1+\boldsymbol{e}^i,\ \boldsymbol{m}_2} = \pi_{\boldsymbol{n}_1,\ \boldsymbol{n}_2,\ \boldsymbol{m}_1,\ \boldsymbol{m}_2} \dfrac{\sum_i(m_1^i+m_2^i)+1}{m_1^i+1} \dfrac{\lambda_s^i}{\mu_{s1}^r} \\[4mm] \pi_{\boldsymbol{n}_1,\ \boldsymbol{n}_2,\ \boldsymbol{m}_1,\ \boldsymbol{m}_2+\boldsymbol{e}^i} = \pi_{\boldsymbol{n}_1,\ \boldsymbol{n}_2,\ \boldsymbol{m}_1,\ \boldsymbol{m}_2} \dfrac{\sum_i(m_1^i+m_2^i)+1}{m_2^i+1} \dfrac{p_s^i\lambda_s^i}{\mu_{s2}^i} \end{cases}$$

（2）从计算服务第一阶段的到达和离开导致的进入和离开状态 $(\boldsymbol{n}_1,$ $\boldsymbol{n}_2,\boldsymbol{m}_1,\boldsymbol{m}_2)$ 的速率：

由于计算服务第一阶段类型 i 的作业到达进入状态 $(\boldsymbol{n}_1,\boldsymbol{n}_2,\boldsymbol{m}_1,\boldsymbol{m}_2)$ 的速率

$$= \pi_{\boldsymbol{n}_1-\boldsymbol{e}^i,\,\boldsymbol{n}_2,\,\boldsymbol{m}_1,\,\boldsymbol{m}_2}\lambda^i r_c^i + \pi_{\boldsymbol{n}_1-\boldsymbol{e}^i,\,\boldsymbol{n}_2,\,\boldsymbol{m}_1+\boldsymbol{e}^i,\,\boldsymbol{m}_2}\frac{\mu_{s1}^i(m_1^i+1)(1-p_s^i)r_{sc}^i}{\sum_i(m_1^i+m_2^i)+1} +$$

$$\pi_{\boldsymbol{n}_1-\boldsymbol{e}^i,\,\boldsymbol{n}_2,\,\boldsymbol{m}_1,\,\boldsymbol{m}_2+\boldsymbol{e}^i}\frac{\mu_{s2}^i(m_2^i+1)r_{sc}^i}{\sum_i(m_1^i+m_2^i)+1}$$

$$= \pi_{\boldsymbol{n}_1,\,\boldsymbol{n}_2,\,\boldsymbol{m}_1,\,\boldsymbol{m}_2}\left\{\frac{n_1^i}{\sum_i(n_1^i+n_2^i)}\frac{\mu_{c1}^i}{\lambda_c^i}\lambda^i r_c^i + \right.$$

$$\frac{n_1^i}{\sum_i(n_1^i+n_2^i)}\frac{\mu_{c1}^i}{\lambda_c^i}\frac{\sum_i(m_1^i+m_2^i)+1}{m_1^i+1}\frac{\lambda_s^i}{\mu_{s1}^i}\frac{\mu_{s1}^i(m_1^i+1)(1-p_s^i)r_{sc}^i}{\sum_i(m_1^i+m_2^i)+1} +$$

$$\left.\frac{n_1^i}{\sum_i(n_1^i+n_2^i)}\frac{\mu_{c1}^i}{\lambda_c^i}\frac{\sum_i(m_1^i+m_2^i)+1}{m_2^i+1}\frac{\lambda_s^i}{\mu_{s2}^i}\frac{\mu_{s2}^i(m_2^i+1)p_s^i r_{sc}^i}{\sum_i(m_1^i+m_2^i)+1}\right\}$$

$$= \pi_{\boldsymbol{n}_1,\,\boldsymbol{n}_2,\,\boldsymbol{m}_1,\,\boldsymbol{m}_2}\frac{n_1^i\mu_{c1}^i}{\sum_i(n_1^i+n_2^i)}\left\{\frac{\lambda^i r_c^i + r_{sc}^i[\lambda_s^i(1-p_s^i)+\lambda_s^i p_s^i]}{\lambda_c^i}\right\}$$

$$= \pi_{\boldsymbol{n}_1,\,\boldsymbol{n}_2,\,\boldsymbol{m}_1,\,\boldsymbol{m}_2}\frac{n_1^i\mu_{c1}^i}{\sum_i(n_1^i+n_2^i)}$$

= 由于计算服务第一阶段类型 i 的作业完成离开状态 $(\boldsymbol{n}_1,\boldsymbol{n}_2,\boldsymbol{m}_1,\boldsymbol{m}_2)$ 的速率。

（3）从计算服务第二阶段的到达和离开导致的进入和离开状态 $(\boldsymbol{n}_1,$ $\boldsymbol{n}_2,\boldsymbol{m}_1,\boldsymbol{m}_2)$ 的速率：

由于计算服务第二阶段类型 i 的作业到达进入状态 $(\boldsymbol{n}_1,\boldsymbol{n}_2,\boldsymbol{m}_1,\boldsymbol{m}_2)$ 的速率

$$= \pi_{\boldsymbol{n}_1+\boldsymbol{e}^i,\,\boldsymbol{n}_2-\boldsymbol{e}^i,\,\boldsymbol{m}_1,\,\boldsymbol{m}_2}\frac{\mu_{c1}^i(n_1^i+1)p_c^i}{\sum_i(n_1^i+1+n_2^i-1)}$$

$$= \pi_{\boldsymbol{n}_1,\,\boldsymbol{n}_2,\,\boldsymbol{m}_1,\,\boldsymbol{m}_2}\frac{n_2^i}{n_1^i+1}\frac{\lambda_c^i}{\mu_{c1}^i}\frac{\mu_{c2}^i}{p_c^i\lambda_c^i}\frac{\mu_{c1}^i(n_1^i+1)p_c^i}{\sum_i(n_1^i+1+n_2^i-1)}$$

$$= \pi_{\boldsymbol{n}_1,\,\boldsymbol{n}_2,\,\boldsymbol{m}_1,\,\boldsymbol{m}_2}\frac{n_2^i\mu_{c2}^i}{\sum_i(n_1^i+n_2^i)}$$

= 由于计算服务第二阶段类型 i 的作业完成离开状态 $(\boldsymbol{n}_1,\boldsymbol{n}_2,\boldsymbol{m}_1,\boldsymbol{m}_2)$

的速率。

（4）从存储服务第一阶段的到达和离开导致的进入和离开状态 $(\boldsymbol{n}_1,$ $\boldsymbol{n}_2,\ \boldsymbol{m}_1,\ \boldsymbol{m}_2)$ 的速率：

由于存储服务第一阶段类型 i 的作业到达进入状态 $(\boldsymbol{n}_1,\ \boldsymbol{n}_2,\ \boldsymbol{m}_1,\ \boldsymbol{m}_2)$ 的速率

$$
= \pi_{\boldsymbol{n}_1,\ \boldsymbol{n}_2,\ \boldsymbol{m}_1-\boldsymbol{e}^i,\ \boldsymbol{m}_2} \lambda^i r_s^i + \pi_{\boldsymbol{n}_1+\boldsymbol{e}^i,\ \boldsymbol{n}_2,\ \boldsymbol{m}_1-\boldsymbol{e}^i,\ \boldsymbol{m}_2} \frac{\mu_{c1}^i(n_1^i+1)(1-p_c^i)r_{cs}^i}{\sum_i(n_1^i+n_2^i)+1} +
$$

$$
\pi_{\boldsymbol{n}_1,\ \boldsymbol{n}_2+\boldsymbol{e}^i,\ \boldsymbol{m}_1-\boldsymbol{e}^i,\ \boldsymbol{m}_2} \frac{\mu_{c2}^i(n_2^i+1)r_{cs}^i}{\sum_i(n_1^i+n_2^i)+1}
$$

$$
= \pi_{\boldsymbol{n}_1,\ \boldsymbol{n}_2,\ \boldsymbol{m}_1,\ \boldsymbol{m}_2} \left\{ \frac{m_1^i}{\sum_i(m_1^i+m_2^i)} \frac{\mu_{s1}^i}{\lambda_s^i} \lambda^i r_s^i + \right.
$$

$$
\frac{m_1^i}{\sum_i(m_1^i+m_2^i)} \frac{\mu_{s1}^i}{\lambda_s^i} \frac{\sum_i(n_1^i+n_2^i)+1}{n_1^i+1} \frac{\lambda_c^i}{\mu_{c1}^i} \frac{\mu_{c1}^i(n_1^i+1)(1-p_c^i)r_{cs}^i}{\sum_i(n_1^i+n_2^i)+1} +
$$

$$
\left. \frac{m_1^i}{\sum_i(m_1^i+m_2^i)} \frac{\mu_{s1}^i}{\lambda_s^i} \frac{\sum_i(n_1^i+n_2^i)+1}{n_2^i+1} \frac{\lambda_c^i}{\mu_{c2}^i} \frac{\mu_{c2}^i(n_2^i+1)p_c^i r_{cs}^i}{\sum_i(n_1^i+n_2^i)+1} \right\}
$$

$$
= \pi_{\boldsymbol{n}_1,\ \boldsymbol{n}_2,\ \boldsymbol{m}_1,\ \boldsymbol{m}_2} \frac{m_1^i \mu_{s1}^i}{\sum_i(m_1^i+m_2^i)} \left\{ \frac{\lambda^i r_s^i + r_{cs}^i[\lambda_s^i(1-p_c^i)+\lambda_s^i p_c^i]}{\lambda_s^i} \right\}
$$

$$
= \pi_{\boldsymbol{n}_1,\ \boldsymbol{n}_2,\ \boldsymbol{m}_1,\ \boldsymbol{m}_2} \frac{m_1^i \mu_{s1}^i}{\sum_i(m_1^i+m_2^i)}
$$

= 由于存储服务第一阶段类型 i 的作业完成离开状态 $(\boldsymbol{n}_1,\ \boldsymbol{n}_2,\ \boldsymbol{m}_1,\ \boldsymbol{m}_2)$ 的速率。

（5）从存储服务第二阶段的到达和离开导致的进入和离开状态 $(\boldsymbol{n}_1,$ $\boldsymbol{n}_2,\ \boldsymbol{m}_1,\ \boldsymbol{m}_2)$ 的速率：

由于存储服务第二阶段类型 i 的作业到达进入状态 $(\boldsymbol{n}_1,\ \boldsymbol{n}_2,\ \boldsymbol{m}_1,\ \boldsymbol{m}_2)$ 的速率

$$
= \pi_{\boldsymbol{n}_1,\ \boldsymbol{n}_2,\ \boldsymbol{m}_1+\boldsymbol{e}^i,\ \boldsymbol{m}_2-\boldsymbol{e}^i} \frac{\mu_{s1}^i(m_1^i+1)p_s^i}{\sum_i(m_1^i+1+m_2^i-1)}
$$

$$
= \pi_{\boldsymbol{n}_1,\ \boldsymbol{n}_2,\ \boldsymbol{m}_1,\ \boldsymbol{m}_2} \frac{m_2^i}{m_1^i+1} \frac{\lambda_s^i}{\mu_{s1}^i} \frac{\mu_{s2}^i}{p_s^i\lambda_s^i} \frac{\mu_{s1}^i(m_1^i+1)p_s^i}{\sum_i(m_1^i+1+m_2^i-1)}
$$

$$
= \pi_{\boldsymbol{n}_1,\ \boldsymbol{n}_2,\ \boldsymbol{m}_1,\ \boldsymbol{m}_2} \frac{m_2^i \mu_{s2}^i}{\sum_i(m_1^i+m_2^i)}
$$

= 由于存储服务第二阶段类型 i 的作业完成离开状态 $(\boldsymbol{n_1}, \boldsymbol{n_2}, \boldsymbol{m_1}, \boldsymbol{m_2})$ 的速率。

假设所有的本地平衡方程都满足,可以得到状态 $(\boldsymbol{n_1}, \boldsymbol{n_2}, \boldsymbol{m_1}, \boldsymbol{m_2})$ 的稳态分布为:

$$
\pi_{\boldsymbol{n_1}, \boldsymbol{n_2}, \boldsymbol{m_1}, \boldsymbol{m_2}}
$$

$$
= \left(\sum_i (n_1^i + n_2^i)\right)! \prod_i \left\{ \frac{1}{n_1^i!} \frac{1}{n_2^i!} \left(\frac{\lambda_c^i}{\mu_{c1}^i}\right)^{n_1^i} \left(\frac{\lambda_c^i p_c^i}{\mu_{c2}^i}\right)^{n_2^i} \right\} \cdot
$$

$$
\left(\sum_i (m_1^i + m_2^i)\right)! \prod_i \left\{ \frac{1}{m_1^i!} \frac{1}{m_2^i!} \left(\frac{\lambda_s^i}{\mu_{s1}^i}\right)^{m_1^i} \left(\frac{\lambda_s^i p_s^i}{\mu_{s2}^i}\right)^{m_2^i} \right\} \cdot \pi_{0, 0, 0, 0}
$$

此后,需要通过考虑所有状态,并归一化处理计算 $\pi_{0, 0, 0, 0}$,可以得到:

$$
\pi_{0, 0, 0, 0} = (1 - \sum_i (\rho_{c1}^i + \rho_{c2}^i))(1 - \sum_i (\rho_{s1}^i + \rho_{s2}^i))
$$

将以上结果总结,得到引理 C-1 中的稳态分布。该稳态分布满足总体均衡方程 (global balance equation),也就是说,进入给定状态的速率等于离开该状态的速率。最后,值得注意的是,本证明并不依赖于服务阶段的数量,因此可以很容易拓展到有多个资源的状况。

接下来,从引理 C-1 中可以得到以下引理的边际稳态分布。

引理 C-2: 在计算阶段有 n 个作业,在存储阶段有 m 个作业的边际稳态分布可以表示为:

$$
\pi_{n, m} = \left(\sum_i (\rho_{c1}^i + \rho_{c2}^i)\right)^n \left(\sum_i (\rho_{s1}^i + \rho_{s2}^i)\right)^m \cdot \pi_{0, 0, 0, 0}
$$

另外,令 $N_j = N_{jc} + N_{js}$ 表示数据中心 j 的平均作业数量,其中 N_{j1} (N_{j2}) 表示数据中心 j 在计算 (存储) 阶段的平均作业数量。有:

$$
N_j = N_{jc} + N_{js} = \frac{\sum_i d_i y_{ij} \mathbb{E}[S_{jc}^i]}{1 - \sum_i d_i y_{ij} \mathbb{E}[S_{jc}^i]} + \frac{\sum_i d_i y_{ij} \mathbb{E}[S_{js}^i]}{1 - \sum_i d_i y_{ij} \mathbb{E}[S_{js}^i]}
$$

引理 C-2 的证明: 首先,注意到:

$$
\sum_{\sum_i (n_1^i + n_2^i) = n} \left\{ \left(\sum_i (n_1^i + n_2^i)\right)! \prod_i \left\{ \frac{1}{n_1^i!} \frac{1}{n_2^i!} \left(\frac{\lambda_c^i}{\mu_{c1}^i}\right)^{n_1^i} \left(\frac{\lambda_c^i p_c^i}{\mu_{c2}^i}\right)^{n_2^i} \right\} \right\}
$$

$$= \left(\sum_i \left(\frac{\lambda_c^i}{\mu_{c1}^i} + \frac{p_c^i \lambda_c^i}{\mu_{c2}^i} \right) \right)^n$$

$$\sum_{\sum_i (m_1^i + m_2^i) = m} \left\{ \left(\sum_i (m_1^i + m_2^i) \right)! \prod_i \left\{ \frac{1}{m_1^i!} \frac{1}{m_2^i!} \left(\frac{\lambda_s^i}{\mu_{s1}^i} \right)^{m_1^i} \left(\frac{\lambda_s^i p_s^i}{\mu_{s2}^i} \right)^{m_2^i} \right\} \right\}$$

$$= \left(\sum_i \left(\frac{\lambda_s^i}{\mu_{s1}^i} + \frac{p_s^i \lambda_s^i}{\mu_{s2}^i} \right) \right)^m$$

因此，在计算阶段有 n 个作业，在存储阶段有 m 个作业的边际稳态分布可以表示为：

$$\pi_{n,\, m} = \left(\sum_i (\rho_{c1}^i + \rho_{c2}^i) \right)^n \left(\sum_i (\rho_{s1}^i + \rho_{s2}^i) \right)^m \cdot \pi_{0,\, 0,\, 0,\, 0}$$

使用这个边际稳态分布，可以计算出数据中心 j 的平均作业数量如下：

$$N_j = N_{jc} + N_{js} = \frac{\sum_i \frac{\lambda_{jc}^i (p_c^i \mu_{c1}^i + \mu_{c2}^i)}{\mu_{c1}^i \mu_{c2}^i}}{1 - \sum_i \frac{\lambda_{jc}^i (p_c^i \mu_{c1}^i + \mu_{c2}^i)}{\mu_{c1}^i \mu_{c2}^i}} + \frac{\sum_i \frac{\lambda_{js}^i (p_s^i \mu_{s1}^i + \mu_{s2}^i)}{\mu_{s1}^i \mu_{s2}^i}}{1 - \sum_i \frac{\lambda_{js}^i (p_s^i \mu_{s1}^i + \mu_{s2}^i)}{\mu_{s1}^i \mu_{s2}^i}}$$

$$= \frac{\sum_i d_i y_{ij} \mathbb{E}[S_{jc}^i]}{1 - \sum_i d_i y_{ij} \mathbb{E}[S_{jc}^i]} + \frac{\sum_i d_i y_{ij} \mathbb{E}[S_{js}^i]}{1 - \sum_i d_i y_{ij} \mathbb{E}[S_{js}^i]}$$

其中 $d_i y_{ij} = \lambda_j^i$。定义当数据中心只有一个作业的时候，来自需求点 i 的作业在数据中心 j 计算 (存储) 阶段所消耗的总时间的期望为计算 (存储) 阶段的有效平均等待时间（effective mean sojourn time），用 $\mathbb{E}[S_{jc}^i](\mathbb{E}[S_{js}^i])$ 表示。这些有效平均等待时间满足下列式子：

$$\mathbb{E}[S_{jc}^i] = \frac{r_c^i + r_s^i r_{sc}^i}{1 - r_{sc}^i r_{cs}^i} \frac{(p_c^i \mu_{c1}^i + \mu_{c2}^i)}{\mu_{c1}^i \mu_{c2}^i}, \quad \mathbb{E}[S_{js}^i] = \frac{r_s^i + r_c^i r_{cs}^i}{1 - r_{sc}^i r_{cs}^i} \frac{(p_s^i \mu_{s1}^i + \mu_{s2}^i)}{\mu_{s1}^i \mu_{s2}^i}$$

根据假设，$\mathbb{E}[S_{jc}^i] = \frac{r_c^i + r_s^i r_{sc}^i}{1 - r_{sc}^i r_{cs}^i} \frac{u_{ic}}{z_{jc}}$，而 $\mathbb{E}[S_{js}^i] = \frac{r_s^i + r_c^i r_{cs}^i}{1 - r_{sc}^i r_{cs}^i} \frac{u_{is}}{z_{js}}$（注意到在当前的设定中，$u_{ic}$ 表示来自需求点 i 的作业通过一次计算阶段的需求量）。其中，$\frac{r_c^i + r_s^i r_{sc}^i}{1 - r_{sc}^i r_{cs}^i}$ 和 $\frac{r_s^i + r_c^i r_{cs}^i}{1 - r_{sc}^i r_{cs}^i}$ 分别计算了每个作业在数据中心被处理过程中使用计算和存储资源的总次数的期望。以上结果可以证明本引理。

得到边际分布后，继续证明命题 4-1。注意到现在可以将 $\dfrac{p_c^i \mu_{c1}^i + \mu_{c2}^i}{\mu_{c1}^i \mu_{c2}^i}$ 和 $\dfrac{p_s^i \mu_{s1}^i + \mu_{s2}^i}{\mu_{s1}^i \mu_{s2}^i}$ 分别替换为 $\dfrac{u_{ic}}{z_{jc}}$ 和 $\dfrac{u_{is}}{z_{js}}$，并在下文使用后面的表达式，因为后面的表达式直接与决策变量 z 相关。

命题 4-1 的证明： 使用利特法则（Little's Law），作业在数据中心 j 消耗的平均时间 W_j 满足：

$$
\begin{aligned}
W_j &= \frac{N_j}{\lambda_j} \\
&= \frac{1}{\sum_i d_i y_{ij}} \left[\frac{\sum_i d_i y_{ij} \dfrac{u_{i1}}{z_{j1}} \dfrac{r_c^i + r_s^i r_{sc}^i}{1 - r_{sc}^i r_{cs}^i}}{1 - \sum_i \dfrac{r_c^i + r_s^i r_{sc}^i}{1 - r_{sc}^i r_{cs}^i} d_i y_{ij} \dfrac{u_{ic}}{z_{jc}}} + \frac{\sum_i d_i y_{ij} \dfrac{u_{is}}{z_{js}} \dfrac{r_s^i + r_c^i r_{cs}^i}{1 - r_{sc}^i r_{cs}^i}}{1 - \sum_i \dfrac{r_s^i + r_c^i r_{cs}^i}{1 - r_{sc}^i r_{cs}^i} d_i y_{ij} \dfrac{u_{is}}{z_{js}}} \right] \\
&= \frac{\mathbb{E}[S_{jc}]}{1 - \lambda_j \mathbb{E}[S_{jc}]} + \frac{\mathbb{E}[S_{js}]}{1 - \lambda_j \mathbb{E}[S_{js}]}
\end{aligned}
$$

其中

$$
\begin{aligned}
\mathbb{E}[S_{jc}] &= \frac{1}{\sum_i d_i y_{ij}} \sum_i d_i y_{ij} \frac{u_{ic}}{z_{jc}} \frac{r_c^i + r_s^i r_{sc}^i}{1 - r_{sc}^i r_{cs}^i}, \\
\mathbb{E}[S_{js}] &= \frac{1}{\sum_i d_i y_{ij}} \sum_i d_i y_{ij} \frac{u_{is}}{z_{js}} \frac{r_s^i + r_c^i r_{cs}^i}{1 - r_{sc}^i r_{cs}^i}
\end{aligned}
$$

为了证明 W_j^i 的表达式，注意到来自需求点 i 的作业在数据中心 j 的计算阶段的平均次数为：

$$
\frac{\dfrac{r_c^i + r_s^i r_{sc}^i}{1 - r_{sc}^i r_{cs}^i} d_i u_{ic} y_{ij}}{\sum_i \dfrac{r_c^i + r_s^i r_{sc}^i}{1 - r_{sc}^i r_{cs}^i} d_i u_{ic} y_{ij}}
$$

使用对于不同类型作业的利特法则，有：

$$
\begin{aligned}
W_{jc}^i &= \frac{N_{jc}^i}{\lambda_{jc}^i} = \frac{\lambda_j \mathbb{E}[S_{jc}]}{1 - \lambda_j \mathbb{E}[S_{jc}]} \frac{\dfrac{r_c^i + r_s^i r_{sc}^i}{1 - r_{sc}^i r_{cs}^i} d_i u_{ic} y_{ij}}{\sum_i \dfrac{r_c^i + r_s^i r_{sc}^i}{1 - r_{sc}^i r_{cs}^i} d_i u_{ic} y_{ij}} \frac{1}{d_i} \\
&= \frac{\sum_i \dfrac{r_c^i + r_s^i r_{sc}^i}{1 - r_{sc}^i r_{cs}^i} d_i u_{ic} y_{ij}}{z_{jc}(1 - \lambda_j \mathbb{E}[S_{jc}])} \frac{\dfrac{r_c^i + r_s^i r_{sc}^i}{1 - r_{sc}^i r_{cs}^i} u_{ic} y_{ij}}{\sum_i \dfrac{r_s^i + r_c^i r_{cs}^i}{1 - r_{sc}^i r_{cs}^i} d_i u_{ic} y_{ij}}
\end{aligned}
$$

$$
= \frac{\dfrac{r_c^i + r_s^i r_{sc}^i}{1 - r_{sc}^i r_{cs}^i} u_{ic} y_{ij}}{z_{jc}(1 - \lambda_j \mathbb{E}[S_{jc}])}
$$

类似地，可以得到：

$$
W_{js}^i = \frac{\dfrac{r_s^i + r_c^i r_{cs}^i}{1 - r_{sc}^i r_{cs}^i} u_{is} y_{ij}}{z_{js}(1 - \lambda_j \mathbb{E}[S_{js}])}
$$

因此：

$$
W_j^i = W_{jc}^i + W_{js}^i = \frac{\dfrac{r_c^i + r_s^i r_{sc}^i}{1 - r_{sc}^i r_{cs}^i} u_{ic} y_{ij}}{z_{jc}(1 - \lambda_j \mathbb{E}[S_{jc}])} + \frac{\dfrac{r_s^i + r_c^i r_{cs}^i}{1 - r_{sc}^i r_{cs}^i} u_{is} y_{ij}}{z_{js}(1 - \lambda_j \mathbb{E}[S_{js}])}
$$

以上内容证明了本命题。

值得注意的是，如果路由策略满足 $r_c = r_{cs} = 1$，$r_s = r_{sc} = 0$，排队网络退化为如图 4-2 所示的一个串联的队列。在串联队列中，有 $\lambda_c^i = \lambda_s^i = \lambda^i$，而有效平均等待时间等于平均等待时间，$\mathbb{E}[S_{jk}^i] = \frac{u_{ik}}{z_{jk}}$。最后，如 Baskett et al.（1975）所建议的那样，可以将结果拓展到服务时间分布具有理性 Laplace 变换的模型中去。相型分布（phase type distribution）（可以看作指数分布、次指数分布和超指数分布的一般混合物）具有有理 Laplace 变换。使用此结果可以对服务时间进行更细致的建模，例如，通过放宽串联队列假设并具有不同资源的替代性占用。但是，使用阶段类型分布对服务时间进行建模需要大量参数。相比之下，广泛采用的 Coxian-2 分布只需要三个参数即可匹配给定分布的前三个矩。

命题 4-2 ～ 命题 4-6 的证明

命题 4-2 的证明：首先，引入辅助变量 v_{jk} $(\forall j \in \mathcal{J},\ k \in \mathcal{K})$。然后将问题 (P) 的目标函数中的终端延迟成本 $L_j(\boldsymbol{y}_{\cdot j},\ \boldsymbol{z}_{j\cdot})$ 替换为 $\sum_{k \in \mathcal{K}} v_{jk}$，并加入以下约束：

$$
\frac{\sum_{i \in \mathcal{I}} \tau_i d_i u_{ik} y_{ij}}{z_{jk} - \sum_i d_i u_{ik} y_{ij}} \leqslant v_{jk}, \quad \forall j \in \mathcal{J},\ k \in \mathcal{K}
$$

由于 $z_{jk} \geqslant \sum_i d_i u_{ik} y_{ij}$，将两边同时乘以分子，可以得到上述约束的

等价形式如下：

$$\sum_{i \in \mathcal{I}} \tau_i d_i u_{ik} y_{ij} \leqslant v_{jk}(z_{jk} - \sum_i d_i u_{ik} y_{ij}), \quad \forall j \in \mathcal{J}, \quad k \in \mathcal{K}$$

接下来，注意到 $y_{ij} \in \{0, 1\}$，可以将约束左边的 y_{ij} 替换为 y_{ij}^2，可以得到下面的双曲 (hyperbolic) 约束：

$$\sum_{i \in \mathcal{I}} \tau_i d_i u_{ik} y_{ij}^2 \leqslant v_{jk}(z_{jk} - \sum_i d_i u_{ik} y_{ij}), \quad \forall j \in \mathcal{J}, \quad k \in \mathcal{K}$$

对于约束的右边，利用 $ab = \dfrac{1}{4}[(a+b)^2 - (a-b)^2]$ 可得，$\forall j \in \mathcal{J}, \quad k \in \mathcal{K}$，有：

$$4\sum_{i \in \mathcal{I}} \tau_i d_i u_{ik} y_{ij}^2 + (v_{jk} - z_{jk} + \sum_i d_i u_{ik} y_{ij})^2 \leqslant (v_{jk} + z_{jk} - \sum_i d_i u_{ik} y_{ij})^2$$

使用二范数对上式变形，可以得到本命题。

命题 4-3 的证明： 从约束式 (4-8) 和式 (4-9) 可以得到：

$$w'_{jk} \geqslant w_{jk} z_{jk} = \sum_l a_{jk}^l \rho_{jk}^{\sigma^l} z_{jk} + b_{jk} z_{jk}$$

$$= \sum_l a_{jk}^l \frac{(\sum_{i \in \mathcal{I}} d_i u_{ik} y_{ij})^{\sigma^l}}{z_{jk}^{\sigma^l - 1}} + b_{jk} z_{jk}$$

由于辅助变量 $\tilde{w}_{jk}^l \geqslant (\sum_{i \in \mathcal{I}} d_i u_{ik} y_{ij})^{\sigma^l} / z_{jk}^{\sigma^l - 1}$，在一个最小化问题中，约束式 (4-8) 和式 (4-9) 可以等价于约束式 (4-14) 和式 (4-15)。

当 $\sigma^l > 1$ 时，约束式 (4-15) 可以变形为如 $x^{2^l} \leqslant y_1 y_2 \cdots y_{2^l}$ 的形式，可以进一步变形为二阶锥约束。Ben-Tal & Nemirorski（2001）中详细介绍了二阶锥优化及其变形技巧。这里提供了两个例子，分别是 $\sigma^l = 1.5$ 和 $\sigma^l = 2.5$。当 $\sigma^l = 1.5$ 时，对于每个 $j \in \mathcal{J}, \quad k \in \mathcal{K}$ 有：

$$\tilde{w}_{jk} z_{jk}^{0.5} \geqslant \left(\sum_{i \in \mathcal{I}} d_i u_{ik} y_{ij}\right)^{1.5}$$

$$\Longleftrightarrow w_{jk}^2 z_{jk} \geqslant \left(\sum_{i \in \mathcal{I}} d_i u_{ik} y_{ij}\right)^3$$

$$\Longleftrightarrow \left(\sum_{i\in\mathcal{I}} d_i u_{ik} y_{ij} \right)^4 \leqslant w_{jk}^2 z_{jk} \left(\sum_{i\in\mathcal{I}} d_i u_{ik} y_{ij} \right)$$

可以将最后一个不等式等价表示为双曲约束 $t^2 \leqslant z_{jk}(\sum_{i\in\mathcal{I}} d_i u_{ik} y_{ij})$ 和 $(\sum_{i\in\mathcal{I}} d_i u_{ik} y_{ij})^2 \leqslant t w_{jk}$，这些约束可以写为如下二阶锥的形式：

$$\left\| \begin{pmatrix} 2t \\ z_{jk} - (\sum_{i\in\mathcal{I}} d_i u_{ik} y_{ij}) \end{pmatrix} \right\|_2 \leqslant z_{jk} - \left(\sum_{i\in\mathcal{I}} d_i u_{ik} y_{ij} \right)$$

$$\left\| \begin{pmatrix} 2\left(\sum_{i\in\mathcal{I}} d_i u_{ik} y_{ij}\right) \\ t - w_{jk} \end{pmatrix} \right\|_2 \leqslant t + w_{jk}$$

当 $\sigma^l = 2.5$ 时，对于每个 $j \in \mathcal{J}$，$k \in \mathcal{K}$ 有：

$$\tilde{w}_{jk} z_{jk}^{1.5} \geqslant \left(\sum_{i\in\mathcal{I}} d_i u_{ik} y_{ij} \right)^{2.5}$$

$$\Longleftrightarrow w_{jk}^2 z_{jk}^3 \geqslant \left(\sum_{i\in\mathcal{I}} d_i u_{ik} y_{ij} \right)^5$$

$$\Longleftrightarrow \left(\sum_{i\in\mathcal{I}} d_i u_{ik} y_{ij} \right)^8 \leqslant w_{jk}^2 z_{jk}^3 \left(\sum_{i\in\mathcal{I}} d_i u_{ik} y_{ij} \right)^3$$

可以将最后一个不等式等价表示为下列双曲约束 $t_1^2 \leqslant z_{jk}\left(\sum_{i\in\mathcal{I}} d_i \cdot u_{ik} y_{ij}\right)$，$t_2^2 \leqslant t_1 w_{jk}$，$\left(\sum_{i\in\mathcal{I}} d_i u_{ik} y_{ij}\right)^2 \leqslant t_1 t_2$，这些约束可以写为如下二阶锥的形式：

$$\left\| \begin{pmatrix} 2t_1 \\ z_{jk} - (\sum_{i\in\mathcal{I}} d_i u_{ik} y_{ij}) \end{pmatrix} \right\|_2 \leqslant z_{jk} - \left(\sum_{i\in\mathcal{I}} d_i u_{ik} y_{ij} \right)$$

$$\left\| \begin{pmatrix} 2t_2 \\ t_1 - w_{jk} \end{pmatrix} \right\|_2 \leqslant t_1 + w_{jk}$$

$$\left\| \begin{pmatrix} 2\left(\sum_{i\in\mathcal{I}} d_i u_{ik} y_{ij}\right) \\ t_1 - t_2 \end{pmatrix} \right\|_2 \leqslant t_1 + t_2$$

当 $\sigma^l = 1$ 时，约束式 (4-15) 可表示为：

$$\tilde{w}_{jk}^l \geqslant \sum_{i\in\mathcal{I}} d_i u_{ik} y_{ij}, \quad \forall j \in \mathcal{J}, \ k \in \mathcal{K}$$

这是一个线性约束。总的来说，只要 $\sigma \geqslant 1$，就可以将约束式 (4-15) 变形为线性约束或者二阶锥约束。

命题 4-4 的证明： 约束式 (4-16) 和式 (4-17) 可以变形为二阶锥约束。这里给出一个例子，其中式 (4-17) 中的 $\sigma = 2$。此时约束变为 $d_{jj'}^3 \leqslant x_{jj'}^2 \pi_{jj'}$ 或 $d_{jj'}^4 \leqslant x_{jj'}^2 \pi_{jj'} d_{jj'}$，可以变形为：

$$\left\| \begin{pmatrix} 2d_{jj'} \\ t_{jj'} - x_{jj'} \end{pmatrix} \right\|_2 \leqslant t_{jj'} + x_{jj'} \quad \text{和} \quad \left\| \begin{pmatrix} 2t_{jj'} \\ \pi_{jj'} - d_{jj'} \end{pmatrix} \right\|_2 \leqslant \pi_{jj'} + d_{jj'}$$

只要 σ 是一个正有理数，就可以使用上述操作进行变形得到二阶锥约束。

命题 4-5 的证明： 定义 $g : \mathbb{R}_+^2 \times \mathbb{R}_- \to \mathbb{R} \cup \{+\infty\}$ 如下：

$$g(\alpha, \, \beta, \, \gamma) = \begin{cases} -\dfrac{\alpha}{\beta + \gamma}, & \text{if } \beta + \gamma < 0 \\ +\infty, & \text{其他} \end{cases}$$

可以看出 g 在 $\mathbb{R}_+^2 \times \mathbb{R}_-$ 有超模性质，并且关于 α，β 和 γ 分别是单调递增的凸函数。注意到：

$$\tilde{L}_j(\boldsymbol{y}_{\cdot j}, \, \boldsymbol{z}_{j\cdot}^-) = \sum_k g\left(\sum_i \tau_i d_i u_{ik} y_{ij}, \, z_{jk}^-, \, \sum_i d_i u_{ik} y_{ij} \right)$$

由 Topkis（1998）的引理 2.6.4 知，$\tilde{L}_j$ 在 $\{0, \, 1\}^{|\mathcal{I}|} \times \mathbb{R}_-^{|\mathcal{K}|}$ 是单调递增的凸函数。

命题 4-6 的证明： 由命题 4-1 知，$W_j(\boldsymbol{y}_{\cdot j}, \, \boldsymbol{z}_{j\cdot})$，数据中心 j 的所有需求等待时间为 $\sum_k \dfrac{\sum_i d_i u_{ik} y_{ij} / \sum_i d_i y_{ij}}{z_{jk} - \sum_i d_i u_{ik} y_{ij}}$。类似地，$W_j^i(\boldsymbol{y}_{\cdot j}, \, \boldsymbol{z}_{j\cdot})$，数据中心 j 的来自需求点 i 的需求等待时间为 $\sum_k \dfrac{u_{ik} y_{ij}}{z_{jk} - \sum_i d_i u_{ik} y_{ij}}$。接下来，假设将需求点 s 的需求从过载数据中心 t 重新分配到数据中心 t' 中。

（a）假设 t' 在集合 $\boldsymbol{B}$ 中。使用之前的结论，在从数据中心 t 重新分配到数据中心 t' 之前的总等待时间为：

$$\sum_i d_i y_{it'} \cdot W_{t'}(\boldsymbol{y}_{\cdot t'}, \, \boldsymbol{z}_{t'\cdot}) = \sum_k \frac{\sum_i d_i u_{ik} y_{it'}}{z_{t'k} - \sum_i d_i u_{ik} y_{it'}}$$

$$= \sum_k \frac{\sum_{i \neq s} d_i u_{ik} y_{it'}}{z_{t'k} - \sum_{i \neq s} d_i u_{ik} y_{it'}}$$

接下来，假设在将需求点 s 重新分配到数据中心 t' 时，并把数据中心 t' 的资源 k 的资源供给水平提高 $d_s u_{sk}$。令 $\bar{\boldsymbol{y}}_{\cdot t'}$ 和 $\bar{\boldsymbol{z}}_{t' \cdot}$ 分别为交换之后数据中心 t' 的需求分配和资源供给量。不难看出，$\bar{\boldsymbol{y}}_{\cdot t'}$ 与 $\boldsymbol{y}_{\cdot t'}$ 的区别仅在于第 s 项，即 $(\bar{\boldsymbol{y}}_{\cdot t'})_s = \bar{y}_{st'} = y_{st'} + 1 = 1$ 且 $y_{it'} = \bar{y}_{it'}, \forall i \neq s$。类似地，$(\bar{\boldsymbol{z}}_{t' \cdot})_k = (\boldsymbol{z}_{t' \cdot})_k + d_s u_{sk}$。在数据中心 t' 的总等待时间为：

$$\sum_i (d_i y_{it'} + d_s) \cdot W_{t'}(\bar{\boldsymbol{y}}_{\cdot t'}, \ \bar{\boldsymbol{z}}_{t' \cdot})$$

$$= \sum_k \frac{\sum_i d_i u_{ik} \bar{y}_{it'}}{\bar{z}_{t'k} - \sum_i d_i u_{ik} \bar{y}_{it'}}$$

$$= \sum_k \frac{\sum_i d_i u_{ik} y_{it'} + d_s u_{sk}}{z_{t'k} + d_s u_{sk} - (\sum_i d_i u_{ik} y_{it'} + d_s u_{sk})}$$

上式可以写为：

$$\sum_i d_i y_{it'} \cdot W_{t'}(\boldsymbol{y}_{\cdot t'}, \ \boldsymbol{z}_{t' \cdot}) + \sum_k \frac{d_s u_{sk}}{z_{t'k} - \sum_i d_i u_{ik} y_{it'}}$$

该结果表明，当需求点 s 重新分配到数据中心 t'，并把数据中心 t' 的资源 k 的资源供给水平提高 $d_s u_{sk}$ 的时候，之前分配到 t' 的需求等待时间没有受影响。新加入的需求点 s 的平均等待时间为：

$$\sum_i (d_i y_{it'} + d_s) \cdot W_{t'}(\bar{\boldsymbol{y}}_{\cdot t'}, \ \bar{\boldsymbol{z}}_{t' \cdot}) - \sum_i d_i y_{it'} \cdot W_{t'}(\boldsymbol{y}_{\cdot t'}, \ \boldsymbol{z}_{t' \cdot})$$

$$= \sum_k \frac{d_s u_{sk}}{z_{t'k} - \sum_i d_i u_{ik} y_{it'}} = d_s \sum_k \frac{u_{sk} \bar{y}_{st'}}{z_{t'k} - \sum_i d_i u_{ik} y_{it'}}$$

其中，从等待时间的角度来看，最后一项表明来自需求点 s 的需求与其他分配到 t' 的需求享受与交换之前相同的服务水平，但是需要格外提供 $d_s u_{sk}$ 的资源供给。接下来，假设按照算法 4-1 中的第 7 行和第 8 行来选择数据中心 t'，那么将需求 s 从数据中心 t 交换到数据中心 t' 带来的成本增长为：

$$d_s \min_{j \in \mathcal{B}} \left[\sum_k \left(\frac{\tau_s u_{sk}}{z_{jk} - \sum_i d_i u_{ik} y_{ij}} + \alpha c_j u_{sk} w_k \right) + t_{sj} \right]$$

上式表示了成本增加的一个上界，因为将供给水平提升到 $\bar{\boldsymbol{z}}_{t' \cdot}$ 是可行的但不一定是最优的。另一方面，当把需求点 s 移到数据中心 t 的时候，假设减少数据中心 t 的资源供给水平 $d_s u_{sk}$，则成本将至少降低 $d_s \left[\sum_k \left(\alpha c_t u_{sk} w_k + \dfrac{\tau_s u_{sk}}{z_{tk} - \sum_i d_i u_{ik} y_{it}} \right) + t_{st} \right]$。减少的成本可以通过重新优化数据中心 t 的资源供给水平以进一步优化。

将以上内容整合，可以得到命题（a）部分的 $\delta(s,\ t,\ t')$。

（b）假设 t' 在集合 C 中。由于 C 没有分配其他需求点，也没有 s 可以利用的供给资源。然而，由于假设 $p_{t'} \geqslant \sum_k w_k(z_{tk} - \sum_i d_i u_{ik} y_{it})$，可以提供充足的资源使得交换之后需求点 s 的等待时间维持不变。采用类似的论述，对于新数据中心 t'，交换导致的成本增加至多为 $f_{t'} + \alpha c_{t'} \sum_k w_k(z_{tk} - \sum_i d_i u_{ik} y_{it}) + d_s t_{st'}$。而数据中心 t 的成本降低至少为 $\alpha c_t d_s \sum_k u_{sk} w_k + t_{st}$。综合此两项，可以得到命题中的（b）部分。

引理 4-1 和命题 4-7 的证明

证明：引理 4-1 的证明，注意到来自需求点 i 在数据中心 j 的服务等待时间为：

$$\sum_k \frac{d_i u_{ik}}{z_{jk} - \sum_i d_i u_{ik} y_{ij}}$$

因此，如果将对于资源 k 的需求和提供的资源都提高 δ_k，总服务延迟时间为：

$$\sum_k \frac{(d_i u_{ik} + \delta_k)}{z_{jk} + \delta_k - (\sum_i d_i u_{ik} y_{ij} + \delta_k)}$$
$$= \sum_k \frac{d_i u_{ik}}{z_{jk} - \sum_i d_i u_{ik} y_{ij}} + \sum_k \frac{\delta_k}{z_{jk} - \sum_i d_i u_{ik} y_{ij}}$$

也就是说，当向数据中心 j 发出提高 δ_k 的需求后，如果同时也将提供的资源提高 δ_k，那么所有满足 $y_{ij} = 1$ 的原来的需求 $d_i u_{ik}$ 都没有受到任何影响。同时，新进入的需求 δ_k 也会享受相同的服务延迟时间 $\dfrac{\delta_k}{z_{jk} - \sum_i d_i u_{ik} y_{ij}}$。与这些新需求面对的服务延迟水平相比，只使用 δ_k 的资源来服务 δ_k 的需求所带来的延迟时间要短很多。进一步说，如果新建数据中心来服务 δ_k 的需求，同时满足 $\sum_k \dfrac{\delta_k}{z_{jk} - \sum_i d_i u_{ik} y_{ij}}$ 这样的服务延迟时间，需要的资源供给水平为：

$$\delta_k + z_{jk} - \sum_i d_i u_{ik} y_{ij} > \delta_k$$

这意味着在原有数据中心中来服务新需求可以产生"搭便车"的效应。如果单位延迟成本更高，为了节省成本，网络设计者应该利用容量更大的数据中心来服务更多的整合起来的需求，激励"搭便车"效应。

证明：命题 4-7 的证明。

假设固定了选址和需求分配决策，可以考虑一个相比原问题更加简化的、仅仅对资源分配问题进行优化的问题。此简化问题可以分解到每个候选数据中心上。具体来说，对于每个数据中心，有：

$$\min_{z_{jk}} \quad \alpha c_j \sum_{k \in \mathcal{K}} w_k z_{jk} + \frac{\sum_{i,\ k} \tau_i d_i u_{ik} y_{ij}}{z_{jk} - \sum_{i,\ k} d_i u_{ik} y_{ij}}$$

$$\text{s.t.} \quad \sum_{k \in \mathcal{K}} w_k z_{jk} \leqslant p_j, \quad \forall j \in \mathcal{J} \tag{C-1}$$

$$z_{jk} \leqslant \bar{r}_{kl} z_{jl}, \quad \forall j \in \mathcal{J}, \ \forall k,\ l \in \mathcal{K} \tag{C-2}$$

如果放松资源比例约束式 (C-2) 和电能容量约束式 (C-1)，可以进一步对每个资源 k 进行分解，此时问题转化为：

$$\min_{z_{jk}} \quad \alpha c_j w_k z_{jk} + \frac{\sum_i \tau_i d_i u_{ik} y_{ij}}{z_{jk} - \sum_i d_i u_{ik} y_{ij}}$$

可以计算出最优的资源供给策略如下：

$$z_{jk}^* = \sum_i d_i u_{ik} y_{ij} + \sqrt{\sum_{i \in \mathcal{I}} \tau_i d_i u_{ik} y_{ij} / \alpha c_j w_k}$$

资源分配问题对应的最优成本包括电能消耗成本和终端延迟成本，可以表示为：

$$\Omega^* = \alpha c_j w_k \sum_i d_i u_{ik} y_{ij} + 2\sqrt{\alpha c_j w_k \sum_{i \in \mathcal{I}} \tau_i d_i u_{ik} y_{ij}}$$

根据上述显示解，可以通过求导获得本命题中的结构性质。

C.2 近似难度的讨论

无容量约束的设施选址问题（UFL）可以很容易归约到本书提出的模型，因此这是一个 NP 难问题。在 C.2 节，通过从 UFL、打包问题（bin-packing）和有容量约束的设施选址问题（CFL）进行 L–归约（L-reduction）的方法进一步说明本模型的近似难度（hardness of approximation）。从最小化问题 Π 到最小化问题 Π' 的一个参数为 a 和 b 的 L–归约意味着如果对问题 Π' 存在一个 α 的近似，那么对问题 Π 存在一个 $[ab(\alpha-1)+1]$ 的近似 [参见 Williamson et al.（2011）定理 16.6]。文中变形后的混合整数二阶锥优化问题模型如下所示：

$$\min_{\boldsymbol{x},\,\boldsymbol{y},\,\boldsymbol{z},\,\boldsymbol{v}} \quad \sum_{j\in\mathcal{J}} f_j x_j + \alpha \sum_{j\in\mathcal{J},\,k\in\mathcal{K}} c_j w_k z_{jk} +$$

$$\sum_{i\in\mathcal{I},\,j\in\mathcal{J}} d_i t_{ij} y_{ij} + \sum_{j\in\mathcal{J},\,k\in\mathcal{K}} v_{jk} \qquad \textbf{(DCND)}$$

$$\text{s.t.} \quad y_{ij} \leqslant x_j, \quad \forall i \in \mathcal{I}, \quad j \in \mathcal{J} \qquad (\text{C-3})$$

$$\sum_j y_{ij} \geqslant 1, \quad \forall i \in \mathcal{I} \qquad (\text{C-4})$$

$$\sum_{i\in\mathcal{I}} d_i u_{ik} y_{ij} \leqslant z_{jk}, \quad \forall j \in \mathcal{J}, \ \forall k \in \mathcal{K} \qquad (\text{C-5})$$

$$\sum_{k\in\mathcal{K}} w_k z_{jk} \leqslant p_j, \quad \forall j \in \mathcal{J} \qquad (\text{C-6})$$

$$z_{jk} \leqslant \bar{r}_{kl} z_{jl}, \quad \forall j \in \mathcal{J}, \ \forall k,\, l \in \mathcal{K} \qquad (\text{C-7})$$

$$\left\| \begin{pmatrix} 2\Lambda_k \boldsymbol{y}_{\cdot j} \\ v_{jk} - z_{jk} + \sum_{i\in\mathcal{I}} d_i u_{ik} y_{ij} \end{pmatrix} \right\|_2 \leqslant v_{jk} + z_{jk} -$$

$$\sum_{i\in\mathcal{I}} d_i u_{ik} y_{ij}, \quad \forall j \in \mathcal{J}, \ k \in \mathcal{K} \qquad (\text{C-8})$$

$$v_{jk} \geqslant 0, \quad \forall j \in \mathcal{J}, \ k \in \mathcal{K}$$

$$x_j, \ y_{ij} \in \{0,\,1\}, \quad \forall i \in \mathcal{I}, \ \forall j \in \mathcal{J} \qquad (\text{C-9})$$

$$z_{jk} \geqslant 0, \quad \forall j \in \mathcal{J}, \ \forall k \in \mathcal{K} \qquad (\text{C-10})$$

其中 $\Lambda_k \in \mathbb{R}^{|\mathcal{I}|\times|\mathcal{I}|}$ 是一个对角矩阵，其对角元素 $(\Lambda_k)_{ii} = \sqrt{\tau_i d_i u_{ik}}$。

首先构造从 UFL 到 [DCND] 的 L–归约。给定一个 UFL 的算例 I，可以构造 [DCND] 的一个算例 I'，其中 $c_j = 0$，$\forall j \in \mathcal{J}$ 且 $\tau_i = 0$，$\forall i \in \mathcal{I}$。$c_j = 0$ 保证了 $\alpha \sum_{j \in \mathcal{J}, \ k \in \mathcal{K}} c_j w_k z_{jk} = 0$，而 $\tau_i = 0$ 保证了 $v_{jk} = 0$ 是约束式 (C-8) 的可行解，这导致了 $\sum_{j \in \mathcal{J}, \ k \in \mathcal{K}} = 0$。这样一来，两个算例的目标函数相同。此外，对于所有 $j \in \mathcal{J}$ 和 k，$l \in \mathcal{K}$，令 p_j 和 $\bar{r}_{kl}$ 充分大，使得约束式 (C-5) 和式 (C-6) 为不紧的约束。

注意到，给定任意 [DCND] 的算例 I' 的解 $\boldsymbol{x}$，$\boldsymbol{y}$，$\boldsymbol{z}$，$\boldsymbol{v}$，都可以使用相同的 $\boldsymbol{x}$，$\boldsymbol{y}$ 对对应的 UFL 算例构造一组可行解。注意到约束式 (C-5) ~ 式(C-8) 都没有起作用，两个问题的可行域也一样大。因此，$OPT(I) = OPT(I')$，对于每个 [DCND] 问题的解 V'，都能够得到问题 UFL 的最优解的值 V，且 $V \leqslant V'$。这意味着可以构造出一个参数为 $a = b - 1$ 的归约。对于 UFL 问题的 α 近似算法意味着也能找到对于 [DCND] 的 α 近似算法。从 Williamson et al.（2011）的引理 16.16（第 420 页）可知，除非每个 NP 问题有 $O(n^{O(\log \log n)})$ 的算法，UFL 不存在 $\alpha < 1.463$ 的 α 近似算法。因此可以得到下述近似困难度的结论。

命题 C-1： 除非对于每个 NP 问题存在 $O(n^{O(\log \log n)})$ 算法，否则 [DCND] 问题不存在 $\alpha < 1.463$ 的 α 近似算法。

类似地，如果我们从打包问题出发，只需要放松资源比例约束，忽略延迟成本并将每个数据中心的固定成本归一化，就可以构造一个参数为 $a = 1$，$b = 1$ 的 L–归约到 [DCND]。从 Vazirani（2013）的定理 9.2（第 74 页）可知，除非 P=NP，否则对于任意 $\epsilon > 0$，打包问题不存在 $3/2 - \epsilon$ 的近似算法。因此得到以下近似困难度结论。

命题 C-2： 除非 P=NP，否则 [DCND] 问题不存在 $\alpha < 3/2 - \epsilon$ 的 α 近似算法。

值得注意的是，以上所有关于近似结果难度的讨论都是不紧的。换句话说，这些结果是提出模型的近似难度的"下界"，提出的模型可能更加难以近似。最后，我们也可以从 CFL 问题进行 L–归约。根据文献调研可知，CFL 的近似算法仍然是一个悬而未决的问题，CFL 的最新近似算法通过使用局部搜索实现 $6(1 + \epsilon)$ 近似（Chudak & Williamson，2005）。类似于 UFL 的规约方法，我们也可以构造一个参数为 $a = 1$，$b = 1$ 的 L–归约到 [DCND] 问题。因此，除非对于 CFL 问题存在 $\alpha < 6(1 + \epsilon)$ 的

α 近似算法，否则 [DCND] 问题不可能存在的 $\alpha < 6(1+\epsilon)$ 的 α 近似算法。这些结果侧面说明了开发高效解决方法的必要性。

C.3　数　值　实　验

基准分层模型

在 4.1 节的基准模型中，将本书提出的模型与分层模型进行对比。对于分层模型，首先求解了不考虑资源供给决策的一个子问题，其模型具体如下：

$$\max_{\boldsymbol{x},\,\boldsymbol{y}} \quad \sum_{j\in\mathcal{J}} f_j x_j + \sum_{i\in\mathcal{I},\,j\in\mathcal{J}} d_i t_{ij} y_{ij}$$

$$\text{s.t.} \quad y_{ij} \leqslant x_j, \quad \forall i\in\mathcal{I},\; j\in\mathcal{J}$$

$$\sum_j y_{ij} \geqslant 1, \quad \forall i\in\mathcal{I}$$

$$\sum_{i\in\mathcal{I},\,k\in\mathcal{K}} d_i u_{ik} y_{ij} w_k \leqslant p_j, \quad \forall j\in\mathcal{J}$$

$$x_j,\; y_{ij} \in \{0,\,1\}, \quad \forall i\in\mathcal{I},\; \forall j\in\mathcal{J}$$

第一阶段的模型与经典的有容量限制的设施选址问题类似，目标函数包括固定成本和传输延迟成本。第二阶段的优化问题在给定了选定的数据中心和需求分配决策后决定资源供给水平，以最小化终端延迟成本和电能消耗成本。具体模型如下：

$$\max_{\boldsymbol{z}} \quad \alpha \sum_{j\in\mathcal{J},\,k\in\mathcal{K}} c_j w_k z_{jk} + \sum_{j\in\mathcal{J},\,k\in\mathcal{K}} \frac{\sum_{i\in\mathcal{I}} \tau_i d_i u_{ik} y_{ij}}{z_{jk} - \sum_i d_i u_{ik} y_{ij}}$$

$$\text{s.t.} \quad z_{jk} \geqslant \sum_{i\in\mathcal{I}} d_i u_{ik} y_{ij}, \quad \forall j\in\mathcal{J},\; \forall k\in\mathcal{K}$$

$$\sum_{k\in\mathcal{K}} w_k z_{jk} \leqslant p_j, \quad \forall j\in\mathcal{J}$$

$$z_{jk} \geqslant 0, \quad \forall j\in\mathcal{J},\; k\in\mathcal{K}$$

图 4-1 展示了数值实验的对比，从中可以看出提出的模型会求解出更好的数据中心网络。

需求点、候选数据中心和其他设定

表 C-1 总结了 49 个需求点的信息。

表 C-1　需求点信息

序号	州	经度	纬度	需求率	计算需求	存储需求	单位耗电成本/[美元/（千瓦·时）]	固定成本/美元
1	CA	121.47	38.57	176.04	63.82	61.62	16.63	772
2	NY	73.80	42.67	85.50	30.72	33.76	7.39	679
3	TX	97.75	30.31	120.79	41.40	38.45	6.52	484
4	FL	84.28	30.46	90.18	31.95	28.14	9.64	483
5	PA	76.88	40.28	54.08	19.36	18.28	8.39	256
6	IL	89.64	39.78	55.24	19.69	20.67	7.80	395
7	OH	82.99	39.99	49.65	17.68	15.16	8.05	440
8	MI	84.55	42.71	42.79	14.77	13.35	8.71	323
9	NJ	74.76	40.22	39.40	14.6	16.46	12.80	475
10	NC	78.66	35.82	43.18	15.04	14.41	8.03	644
11	GA	84.42	33.76	44.70	15.42	14.85	7.42	475
12	VA	77.47	37.53	37.10	13.22	15.27	7.93	444
13	MA	71.02	42.34	30.31	11.25	13.79	15.91	1076
14	IN	86.15	39.78	28.19	9.72	7.99	8.50	405
15	MO	92.19	38.57	25.99	8.93	8.26	8.48	410
16	WI	89.39	43.08	24.97	8.89	8.03	9.53	501
17	TN	86.78	36.17	27.41	9.34	8.28	7.38	496
18	WA	122.89	47.04	33.31	12.23	11.99	5.60	519
19	MD	76.50	38.97	27.05	9.79	11.4	9.31	923
20	MN	93.10	44.95	24.62	8.78	9.3	9.05	473
21	LA	91.13	30.45	18.92	6.43	5.27	6.60	453
22	AL	86.28	32.35	19.65	6.64	5.71	7.66	415
23	KY	84.87	38.19	18.22	6.29	4.95	6.86	410
24	AZ	112.07	33.54	30.36	10.83	9.53	8.16	514
25	SC	80.89	34.04	20.69	6.94	6.4	7.75	484
26	CO	104.87	39.77	25.35	9.2	10.55	9.11	527
27	CT	72.68	41.77	15.83	5.87	6.72	15.59	892
28	OK	97.51	35.47	16.46	5.56	4.73	6.28	366
29	OR	123.02	44.92	18.57	6.62	6.3	7.54	402

续表

序号	州	经度	纬度	需求率	计算需求	存储需求	单位耗电成本/[美元/（千瓦·时）]	固定成本/美元
30	IA	93.62	41.58	13.43	4.7	4.18	8.75	330
31	MS	90.21	32.32	11.70	3.65	3.09	7.44	364
32	KS	95.69	39.04	12.50	4.43	4.51	8.78	325
33	AR	92.35	34.72	12.16	3.84	3.15	7.70	428
34	WV	81.63	38.35	7.29	2.56	1.76	7.82	441
35	UT	111.93	40.78	14.22	5.07	4.74	8.26	448
36	NE	96.69	40.82	8.27	2.98	2.79	8.98	411
37	NM	105.95	35.68	8.41	2.8	2.74	6.71	660
38	ME	69.73	44.33	5.79	2.05	1.93	10.96	530
39	NV	119.74	39.15	13.19	4.65	3.38	8.88	662
40	NH	71.56	43.23	6.08	2.26	2.33	14.80	749
41	ID	116.23	43.61	7.51	2.58	2.18	8.12	451
42	RI	71.42	41.82	4.57	1.65	1.68	16.09	753
43	MT	112.02	46.60	4.49	1.56	1.54	5.98	421
44	SD	100.32	44.37	3.68	1.3	1.17	9.31	397
45	DE	75.52	39.16	4.16	1.47	1.43	9.62	591
46	ND	100.77	46.81	3.27	1.16	1.05	10.34	453
47	WA	77.02	38.91	33.31	12.23	11.99	10.32	826
48	VT	72.57	44.27	2.72	0.98	1.12	12.44	627
49	WY	104.79	41.15	2.63	0.91	0.75	8.24	458

表 C-2 总结了 36 个候选数据中心的信息。

表 C-2　候选数据中心信息

序号	州	经度	纬度	电能容量/千瓦	单位耗电成本/[美元/（千瓦·时）]	固定成本/美元
1	GA	84.42	33.76	5000	6.18	17000
2	TX	97.75	30.27	2840	5.43	17000
3	MA	71.06	42.43	5000	13.26	17000
4	IL	87.70	41.87	6250	6.5	17000
5	TX	96.78	32.78	8832.5	5.43	17000
6	CO	104.98	39.72	5500	7.59	17000
7	TX	95.38	29.75	3178	5.43	17000
8	CA	118.37	34.08	4500	13.86	17000

序号	州	经度	纬度	电能容量/千瓦	单位耗电成本/[美元/（千瓦·时）]	固定成本/美元
9	NJ	74.00	40.00	8250	10.67	17000
10	NY	73.92	40.73	5250	6.16	17000
11	VA	76.03	36.73	10250	6.61	17000
12	WA	122.48	47.70	10000	4.67	17000
13	AZ	112.08	33.05	2750	6.8	17000
14	CA	122.43	37.77	4250	13.86	17000
15	OR	120.96	44.34	12162.571	6.28	17000
16	NC	81.90	35.46	12162.571	6.69	17000
17	IA	93.53	41.65	12162.571	7.29	17000
18	TX	97.34	32.82	12162.571	5.43	17000
19	NM	106.75	34.89	12162.571	5.59	17000
20	SC	80.07	33.18	10000	6.46	20000
21	IA	95.87	41.25	15000	7.29	25000
22	GA	82.86	31.58	10000	6.18	10000
23	AL	85.99	34.78	10000	6.38	10000
24	NC	81.54	35.91	12000	6.69	12000
25	OK	95.31	36.23	7000	5.23	7000
26	TN	87.38	36.50	10000	6.15	10000
27	OR	121.18	45.59	12000	6.28	12000
28	OR	123.14	45.06	25000	6.28	18000
29	OH	83.23	40.04	10000	6.71	15000
30	VA	77.44	39.01	10000	6.61	15000
31	CA	119.65	36.75	10000	13.86	15000
32	TX	98.50	29.42	10000	5.43	15000
33	IL	87.70	41.87	10000	6.5	15000
34	IA	93.66	41.66	10000	7.29	15000
35	CA	121.85	37.33	10000	13.86	15000
36	VA	77.46	38.99	10000	6.61	15000

　　在表 C-3 中，列出了在测试计算效果的时候随机生成参数的概率分布（4.5.4 节）。注意到对于数据中心的电能消耗上限，考虑了三种不同的情境，分别是松、中、紧三种约束，分别对应三个不同均匀分布 [12500，22500]，[15000，25000] 和 [20000，30000]。

表 C-3   数值计算效率参数设定

参数	概率分布
需求率	U[20，60]
单位耗电成本	U[15，20]
数据中心固定成本	U[15000，25000]
单位需求对不同资源的需求	U[5，15]
单位终端延迟成本	U[50，60]

模型对需求变化和单位耗电成本变化的鲁棒性

通过进一步进行数值测试可以证明整合模型的有效性，该模型可以联合优化不同时间尺度的决策。实际上，计算设备的使用寿命很短，而这些数据中心的使用寿命相对更长。换句话说，采用分层方法或动态模型似乎更自然。然而在 4.1 节中进行的基准研究已经表明，整合模型所产生的数据中心网络与采用分层方法所产生的数据中心网络有很大不同，分层方法忽略了运营层面的一些决策，所以无法保证最优的战略层面的决策。

一般来说，整合模型比动态模型更易于处理。但是，集成模型的有效性高度依赖于预测的有效性。一些预测，尤其是那些与运营层面的决策相关的参数的预测，可能不太可靠。运营层面的决策可以轻松适应不断变化的参数，而战略层面的决策通常无法轻松调整。因此，如果针对整合模型的战略层面的决策（如数据中心的位置）对这些难以预测的参数敏感，那么得到的网络设计将远远劣于动态模型。因此，针对重要的参数，例如单位功率成本、需求和每单位资源的峰值功耗，测试数据中心网络结构的鲁棒性，后两者主要影响运营决策（如资源配置），这三个因素都会对网络结构产生影响。

由于季节性等因素，需求可能会产生波动。在这里，进行数值实验以测试模型对需求波动的鲁棒性。具体来说，以原始需求的 ±5% 来对需求进行扰动。图 C-2 展示了在随机扰动需求重复实验过程中获得的四种不同网络设计，这些网络之间的差别并不明显。结果表明，对于需求数据扰动，本模型得到的选址和需求分配决策都相对比较稳定。

接下来，比较单位功耗成本和需求对网络结构的影响。此处忽略了对每单位资源峰值能耗的分析，因为它通常可以减轻需求增长的影响。根据美国能源信息署的年度能源展望，[①]到 2050 年，单位电力成本的增长预计为 0.1%。因此，为了测试模型的鲁棒性，用原始电能消耗成本的 ±5% 来扰动单位功率成本，然后比较扰动前后的网络结构。

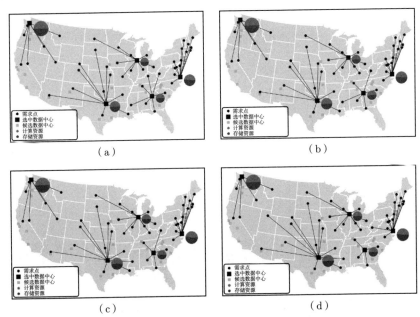

图 C-2　±5% 的需求波动下的数据中心网络设计（见文前彩图）

　　为了比较需求分配结果的变动情况，用以下三个指标来度量网络结构的相似度：余弦相似度、欧式距离和曼哈顿距离。具体来说，令第 i 次扰动后的最优选址决策为 $\tilde{\boldsymbol{x}}_i$，原选址决策为 $\boldsymbol{x}$。那么这三个指标分别定义为 $\frac{1}{n}\sum_i \frac{\tilde{\boldsymbol{x}}_i \boldsymbol{x}}{|\tilde{\boldsymbol{x}}_i||\boldsymbol{x}|}$，$\frac{1}{n}\sum_i |,\ |\tilde{\boldsymbol{x}}_i - \boldsymbol{x}||_2$ 和 $\frac{1}{n}\sum_i ||\tilde{\boldsymbol{x}}_i - \boldsymbol{x}||_1$。

　　在对单位耗电成本进行 ±5% 的扰动下，余弦相似度、欧式距离和曼哈顿距离分别为 89.2%，0.94 和 2.438。然而，达到同级别的余弦相似度（欧式距离或曼哈顿距离），对于需求的扰动需要达到 [±20%，±25%]（[±15%，±20%] 或 [±20%，±25%]）量级。在现实生活中，需求增长一般被计算能力的提高抵消。因此数据中心所面临的有效需求增长要比实际需求增长低一些，而且也有可能建立新的数据中心来满足增长的需求。

---

　　① https://www.eia.gov/outlooks/aeo/data/browser/#/?id=3-aeo2017&cases=ref2017~
ref__no__cpp&sourcekey=0

上面的比较表明，数据中心网络结构对单位耗电成本的扰动相对更敏感。幸运的是，预计至少在接下来的 30 年内，单位耗电成本将保持稳定。换句话说，此处的主要观察结果是，长期战略决策（如位置和分配）相对于与因参数变化而引起的不确定性来说更为稳健，而例如未来需求预测和技术进步等这些变化对短期的运营层面的决策具有较大影响。

88 个需求点的数值实验

本部分也在具有 88 个需求点的数据集上测试了整合优化模型，具体的网络设计如下图 C-3 所示。

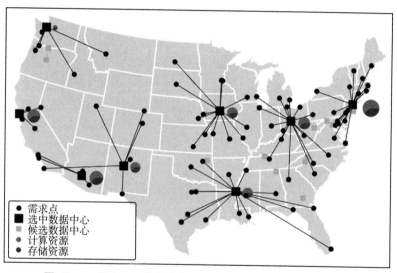

图 C-3　具有 88 个需求点的数据中心网络（见文前彩图）

平均影子价格

启发自 Kim & Cho（1988）、Crema（1995）的相关工作，可以设计如下的算法来计算电能约束对应的平均影子价格。

线性化方法比较

首先证明最小化问题 (P-ID) 中的传输延迟成本。最小化两个 0−1 变量的乘积的式 $\sum_{i,\ i'\in\mathcal{I}}\sum_{j,\ j'\in\mathcal{J}}\psi_i t_{jj'}d_i P_{ii'}y_{ij}y_{i'j'}$ 等价于最小化 $\sum_{i\in\mathcal{I}}\sum_{j\in\mathcal{J}}w_{ij}$

和约束式 (4-13a)、式 (4-13b)、式 (4-13c)。

算法 C-1 平均影子价格算法

1: **for** j in $\mathcal{J}$ **do**

2:    **初始化** $t = 0$，$p_t = 0$，

3:    **while** $e(p_t) = \inf\{V - V_j(w) - p_t w : \forall w \geqslant 0\} > 0$ **do**

4:       $w_{t+1} = \min\{w : w \geqslant 0, \; e(p_t) = V - V_j(w) - p_t w\}$

5:       $p_{t+1} = [V - V_j(w_{t+1})]/w_{t+1}$

6:    **end while**

7: **end for**

- 当 $y_{ij} = 1$ 时，从约束式 (4-13b) 中可知，$v_{ij} \leqslant 0$。因此，由约束式 (4-13a) 可知，$w_{ij} \geqslant \sum\limits_{i' \in \mathcal{I}} \sum\limits_{j' \in \mathcal{J}} \psi_i t_{jj'} d_i P_{ii'} y_{ij} y_{i'j'}$。对于一个最小化问题，

$$w_{ij} = \sum_{i' \in \mathcal{I}} \sum_{j' \in \mathcal{J}} \psi_i t_{jj'} d_i P_{ii'} y_{i'j'} = \sum_{i' \in \mathcal{I}} \sum_{j' \in \mathcal{J}} \psi_i t_{jj'} d_i P_{ii'} y_{ij} y_{i'j'}$$

这与原传输延迟成本项一致。

- 当 $y_{ij} = 0$ 时，无论 $y_{i'j'}$ 是何值，传输延迟成本项

$$\sum_{i' \in \mathcal{I}} \sum_{j' \in \mathcal{J}} \psi_i t_{jj'} d_i P_{ii'} y_{ij} y_{i'j'}$$

应等于 0。注意到约束式 (4-13a) 和式 (4-13b) 变成了

$$\sum_{i' \in \mathcal{I}} \sum_{j' \in \mathcal{J}} \psi_i t_{jj'} d_i P_{ii'} y_{i'j'} - v_{ij} = w_{ij}$$

和 $v_{ij} \leqslant \sum\limits_{i', \; j'} \psi_i t_{jj'} d_i P_{ii'}$。结合条件 $w_{ij} \geqslant 0$，无论 $y_{i'j'}$ 为何值，有 $w_{ij} \geqslant 0$。因此，对于一个最小化问题，$w_{ij} = 0$，这与元传输延迟成本 $\sum\limits_{i' \in \mathcal{I}} \sum\limits_{j' \in \mathcal{J}} \psi_i t_{jj'} d_i P_{ii'} y_{i'j'} y_{ij} = 0$ 一致。

总的来说，可以将 $\sum\limits_{i \in \mathcal{I}, \; j \in \mathcal{J}} w_{ij}$ 代入目标函数中，并加入约束式 (4-13a)、式 (4-13b) 和式 (4-13c)，从而得到一个等价的线性变换。

标准的线性方法引入了辅助变量 $w_{iji'j'}$ 来替代问题 (P-E2) 中的 $y_{ij} y_{i'j'}$，并加入以下约束（Balas & Mazzola，1984）：

$$\begin{cases} w_{iji'j'} \geqslant y_{ij} + y_{i'j'} - 1, & \forall i, \; i' \in \mathcal{I}, \; \forall j, \; j' \in \mathcal{J} \\ w_{iji'j'} \geqslant 0, & \forall i, \; i' \in \mathcal{I}, \; \forall j, \; j' \in \mathcal{J} \end{cases}$$

为了使变形更紧，加入下列冗余约束：

$$\begin{cases} w_{iji'j'} \leqslant y_{ij}, & \forall i,\ i' \in \mathcal{I},\ \forall j,\ j' \in \mathcal{J} \\ w_{iji'j'} \leqslant y_{i'j'}, & \forall i,\ i' \in \mathcal{I},\ \forall j,\ j' \in \mathcal{J} \end{cases}$$

上面两个变形的主要问题来源于额外决策变量 $w_{iji'j'}$ 的维度和额外约束的数量。在本书中，建议使用本小节最开头的紧凑线性化方法，该方法在数值上优于其他两种方法。

使用有 10 个需求点和 5 个候选数据中心的例子，并随机生成其他参数来比较三种线性化手段的表现。具体的结果如表 C-4 所示。其结果表明紧凑线性化方法比其他两种方法效果更好，其原因在于该方法只需要引入更少的辅助变量和约束。

表 C-4　三种线性方法的比较

算例	标准方法 (seconds)	标准紧方法 (seconds)	紧凑方法 (seconds)
1	12.68	26.41	6.25
2	54.51	66.42	38.60
3	5.00	13.54	3.99
4	3.04	14.17	5.14
5	3.31	27.56	4.77
6	6.99	47.64	22.01
7	7.99	55.92	9.42
8	34.47	62.51	34.84
9	120.87	375.45	74.73
10	3.67	18.14	3.65
平均时间	25.25	70.78	20.34

附录 D 数据中心供应链的云计算备用服务器资源分配

命题 5-2 的证明

证明： 由惩罚函数的定义式 (5-4) 可知：

$$l(\xi) = \max\{c_k(\xi + \max\{0,\ s_t - L\}) + b_k,\quad \forall 0 \leqslant k \leqslant K\}$$

所以，根据共轭函数的定义，可以得到 $[-l]$ 的共轭为：

$$
\begin{aligned}
[-l]^*(\xi) &= [\min\{-c_k(\xi + \max\{0,\ s_t - L\}) - b_k,\quad \forall 0 \leqslant k \leqslant K\}]^* \\
&= \max\{c_k \max\{0,\ s_t - L\} + b_k,\ \text{s.t.}\quad \xi + c_k \leqslant 0\}
\end{aligned}
$$

由于约束保证了 $[-l]^*(\xi)$ 需要小于等于右边项，也就是说上式中 max 的每一项都小于对应的右边项即可，因此最后一期的优化问题等价于命题 5-2 中的线性规划问题。

命题 5-3 的证明

证明： 给定服务资源数量 x_T，最后一期价值函数 $J_T(s_t,\ x_T)$ 是一个最小化目标函数的参数线性规划问题，其对偶问题为：

$$
\max_{\lambda_{ik},\ \alpha_{ik},\ \beta_{ik}} \sum_{i,\ k} \left[\lambda_{i,\ k} \left(b_k + c_k \max\{0,\ s_t - L\} + \hat{\xi}_{x_T}^{(i)} \right) + c_k(\alpha_{ik} - \beta_{i,\ k}) \right]
$$

$$
\text{s.t.}\quad \sum_k \lambda_{i,\ k} \leqslant \frac{1}{N},\quad \forall i \leqslant N \tag{D-1}
$$

$$
\lambda_{i,\ k}(\tau - \hat{\xi}_{x_T}^{(i)}) + \alpha_{i,\ k} - \beta_{i,\ k} \leqslant 0,\quad \forall i \leqslant N,\ \forall 0 \leqslant k \leqslant K
$$

$$\sum_{i,\,k} \alpha_{ik} + \beta_{ik} \leqslant \theta$$

因此线性规划问题有强对偶性，所以对偶问题的最优值就是原问题的最优值。考虑该对偶问题，当状态 s_T 变化的时候，其可行域并没有变化，因此最优解会随着 s_T 的变化而变换基，当线性规划的基没有发生变化的时候，此段为线性函数。因此 $J_T(s_t,\,x_T)$ 一定是一个分段线性函数。

接下来证明 $J_T(s_t,\,x_T)$ 的凸性。当 $0 \leqslant s \leqslant L$ 时，假设 $s^\mu = \mu s_1 + (1-\mu)s_2$，有：

$$
\begin{aligned}
J_T(s^\mu) &= \sum_{i,\,k}\left[\lambda^\mu_{i,\,k}\left(b_k + c_k(s^\mu - L + \hat{\xi}^{(i)}_{x_T})\right) + c_k(\alpha^\mu_{ik} - \beta^\mu_{i,\,k})\right]\\
&= \mu\sum_{i,\,k}\left[\lambda^\mu_{i,\,k}\left(b_k + c_k(s_1 - L + \hat{\xi}^{(i)}_{x_T})\right) + c_k(\alpha^\mu_{ik} - \beta^\mu_{i,\,k})\right] +\\
&\quad (1-\mu)\sum_{i,\,k}\left[\lambda^\mu_{i,\,k}\left(b_k + c_k(s_2 - L + \hat{\xi}^{(i)}_{x_T})\right) + c_k(\alpha^\mu_{ik} - \beta^\mu_{i,\,k})\right]\\
&\leqslant \mu J_T(s_1) + (1-\mu)J_T(s_2)
\end{aligned}
$$

因此 $J_T(s_T,\,x_T)$ 在 $s_T \in [0,\,L]$ 内关于 s_T 是一个分段线性的凸函数。注意到 s_T 前面的系数为 $\sum_{i,\,k}\lambda^\mu_{i,\,k}$，由约束式 (D-1) 可知，该分段线性函数的斜率最大不超过 c_k。

如果进一步对服务资源供给量进行优化，就需要对这些分段线性的凸函数取最小。这样的操作并不是保凸操作，一般来说得到的最优目标函数值关于状态 s_T 并不是凸函数。值得注意的是，如果最后一阶段的最优资源供给量对于所有的状态都相同，那么此时 $J_T(s_T)$ 在 $s_T \in [0,\,L]$ 内是一个分段线性的凸函数。

推论 5-1 的证明

证明： 由命题 5-3 的证明可知，当最后一周期的最优资源供给量 x_T^* 恒定不变时，$J_T(s_T)$ 在 $s_T \in [0,\,L]$ 内是一个分段线性的凸函数，假设其满足以下条件。

考虑 $T-1$ 期的鲁棒子问题如下所示：

$$\max_{\mathcal{P}\in\mathscr{F}_{x_{T-1}}}\left(\int_{\mathcal{P}}\delta\left(s_{T-1} + \xi(x_{T-1}) - \max\{s_{T-1},\,L\}\right) + \rho J_T(s_T)\right)\mathrm{d}\xi_{x_{T-1}}$$

如果 $\xi > L - s_{T-1}$，子问题的惩罚函数可转化为：

$$l_{T-1}(\xi) = \delta \left(\xi(x_{T-1}) + s_{T-1} - L \right) + \rho U$$

其中 U 表示当 $s_T > L$ 时，$J(s_T)$ 的最优值，这是一个与 s_T 无关的常数。如果 $\xi \leqslant L - s_{T-1}$，子问题可转化为：

$$l_{T-1}(\xi) = \rho \max\{u_{jT}(x^*)(s_{T-1} + \xi(x_{T-1}) + v_{jT}(x^*)\}$$

当 ξ 较大时，其对应的 $l_{T-1}(\xi)$ 的斜率更大，因此在整个定义域上，$l_{T-1}(\xi)$ 仍然是一个分段线性凸增函数。

命题 5-4 的证明

证明：首先，由于凸化算法是将多个线性函数取最大，因此凸化算法得出的近似函数一定是一个凸函数。其次，由于原函数是一个单调递增的函数，所以近似函数的斜率 $\kappa > 0$，因此近似函数为单调递增的凸函数。只需要证明近似函数在定义域的每个点上的函数值都至少不比原函数小即可，因而可以从最后一期的价值函数开始逆向归纳。

可用数学归纳法进行证明。对于最后一期价值函数 $V_T(s_T)$，它是由若干分段线性凸函数取最小得到的。在每段凸函数中，由凸函数的定义可知，连接两端得到的线段一定位于该凸函数的上方。因此采用凸化算法 5-1 得到 $\hat{V}_T(S_T) \geqslant V_T(s_T)$。将此凸化价值函数 $\hat{V}_T(s_T)$ 代入 $T-1$ 期的问题中，仍然可以转化为一个有限维线性规划问题，其最优解 $\tilde{V}_{T-1}(s_{T-1})$ 要比真实最优解 $V_{T-1}(s_{T-1})$ 更高，因此对 $T-1$ 期的价值函数 $\tilde{V}_{T-1}(s_{T-1})$ 进行凸化操作得到 $\hat{V}_{T-1}(s_{T-1}) \geqslant V_{T-1}(s_{T-1})$，并且也是一个分段线性凸函数。

假设第 $t+1$ 期的价值函数可以用一个分段线性的凸函数 $\hat{V}_{t+1}(s_{t+1})$ 凸化，那么代入 t 期的优化问题中，第 t 期的问题可以转化为有限维线性规划问题。因为 $\hat{V}_{t+1}(s_{t+1}) \geqslant V_{t+1}(s_{t+1})$，所以代入 $\hat{V}_{t+1}(s_{t+1})$ 后，第 t 期的鲁棒子问题中 $\tilde{l}_t(\xi)$ 的值不小于原子问题的值 $l_t(\xi)$。因此代入 $\hat{V}_{t+1}(s_{t+1})$ 后的第 t 期的价值函数 $\tilde{V}_t(s_t)$ 不小于真实价值函数 $V_t(s_t)$。此时 $\tilde{V}_t(s_t)$ 是由若干分段线性凸函数取最小形成的函数，使用凸化算法 5-1 后，可将其转化为分段线性凸函数 $\hat{V}_t(s_t)$，且满足 $\hat{V}_t(s_t) \geqslant \tilde{V}_t(s_t) \geqslant V_t(s_t)$。因

此第 t 期的价值函数可以用一个分段线性的凸函数 $\hat{V}_t(s_t)$ 凸化，且满足 $\hat{V}_t(s_t) \geqslant V_t(s_t)$。

因此，对于每一期 $1 \leqslant t \leqslant T$ 的价值函数 $V_t(s_t)$ 都可以凸化为 $\hat{V}_t(s_t)$，且满足 $\hat{V}_t(s_t) \geqslant V_t(s_t)$。

命题 5-5 的证明

证明： 如果分段线性函数的几段斜率相差比较小，那么其利布希茨常数也比较小，此时使用线性函数来拟合此分段函数的近似效果更佳。如果想要研究凸化算法与原函数距离最远的上界，那么应该考虑仅分一段且斜率相差最大的函数形式。因此凸化算法得到的函数 $\hat{f}(\epsilon)$ 与原函数 $f(\epsilon)$ 距离最远时的示意图如图 D-1 所示。

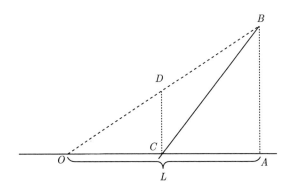

图 D-1　凸化函数与原函数距离示意图

观察图 D-1 可以发现，线段 CD 为两曲线距离最远处。由于 $\triangle OCD$ 与 $\triangle OAB$ 互为相似三角形，可知：

$$\frac{CD}{OC} = \frac{AB}{OA} = \frac{\bar{k}(OA - OC)}{OA}$$
$$\Rightarrow CD = \frac{\bar{k}(L - OC) \times OC}{L}$$

因此，两函数距离的最大值——CD 的长度不超过 $\dfrac{\bar{k}L}{4}$。综上，对于定义域的长度为 L 的原函数 $f(\cdot)$ 而言，使用凸化算法得到近似函数 $\hat{f}(\cdot)$ 与原函数的距离最大为 $\dfrac{\bar{k}L}{4}$。

在学期间完成的相关学术成果

[1] Yong Liang，Mengshi Lu，Zuo-Jun Max Shen，Runyu Tang. Data Center Network Design for Internet-Related Services and Cloud Computing. *Production and Operations Management*，Forthcoming，2021.

[2] Yong Liang，Peng Sun，Runyu Tang，Chong Zhang. Efficient Resource Allocation to Reduce Adeverse Event. *Operations Research*，2020. (under major revision.)

[3] Runyu Tang, Saed Aliazmir, Foad Iravani. Two-Sided Subsidies for Complementary Products: The Case of Electric Vehicles. *Management Science*，2021. (reject and resubmit.)

[4] 马超，李植乐，孙转兰，唐润宇. 养老金对缓解农村居民医疗负担的作用 [J]. 中国工业经济，2021(4):43-61.

致　　谢

在攻读博士期间，我受到了良师益友的诸多帮助。

感谢导师梁湧副教授对我的精心指导。梁老师亦师亦友，为人亲和，为我呕心沥血，是带我科研的领路人。刘丽文老师给予我非常多的帮助，她的言传身教将使我终身受益。陈剑老师有一种宠辱不惊的大家风范，是我的偶像与楷模。孙彭老师总能给出高屋建瓴且一针见血的建议，带我领略了科研的魅力，感受到了做研究的乐趣。交换时的导师 Saed Alizamir、Foad Iravani 的勤奋感染了我，他们为目标拼搏的品质值得我学习。同时，管科系的肖勇波老师、黄朔老师、王纯老师、林志杰老师等，都在学业上和生活中给了我很多帮助。

我的博士同学们也给了我很多学术上和心理上的支持，感谢周天武、顾心悦、张冲、刘申、王天歌等。很难想象没有你们的陪伴，我将如何走过这一路。还要感谢我的重要的朋友们——李若愚、马超、李宜威、高步渠、肖静远、霍舒同等，是你们给我平凡的生活带来了色彩。